국립국어원 민족생활어 자료 총서 5

참빗장 · 죽렴장 · 부채장 · 채상장 · 악기장

전라남도 담양군의 민족생활어

국립국어원 민족생활어 조사

기　　획 : 김덕호(담당 연구원)

조사위원 : 김순자(제주대)　　안귀남(안동대)

　　　　　김란기(홍익대)　　김지숙(영남대)

　　　　　홍기옥(경북대)　　조숙정(서울대)

　　　　　정성미(강원대)　　정진영(부산대)

　　　　　김민영(한남대)　　위　진(전남대)

국립국어원 민족생활어 자료 총서 5

참빗장·죽렴장·부채장·채상장·악기장—전라남도 담양군의 민족생활어

초판 인쇄 2008년 12월 10일
초판 발행 2008년 12월 15일

지 은 이　위　진
엮 은 이　국립국어원
펴 낸 이　최종숙
펴 낸 곳　글누림출판사 / 서울 서초구 반포4동 577-25 문창빌딩 2층
전　　화　02-3409-2055 FAX 02-3409-2059
이 메 일　nurim3888@hanmail.net
등　　록　2005년 10월 5일 제303-2005-000038호

ⓒ 국립국어원 2008

정　　가　18,200원

I S B N　978-89-6327-005-0 (세트)
I S B N　978-89-6327-009-8 04710

국립국어원 민족생활어 자료 총서 5

참빗장 · 죽렴장 · 부채장 · 채상장 · 악기장

전라남도 담양군의 민족생활어

위 진

글누림

책머리에

　국립국어원은 국어를 표준화하고, 국민의 풍요로운 언어생활을 돕기 위해 1991년에 설립되었다. 설립된 다음 해부터 1999년까지 8년간의 표준국어대사전 편찬 사업과 더불어 방언 조사 사업, 음성 자료 디지털화 사업, 기본 어휘 사용 실태 조사 사업 등과 같은 국가적 조사 연구 사업들을 수행해 왔다. 민족생활어 조사 사업도 이와 같은 국가적 조사 연구 사업의 일환으로 2007년에 시작되었다.

　민족생활어 조사 사업은 국어 기본법 제2조(기본 이념)와 제9조(실태조사 등)에 근거하고 있다. 또한 다양한 입장에 대해 열린 자세를 갖게 하고, 차이를 인정하는 열린 마음으로 사회 통합을 이끌어내고자 하는 사회적 분위기와 이를 통해 사회적 관용(la tolérance sociale)을 모색하고자 하는 의식을 반영한 사업이다.

　편리함과 윤택함이라는 이름 아래 진행되어 온 고속 성장의 이면에 우리의 언어와 문화, 생태계는 그 다양성이 훼손될 우려가 점차 커지고 있다. 그러므로 인류 미래의 운명이 걸린 언어, 문화, 생태계의 다양성을 존

중하고 절멸 위기에 있는 그들의 생명력을 유지하고 복원하기 위해 함께 행동해야 할 것이다.

유네스코에서는 1992년 '생물 다양성 협약'을 체결하고 2001년 세계 문화 다양성 선언을 채택하여 언어와 문화의 다양성을 지키기 위해 노력하고 있다. 왜 생태주의자들은 종의 다양성을 옹호하고 있는가? 그것은 바로 순조로운 진화의 길을 모색하고자 함에 있다. 진화라고 하는 발전과 변화가 종의 다양성을 기반으로 하여 가능하듯이 언어의 진화도 언어의 다양함을 바탕으로 이루어지는 과정이라고 할 수 있다. 언어의 대표 단수만 옹호하는 일은 언어의 다양성 자체를 무너뜨리는 일이고, 이는 곧 진화에 역행하는 일이다.

현재 삶의 편의성을 위해 모든 것을 거시적인 관점에서 표준화하려는 경향이 뚜렷해서 비표준적이고 미시적인 것들은 소멸의 위기에 처하게 되었다. 하지만 이제는 잃어버린 지난날의 다양하고 미시적인 삶의 유산을 복원하기 위한 노력이 시작되고 있다. 이러한 분위기는 중심 언어에서 멀어진 변방의 언어라고 방치했거나 정화의 대상으로까지 여겼던 비표준적인 말을 보존하려는 노력에서도 엿볼 수 있다. 영국이 낳은 뛰어난 언어학자 데이비드 크리스털(David Crystal)은 자신의 저서인 '언어의 죽음(Language Death)'에서 어떤 소수의 언어든, 언어라는 이름을 갖고 있는 존재가 힘센 언어에 의해 사라져 가는 것은 '비극'을 넘어 '재앙'으로 간주하고 있다. 인류의 삶에는 다양성이 필요하고, 다양성을 바탕으로 이루어진 언어는 나름의 정체성을 가져야 자연스럽다. 언어는 역사의 저장고일 뿐만 아니라, 인류의 지식 총량에 기여하고, 그 자체로 흥미의 대상이 되기 때문에 그의 주장은 타당하다. 어떠한 언어든 사라진다는 것은 인류에게는 돌이킬 수 없는 손실을 의미한다. 따라서 아직까지 연구되지 않았거나 충분히 기록되지 않은, 소멸 위기에 처하거나 죽어가는 언어들을 문법 사전 및 구전 자료의 기록을 포함하는 문서 형태로 기록하는 것은 아주 중요한 사명이다.

크리스털을 비롯하여 뜻있는 언어학자들이 소멸 위기에 놓인 언어를 지켜내려고 안간힘을 쓰고 있는 것처럼, 국립국어원에서도 민족생활어 조사 사업을 통해 사라질 운명에 처해 있는 한민족의 생활어를 수집하고, 더 나아가서 그것을 지켜가는 방안을 모색하기 위해 힘을 모으고 싶다. 이를 통해서 우리 민족의 생활 언어가 한민족의 위대한 '문화유산'으로 다음 세대에게 계승하여 상속할 만한 가치를 지닌 문화적 소산임을 명심하게 하는 계기를 삼고자 한다.

민족생활어 조사 사업은 2007년부터 시작하여 2016년까지 10년간 수행할 예정이다. 국어 기본법 제2조 기본이념에서 밝히고 있듯이 국어가 민족 제일의 문화유산이며 문화 창조의 원동력임을 깊이 인식하여 이를 조사하고 보존함으로써 민족문화의 정체성을 확립하고 나아가 후손에게 계승할 수 있도록 하여야 하겠다.

2008년 12월

국립국어원 원장　이　　상　　규

차례

제4장 죽렴장의 말 · 82

1. 죽렴을 엮는 일은 참선의 과정 ···82

2. 조사된 어휘 ···87

제5장 부채장의 말 · 118

제6장 채상장의 말 · 177

제7장 악기장의 말 · 231

1. 자연스럽게 배운 악기 ·······231

2. 조사된 어휘 ·······240

제3부 연구 결과

제8장 마무리 · 265

제1부
사업 개요

제1장 민족생활어란 무엇인가?

인간은 다양하고 역동적인 생활 모형을 창조하기도 하며 다른 사람이 이미 만든 생활 모형을 따르며 살아가기도 한다. 그러한 생활 모형이 다수에 의해 집단화되거나 후손에게 영속적으로 이어지면 문화가 된다. 이러한 문화 속에서 관계를 맺고 소통하기 위해 사용하는 매개체를 가지게 되는데 그것이 바로 언어이다.

민족생활어란 민족이라는 말에 생활과 언어가 결합되어 이루어진 말이다. 민족은 일정한 지역에서 오랜 세월 동안 공동생활을 하면서 언어와 문화상의 공통성에 기초하여 역사적으로 형성된 사회집단을 말한다. 생활은 사람들의 일상적인 정서, 인식, 행동으로 이루어지며 이것의 대부분은 언어를 매개로 구체화된다.

일정한 지역에서 언어, 풍습, 종교, 정치, 경제 등을 공유하면서 장기적으로 집단적 생활을 지속적으로 반복하게 되면, 공속적인 사고체계와 문화체계를 형성하게 된다. 곧 이러한 사고체계와 문화체계는 그 민족의 생활 모습을 통해 알 수 있는데, 이들 생활의 대부분은 민족이 사용하는 언어를 통하여 드러나게 된다.

그러므로 한 민족이 살아 온 삶의 모습, 사고체계, 정체성 등을 파악하기 위해서는 동일 민족의 범주에 속하는 다양한 사람들의 생활어를 살펴보아야 한다. 이것은 생활 속에서 이루어지는 언어의 어휘, 형식, 의미, 용례, 담화 등의 조사와 재발견을 통해 구체화시킬 수 있다.

민족생활어를 조사하기 위해서는 우선 그 언어를 담고 있는 민족문화를 알아야 한다. 이를 위해 한국 민족문화의 개념과 범위를 살펴보면 다음과 같다(『한국 민족문화대백과사전』).

○ 한국 민족문화에는 외국에서 우리나라로 귀화한 사람과 우리나라에서 외국으로 이주한 사람의 문화도 포함된다.

○ 한민족이 아닌 다른 민족이 이룩한 문화는 한민족 구성원에 의하여 연구 변용된 구체적인 사실이 있는 경우에 한국 민족문화에 포함된다.

○ 한민족이 우리 강역 안에서 이룩한 문화 외에도 외국으로 일시 진출하거나 항구적으로 이주하여 이룩한 문화도 한국 민족문화에 포함된다.

○ 선사시대의 생활양상도 한국 민족문화에 포함된다.

○ 자연 그 자체는 문화가 아니지만 한민족에 의하여 이용되고 의미를 부여한 자취가 있을 때는 한국 민족문화로 다룬다.

○ 현대 문화의 양상은 전통 문화와의 연관이 파악되고 광범위한 영향을 끼치며, 우리나라에서의 독자성 또는 특수성이 보편성과 함께 인정되어야 한국 민족문화이다.

○ 민족문화는 민족·강역·역사·자연·생활·사회·사고·언어·예술 등 아홉 가지로 크게 분류된다.

이상과 같은 한국 민족문화의 개념과 범위 규정은 앞으로 수행할 이 사업의 조사 대상과 영역을 선정하는 데 중요한 기준으로 삼을 수 있다.

사피어 워프의 가설(Sapir Whorf 가설, 언어의 상대주의 이론)에 보면 언어구조나 실제 사용하는 언어 형식이 사용자의 사고에 영향을 미치는 것으로 되어 있다. 언어 사용자는 필요에 따라 많은 언어 형식을 창조한다. 사용자가 그만큼 사고를 많이 한다는 말이다. 북극의 이누이트족은 눈, 얼음, 바람을 아주 세분된, 수십 개의 말로 표현한다. 필리핀 민도르의 하우누족은 450종 이상의 동물과 1,500종 이상의 식물을 구분한다. 실제 공인된 공식 도감의 분류보다 400여 종이 더 많다.

어떤 언어 사용자의 죽음은 그가 가진 독특한 생활어도 함께 사라짐을 의미한다. 언젠가 아프리카에서 들려오는 소식으로 다음과 같은 이야기가 있었다. "한 사람의 노인이 사망할 때마다 하나의 박물관이 사라지고, 하나의 도서관이 사라진다." 문자가 아닌 구전으로 지식과 지혜가 전수되는 아프리카의 문화 전통에서 오래도록 살아 온 한 노인은 그 사람 자체가 박물관이고 도서관이었다(강신표, 인제대).

이러한 관점은 조사 대상과 조사 영역에 대한 중요한 기준을 제시해 준다. 누구를 조사해야 하고, 무엇을 조사해야 하는지에 대한 해답을 이 관점을 토대로 찾아낼 수 있을 것이다.

민족생활어란 한국 민족이 그들의 문화 속에 담고 있는 생활 어휘, 형식, 의미, 용례, 담화 등을 모두 포함한 용어라고 정의할 수 있다. 그리고 민족생활어 조사란 바로 그러한 한국 민족문화 모형을 가진 인간을 대상으로 다양한 생활 어휘들을 조사해야 하는 것이다.

한 민족 내에서 사용한 언어는 그 민족의 사고와 행동양식과 불가분의 관계에 있으며, 이것은 사람들의 일상적 활동과 연계된 생활어에 구체적으로 나타나고 있다. 실제로 음운이나 문법과는 달리 어휘, 의미, 용례, 담화에는 그 시대의 다양한 특징적 상황이 반영된다. 사회구조가 복잡해지고 새로운 사물과 행동이 나타나면서 그에 합당한 어휘가 생겨나게 된다. 이러한 어휘 부족 현상을 충족시키기 위해서 기존 언어의 의미가 더 확대

되거나 기존 어휘가 새로운 의미로 변화하거나 새로운 어휘로 대체되는 현상이 나타날 수 있다.

새로운 사실이나 관념의 형성, 사물에 대한 새로운 지식이 생겨날 때 나타나는 새말이나 기존 의미의 변화, 문화변동에 직접적으로 가장 민감하게 반응하는 것이 어휘이므로 어휘의 변화가 가장 심하다. 따라서 우리말의 어휘가 변화해 온 양상을 살펴보면 우리나라에서 이루어진 사회적 · 정치적 · 문화적인 변화양상까지도 읽을 수 있다. 이와 같이 다양한 계층, 성, 지역, 연령 등에서 사용하고 있는 광범위한 생활어의 음성, 어휘, 의미, 용례, 담론, 사진, 동영상 등을 종합적이고 체계적으로 수집 · 정리하고 활용함으로써 우리 민족의 독창적인 사고력 증진과 민족 문화를 발전시킬 수 있다.

광범위한 민족생활어를 지속적이고 체계적으로 조사 · 정리하고, 이에 기초하여 민족 제일의 문화유산인 국어와 한민족의 고유한 사유체계와 행동 양식의 역동성을 연구할 필요가 있다. 사회 · 경제 구조와 활동이 급속히 변화함에 따라 오랜 시간에 걸쳐 형성, 유지, 발전되어 온 국어의 어휘, 의미, 용례, 소통양식 등이 사라지고 있다. 이에 대한 체계적이고 지속적인 자료 수집, 정리, 보관, 활용에 관해 연구를 한다.

한 민족의 삶 속에 내재한 생생한 생활어를 조사함으로써 그와 연관된 생활 자료를 보존할 수 있고, 그동안 간과되어 온 민족의 역사를 복원할 수 있다. 이를 통해 당대의 올바른 시대상을 파악할 수 있고 국가발전의 가시적 성과도 제시할 수 있다.

지난 100년 동안 한국의 사회 · 경제 활동이 급격하게 변화하면서 다양한 직업들이 소멸 · 쇠퇴하는 반면 다른 많은 직업들이 창출됨에 따라 국어의 기반을 이루고 있는 생활 양식이 바뀌고 있다. 빠르게 소멸되어 가는 전통 사회 · 경제 · 문화 활동과 연계된 민족생활어를 수집 · 정리하고 활용하여 민족문화의 정체성을 확립하고 국어 어휘, 의미, 용례의 다양성

을 보존하여 후손에게 물려주어야 한다. 이와 동시에 탈근대 혹은 지식·
정보 사회·경제·문화 활동과 연계되어 새롭게 만들어지고 있는 생활어
를 지속적으로 수집·정리하고 활용하여 민족 제일의 문화유산인 국어를
변화하는 시대정신에 맞추어 창조적으로 계승·발전시킬 필요가 있다.

그런데 20세기 민족생활어의 조사 대상이 되는 민중들은 소수의 예를
제외하면 대개 고령자일 경우가 많다. 민족생활어 조사의 시급성은 바로
이러한 사실로부터 제기된다. 그러므로 지난 세기를 살면서 일상의 온갖
생활어를 생생히 사용해 왔던 고령자들로부터 하루라도 빨리 생활어를
발굴·조사하지 않으면 참으로 귀중한 지난 세기 우리 민족의 생활어가
사라져 버릴지도 모르는 위기에 처하게 될 것이다.

이처럼 지난 세기의 급격한 사회변동에 따라 곧 사라질 위기에 처해 있
는 우리 민족의 생활어휘를 조사하기 위해서는 고령자들의 구술에 크게
의존할 수밖에 없는데, 이를 통해 노년세대들의 소외의식을 줄이고 그들
의 자존감도 회복시킨다. 또한 소외계층의 생활어나 해외에 거주하는 한
민족의 생활어도 조사하여 그들의 자존감을 회복시키고 소외감을 해소한
다. 아울러 당대의 고령층과 소외계층 사람들의 의식을 파악하고, 그들이
국가발전에 기여한 생생한 증거를 확보할 수 있다. 이러한 과정을 통해
우리 민족이 이룩한 문화유산과 업적을 정리·집대성하여 새로운 한국
민족문화를 창조하는 기반을 구축할 수 있을 것이다.

김 덕 호(국립국어원)

제2장 연구 추진 과정

1. 조사 계획

　생활용품은 문화 생태론적인 적응 방식에 따라 고안되므로 인간의 기본적인 삶의 양식을 보여 주며, 시대와 지역에 따라 다르게 나타난다. 따라서 생활용품에 대한 조사는 민족 생활에 대한 총체적 모습을 파악하는 중요한 열쇠가 된다.

　이러한 민족 생활의 총체적인 모습을 이해하기 위해서는 생활용품에 대한 언어학적 접근을 빼놓을 수 없다. 언어는 문화를 담는 그릇으로, 언어에 대한 이해는 문화 전반에 대한 이해와 상응한다. 어휘의 생성과 발전은 표상하는 사물 또는 개념에 따라 생성하고 소멸한다. 생활양식의 변화는 사용하는 어휘의 변화로 이어진다. 현재 우리나라는 산업화·도시화가 거의 완성된 단계로, 그에 상응하는 생활용품도 변화하였다. 종류·재료·형태의 변화는 물론이고, 아예 소멸하는 경우도 허다하다. 이것은 다시 민족생활어의 소멸로 이어진다. 그래서 현대 일반인은 전통적인 생활

[사진 1]
한국 대나무 박물관

용품에 대한 지식을 얻기가 어렵게 되었다. 여기에 생활용품에 대한 민족생활어 조사의 필요성이 있다.

조사 지역은 전라남도 담양군이다. 담양군은 2000년 현재 죽림 면적 약 650ha를 가지고 있으며, 대나무를 주제로 조성한 '한국 대나무 박물관(1998년 3월 개관)'과 '죽녹원(2003년 5월 개관)'으로 유명하다.

또한 담양군은 300여전의 죽세공예 전통을 이어오고 있으며, 오늘날도 우리나라 제일의 죽세공예 생산지이다. 죽세공예를 마을별로 특성화하여, 향교리는 참빗, 기곡리는 죽렴, 만성리는 부채, 삼다리는 말석, 중월리는 바구니, 두정리는 삿갓, 화방리는 죽부인, 통천리는 키, 용수리는 싸리, 영천리는 죽석, 장찬리는 채반, 담주리는 고리짝 등을 만든다. 마을 주민들은 대부분 마을 특유의 공예품 제작 과정을 보고 자랐기 때문에, 그것을 직업으로 삼았다. 그러나 현재는 상당수가 전업한 상태이고, 중요 무형문화재·전라남도 무형문화재·담양군 무형문화재·대한 명인으로 지정받은 소수만이 간신히 전통을 이어가고 있다.

그러므로 이 조사에서는 담양에서 죽세 공예품을 만드는 장인의 직업생활어를 정리할 계획이다. 공예품의 개념·재료·구성 요소·제작 도구·제작 과정에서 사용하는 장인의 생활어는 우리의 민족생활어로서 가치를 인정받을 수 있을 것이다.

1.1. 참빗장

참빗은 빗살이 가늘고 촘촘한 대나무 빗을 말한다. 얼레빗으로 머리를 대강 정리한 뒤 머리카락을 좀 더 가지런히 하기 위하여 사용하는 빗으로, 머리카락의 때, 비듬 등 불순물을 제거하기 위해 사용하기도 한다. 참빗은 400~500년의 전통을 가지고 있으며, 우리 민족 고유의 생활방식을 보여주는 대표적인 생활용품이다.

그런데 플라스틱 제품이 등장하면서 참빗은 점점 사라져 갔으며, 현재는 전통 공예품으로만 인식되는 수준에 이르렀다. 그런데도 언어학적으로 참빗을 조사한 적은 한 번도 없다. 민족 생활은 그것을 영위하는 행위와 그것에 대응하는 언어가 함께 조사되었을 때만이 온전히 이해될 수 있다. 그런 까닭에 참빗을 만드는 장인이 사용하는 직업 생활어를 조사하는 작업은 민족생활어 조사에 기여할 것이라 생각한다.

현재 참빗을 만드는 장인은 전라남도 지정 무형문화재 고행주가 유일하다. 그를 직접 찾아가서 참빗이란 무엇이며, 만드는 재료는 무엇이고, 참빗을 구성하는 부분들의 명칭은 무엇이고, 참빗의 종류에는 어떤 것들이 있는지, 그리고 그것을 제작하는 도구들과 제작 과정을 자세히 조사할 계획이다.

1.2. 죽렴장

죽렴은 대나무로 만든 발을 말한다. 발은 전통 가옥의 방문을 가리는 구실을 한다. 그런데 주거 형태가 양옥이나 아파트로 변화함에 따라 발의 쓰임새도 사라졌다. 이와같이 죽렴은 소멸해가는 전통 문화임에도 불구하고, 언어학적인 측면에서 조사가 이루어진 적이 없다. 민족 생활이 행위와 그것에 대응하는 언어가 함께 조사되었을 때만 온전히 이해된다는 점을 감안하면, 죽렴에 대한 언어학적 조사가 필요함을 인정받을 수 있을 것이다.

　담양에서 죽렴을 제작하는 장인은 전라남도 지정 무형문화재 박성춘이다. 그를 만나서 죽렴에 대한 개념과 죽렴의 재료, 그것의 구성 요소, 제작품의 종류를 살펴보고, 제작 과정에서 사용하는 어휘와 제작 도구의 명칭 등을 세밀히 조사하고자 한다.

1.3. 부채장

　부채는 바람을 일으키는 도구이다. 우리 선조들은 부채로 더위를 식히기도 하였지만, 햇빛을 피하거나 얼굴을 가리는 도구나 부채춤, 탈놀이의 소품으로 사용하였다. 그러나 현재는 선풍기 · 에어컨 등이 보편화되면서 더위를 식히는 쓰임새는 점차 사라지고 있으며, 부채를 쓴다 하더라도 전통적인 대나무 부채가 아닌 플라스틱 부채를 사용한다. 또한 햇빛이나 얼굴을 가리는 도구로서의 쓰임새는 양산이나 마스크 · 가면으로 대체되었으며, 부채춤과 탈놀이가 대중의 인식에서 멀어지면서 거기에 쓰이는 부채의 쓰임새도 함께 소멸했다. 이처럼 부채는 사라져 가는 전통 문화임에도 불구하고, 금복현(1990)의 연구가 유일한 실정이다. 그러나 이 연구는 공예학적 관점에서 기술되었기 때문에, 모든 용어가 현장 생활어가 아닌 전문어(한자어 · 표준어)로 되어 있다. 민족 생활을 이해하기 위한 수단으로써의 언어는 표준어가 아닌 장인이 사용하는 현장 생활어일 때만 그 가치가 있다.

그러므로 이 조사에서는 담양에서 부채를 제작하는 담양군 향토 무형 문화재 김대석을 대상으로 할 계획이다. 그를 만나서 부채에 대한 개념, 부채의 재료, 구성 요소, 제작품의 종류는 물론, 제작 과정에서 사용하는 어휘와 제작 도구의 명칭 등을 자세히 조사할 계획이다.

1.4. 채상장

채상(彩箱)은 대를 가늘게 오린 대오리에 색색의 물을 들여 세울뜨기로 여러 가지 무늬를 수놓듯 만든 고리의 일종이다. 우리나라 죽세 공예품의 정수라고 할 수 있다. 서한규는 110여년 전에 외할머니가 시집올 때 가져 온 채상을 보고, 채상 기법을 스스로 연구하여 기술을 터득하였다.

국립 문화재 연구소에서는 이러한 채상 기법의 기록 및 전승을 목적으로 『채상장』(국립 문화재 연구소)을 정리·발간하였다. 거기에는 채상의 의미, 재료, 제작공구, 문양, 작업방법과 유통과정까지 자세히 기술되어 있다. 그런데 『채상장』은 일반인 독자를 대상으로 한 기록 도서이기 때문에, 채상장이 직접 사용하는 언어를 채록하기 보다는 일반인들이 쉽게 이해할 수 있는 표준어로 정리되어 있다. 기층문화는 인간 생활의 자기표현 매체인 언어를 한 축으로 하고, 그 언어가 가리키는 대상물을 다른 한 축으로 구성된다. 그러므로 채상을 연구하는 과정에서, 서한규가 사용하는 현장 언어는 그 사람의 직업 세계를 확인할 수 있는 가장 좋은 기제가 될 것이다.

그러므로 이 조사에서는 중요 무형문화재 서한규를 대상으로, 그가 사용하는 현장 언어를 조사할 계획이다. 그를 만나서 채상에 대한 개념, 채상의 재료, 구성 요소, 제작품의 종류, 제작 도구, 제작 과정 등의 직업 생활어를 조사하고자 한다.

1.5. 악기장

대나무는 생활용품(참빗, 죽렴, 부채, 채상)을 만드는 재료이지만, 우리나라 전통 악기인 관악기(대금, 중금, 소금, 당적, 통소, 피리 등)의 재료로도 사용된다. 죽관악기에 대한 역사는 『삼국사기』나 『고려사』에서 확인할 수 있다. 대금(大笒)·중금(中笒)·소금(小笒)은 『삼국사기』에 신라 삼죽(三竹)이라 하여 처음 기록되어 있다. 피리(篳篥 또는 觱篥)는 삼국시대부터 쓰였으나 『고려사』 당악조에 9공 피리가 있고, 속악조에 7공 피리가 있었다고 전해진다. 현재 전하는 피리로는 당피리·향피리·세피리가 있다.

그런데 지금까지 죽관악기에 관한 연구는 악기의 역사나 유래, 또는 연주 방법에 초점이 놓여 있었던 듯하다.(손태룡 『한국의 전통악기』, 영남대학교 출판부, 2000) 곧 제작자의 관점에서, 제작하는 방식과 관련한 연구는 찾기가 쉽지 않았다. 이런 까닭에 전통적인 악기 제작에 초점을 둔, 악기장을 대상으로 한 직업 생활어 조사의 필요성을 제기하고자 한다.

이 조사에서는 담양에서 죽관악기를 제작하는 담양군 명인 김성남을 대상으로 할 계획이다. 죽관악기의 재료가 되는 쌍골죽과 황죽에 대한 설명부터, 죽관악기의 종류와 악기별 차이점, 악기의 구성, 악기를 제작하는 과정과 제작 도구에 관한 명칭까지 자세히 조사할 계획이다.

2. 조사 보고

참빗장 고행주(74)는 1986년 11월 13일에 전라남도 지정 무형문화재 제15호로 지정 받았다. 가업으로 5대째 참빗을 제작하고 있으며, 열 두살 때부터 정식으로 기술을 전수받았다. 현재는 큰아들(고광록, 47)이 전수받고 있다.

[사진 2]
참빗장 고행주

참빗장 고행주의 조사는 2007년 7월 1일부터 2007년 7월 27일까지 그의 작업실(전라남도 담양군 담양읍 향교리 318번지)에서 진행하였다. 작업실은 가족이 살고 있는 살림집의 왼쪽에 자리잡고 있다.

이 조사에서는 '참빗의 개념, 참빗의 재료, 참빗의 구성, 참빗의 도구, 참빗의 제작 과정, 참빗의 종류'로 범주를 나누어서 질문지를 작성하고, 참빗장을 직접 만나 심층 조사하였다. 그리고 질문지에서 있지 않는 어휘가 나온 경우에는 질문지에 그 항목을 추가하고, 그 어휘를 구체적으로 조사하였다.

[사진 3]
고행주의 작업실

2.2. 죽렴장

죽렴장 박성춘(70)은 1990년 2월 24일에 전라남도 지정 무형문화재 제23호로 지정받았다. 가업으로 4대째 죽렴을 제작하고 있으며, 부모님을 도우면서 죽렴 제작을 어깨 너머로 배우다가 35살 때부터 정식으로 기술을 전수받았다. 현재 제보자의 큰딸(박승란)이 엮음질을 전수받고 있으나, 대다루는 일을 전수 받는 이는 없다.

[사진 4] 죽렴장 박성춘

[사진 5] 죽렴장 안내문

죽렴장의 조사는 2007년 7월 28일부터 2007년 8월 19일까지 수행하였다. 장소는 죽렴장 박성춘(전라남도 담양군 봉산면 기곡리 169-1번지)의 집이었다. 그는 따로 작업실을 만들지 않고, 마루나 마당에서 작업한다.

이 조사에서는 '죽렴의 개념, 죽렴의 재료, 죽렴의 구성, 죽렴의 도구, 죽렴의 제작 과정, 죽렴의 종류'로 범주를 구체화하여 질문지를 작성하고, 죽렴장을 현지 조사하였다. 그리고 질문지에서 있지 않는 제작 도구나 제작 과정에 관한 어휘는 질문지에 항목을 추가하고, 그 어휘를 세밀히 조사하였다.

2.3. 부채장

부채장 김대석(60)은 2007년 4월 21일에 담양군 향토 무형문화재 제2호로 지정받았다. 가업으로 3대째 부채를 제작하고 있으며, 중학교를 졸업한 후부터 정식으로 기술을 전수받았다. 현재는 담양군에서 지정한 전수자 장석원(39)이 전수받고 있다.

부채장 김대석의 조사는 2007년 8월 20일부터 2007년 9월 30일까지 그

[사진 6]
부채장 김대석

[사진 7]
부채장 김대석의 작업실

의 작업실(전라남도 담양군 담양읍 만성리 1구 96번지)에서 이루어졌다. 작업실은 가족이 살고 있는 집의 옆집이다. 예전에는 제보자의 할머니가 살던 집이었으나, 현재는 작업실로 사용한다.

이 조사에서는 '부채의 개념, 부채의 재료, 부채의 구성, 부채의 도구, 부채의 제작 과정, 부채의 종류'로 범주를 나누어서 질문지를 작성하고, 부채장을 직접 만나 심층 조사하였다. 그리고 질문지에서 있지 않는 어휘가 나온 경우에는 질문지에 그 항목을 추가하고, 그 어휘를 구체적으로 조사하였다.

2.4. 채상장

채상장 서한규(78)는 1987년 1월 5일에 중요 무형문화재 제53호로 지정받았다. 그는 채상 기법을 다른 사람에게 배우지 않고, 110여년 전 외할머니가 시집올 때 가져온 채상을 보고 스스로 연구하여 기술을 터득하였다. 그는 1975년부터 채상을 만들기 시작했다.

현재는 서한규의 딸(서신정, 48)이 전수 조교로 기술을 전수받고 있다. 그

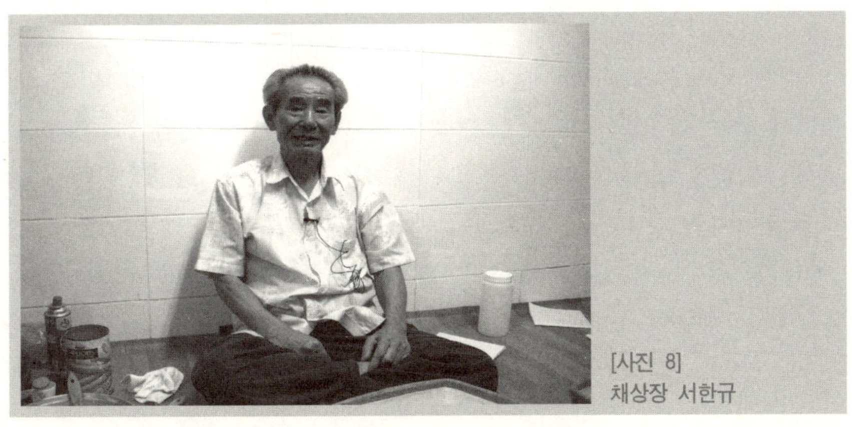

[사진 8]
채상장 서한규

[사진 9] 채상에 대한 설명문

[사진 10] 채상장 전시관

녀는 천을 염색하는 방법을 대오리에 적용하여 염색 방법을 다양화했으며, 채상에 들어갈 전통문양을 재현하고, 현대화하는 데에 노력하고 있다.

채상장 서한규의 조사는 2007년 10월 1일부터 2007년 11월 5일까지 채상장 전시관(전라남도 담양군 향교리 313-3번지)에서 진행하였다. 채상장 전시관은 문화재청과 담양군에서 지원하여 건립한 건물로, 전시장과 살림집으로 이루어져 있다. 위치는 대나무 테마 공원인 죽녹원 옆으로, 죽녹원과 연결되어 있다.

2.5. 악기장

악기장 김성남(54)은 2005년 6월에 담양군 명인 05-3호로 지정받았다. 죽물에 관한 여러 일을 하다가 20년 전부터 죽관 악기를 만들기 시작했다. 스승님께 배운 것이 아니라 악기를 스스로 만들면서 기술을 터득했다. 현재는 제보자의 아들인 김환영(28), 김진영(25)이 전수받고 있다.

악기장 김성남의 조사는 2007년 11월 6일부터 2007년 11월 20일까지 한국 대나무 박물관 내의 죽제품 체험교실에서 이루어졌다. 그는 현재 죽제품 체험교실을 운영하고 있으며, 그 곳에서 악기 제작 방법을 여러 사람

[사진 11]
악기장 김성남

에게 가르치고 있다

　이 조사에서는 '죽관악기의 개념, 악기의 재료, 악기의 구성, 악기의 도구, 악기의 제작 과정, 악기의 종류'로 범주를 나누어서 질문지를 작성하고, 악기장을 심층 조사하였다. 그리고 질문지에서 있지 않는 제작 도구나 제작 과정에 관한 어휘는 질문지에 항목을 추가하고, 그 어휘를 세밀히 조사하였다.

[사진 12]
죽제품 체험 교실

제3장 참빗장의 말

1. 참빗은 가업으로 내려온 천직

1.1. 향교리는 참빗 마을

문 이 마을은 언제, 어떻게 형성되었습니까?

답 이 마을 구성된 처음은 잘 모르고요, 우리 마을 대충 살아가는 형태를 보 믄{보면} 대나무, 참빗 종사한 사람이 총 인구의 한 60%, 그리 고 장사하신 분이 한 20%, 그리 고 기타가 한 20%가 업체를 갖 고 살고 있어요

문 왜 향교리입니까?

답 여기가 향교리를 인자{이제}, 유교 사상에, 공자 맹자 유교

[사진 13] 향교

사상 있지요 어느 고을마둥{고을마다} 향교라는 공자 모시는 그 사당이
라고 하까요{할까요}, 그런 것이 있거든요 유독이 우리 마을에 향교가
있어요 유교 사상 향교, 그래서 그 이름을 따서 지금 향교리가 아닌가
하고 생각하고 있거든요

1.2. 살아온 이야기

問 몇 대째 이 마을에서 살고 계십니까?

答 내가 5대, 우리 아들은 6대 그래요 우리 손자까지는 7대, 담양에서 살고
있어요

問 태어나셔서 지금까지 살아오신 내력을 이야기해 주십시오

問 태생지는 어디입니까?

答 담양읍 향교리 318번지.

問 연세는 어떻게 됩니까?

答 74.

問 성장지는 어디입니까?

答 예, 여그{여기}고요

問 학교는 어디까지 나오셨습니까?

答 고졸.

問 직업은 무엇입니까?

答 당연히 참빗장.

問 결혼은 몇 년도에 하였습니까?

答 49년 되았는디요, 결혼이. 나중에 2007년도에서 빼 보세요

問 아이들은 얼마나 두셨습니까?

答 2남 6녀.

문 어르신 형제는 어떻게 됩니까?

답 내가 독신이거든요

문 어르신 부모님 고향도 향교리입니까?

답 예. 향교리, 우리 외가도 향교리.

문 동네혼을 하셨습니다?

답 그랬데요

문 동네혼은 힘들다고 들었습니다.

답 힘들지요. 속도 알아서. 우리 아버님은 동네에서 결혼하셨어요

문 어르신 아버님께서 하신 일은 무엇입니까?

답 팬야{당연히} 우리 가업으로 6대짜{째} 쭉 흘러나오고 있기 때문에 아
버님도 당연히 참빗 하셨지요

1.3. 참빗장으로 인정받기까지

문 언제부터, 어떤 계기로 참빗을 만들게 되었습니까?

답 나요? 12살 때쯤 참빗을 배웠습니다. 아버님 참빗하는 심부름 하면서 인
자{이제} 늘 어깨너머로 넘어다 보면서, 그러저러 배워진 거여.

문 가업으로 참빗을 만든 것이라면, 몇 대째 참빗을 만들고 계십니까?

답 내 대는 5대 되고요, 우리 아들로 넘어 가면은 6대로 그렇게 될 거여.

문 일생 중에서, 다른 직업에 종사하신 적은 있습니까?

답 단 외길로 왔네요. 외길로 오는 과정에서 참빗 만드는 과정이 너무나 복
잡해요. 그런가 하면 마진율로 없고, 항시 살아가는데 어려움을 겪으면
서 여{여기}까지 왔습니다.

문 도지정 무형문화재는 어떻게 되셨습니까? 무형문화재가 되신 후로 좋은
점과 나쁜 점이 있다면 말씀해 주십시오

答 1986년 11월 13일. 나쁜 점은, 좋은 점은 그리 많은 우리 참빗 역사도 400~500년 되아요 그란데 그 정부에서 너무나 늦게 무형 문화를 지정 했는지는 몰라도 400~500년 쭉 나오는 참빗 장인들 중에서 이 시점에 서 고행주가 무형문화재로 인정, 지정되었다는 점을 그것을 자랑스럽게 생각하고요, 인자{이제} 괴로운 것은 없겠죠

問 참빗 만드는 일을 전수받고 있는 사람이 있습니까? 혹시 자녀들 중에서 있습니까?

答 인자{이제} 막 들어온 아들.

問 몇째 아들입니까?

答 큰아들.

問 참빗을 만드는 일에 대한 본인의 생각을 말씀해 주십시오

答 전부가 다 즐거워요 왜냐면은 결론부터 내리자면 생활하는데 조금 불편 함은 따라요, 아까 말과 같이 마진율이 없어서. 그러나 우리 가업으로 쭉 내려온 천직이기 때문에 즐겁죠!

問 아드님이 전수받는다고 했을 때, 내심 기쁘면서도 걱정이 되었을 같습니 까.

答 그러죠 세상이 얼마나 고도로 발달되어 있습니까. 그런데 사오백년 옛 날에 만든 참빗, 원형을 전수를 시킨다고 생각을 할 때에 한심스런 대목 이 있어요 왜냐면은 나와 같은 길을 걸면은 우리 자식도 고상{고생}이 뻔한 것을 내가 알고 있거든요 그러나 우리 가업으로 이어오기 때문에, 맥이 끊어져서는 안 된다는 그 하나 때문에 자식한테 이수할라 그래요

問 아드님은 그 다음 대에도 전수하겠다고 합니까?

答 지금은 그렇게 그러지요 두고 볼 일이지요

問 본인이 만드는 참빗의 특징과 장점을 말씀해 주십시오

答 다른 참빗보다 특색 있다는 것은 그 분들도 대나무 하나 사서 완성까지 의 과정이 심혈을 기울여서 만들기는 만들지만은 나는 하나부터 빗 하나

완성한데 건 70번 손질을 합니다. 70번 손질하는데 처음 시작에서 끝까지 똑같은 정신으로 만들어 내기 때문에, 다른 분 꺼하고 내 꺼하고 딱 놓고 보믄은{보면은}, 참빗에 상식이 없는 어느 분들이 보드라도{보더라도} 아 이 빗이, 요 빗하고는 완전히 틀리구나{다르구나}. 그런 것을 느끼거꾸롬{느끼게끔} 제작을 합니다.

📖 참빗을 만드는 일을 인생에 비유해 주십시오

📖 참빗 만든 것을 인생에 비유한다면, 사람이 태어나면 다 목적이 있겠죠? 예를 들어서 어느 사람은 큰 벼슬을 해서 살고, 어떤 사람은 큰 무역이나 장사를 해서 거부가 된 사람이 있고, 내 목적은 만인의 머리에 인간들이 미를 숭상하기 위해서는 머리카락을 아주 먼저 다듬거든요 세상 사람들 앞에 머리카락 다듬어 주는 목적이, 하여튼 참빗 만드는 데 큰 목적이라 생각하고 있어요

2. 조사된 어휘

2.1. 참빗이란?

2.1.1. 참빗

대나무를 재료로 한 모든 형태의 빗을 말한다. 일반적으로 참빗은 "빗살이 아주 가늘고 촘촘한 대빗."(『표준국어대사전』)을 말한다. 그러나 참빗장 고행주는 대나무를 재료로 한 모든 빗을 '참빗'이라 말하며, 빗의 형태가 아닌 재료를 기준으로 참빗을 정의한다. 한편, 참빗은 한자로 '진소(眞梳)'라 불린다. '참 진(眞)', '빗 소(梳)'로 고유어인 뜻을 따라 읽으면 '참빗', 한

자음을 따라 읽으면 '진소'가 된다.

아래에 제시한 빗들은 모두 대나무로 만들었기 때문에, 참빗이라 할 수 있다.

[사진 14] 써훌치 · 중소 · 색색이참빗

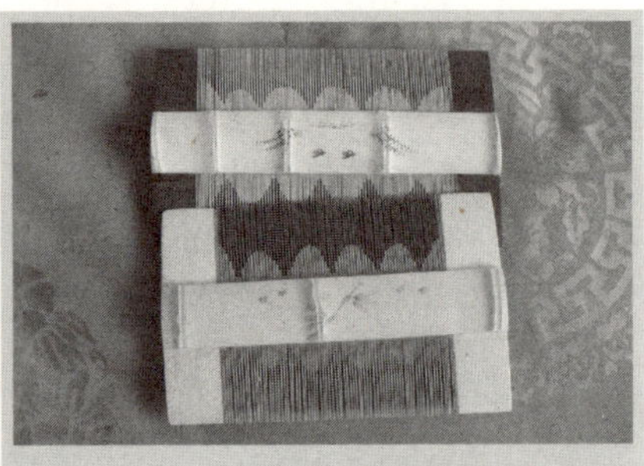

[사진 15] 장식용 참빗

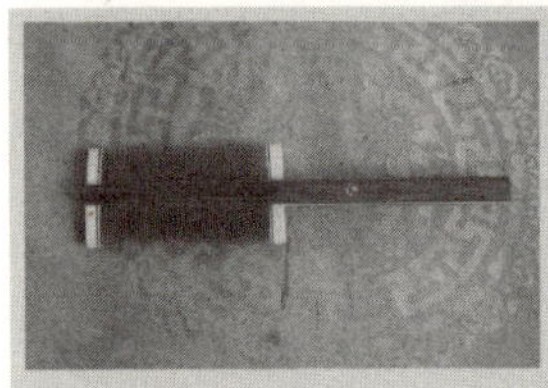

[사진 16] 일자형 자리빗

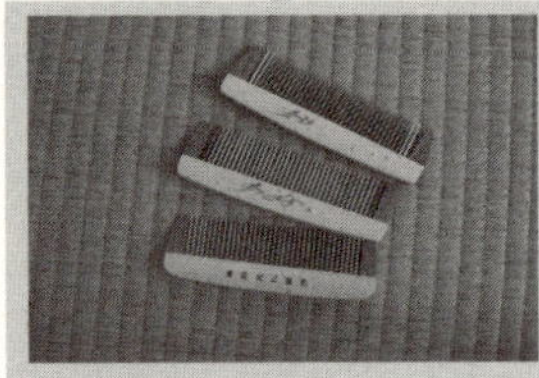

[사진 17] 신사용 참빗

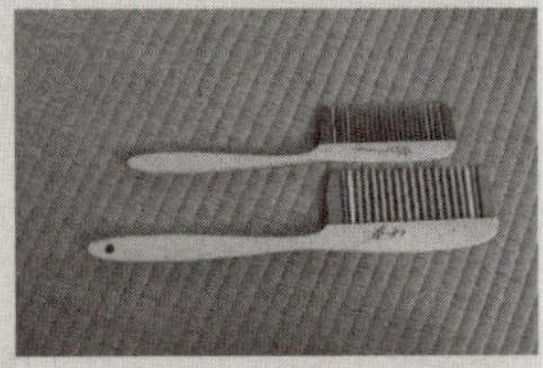

[사진 18] 파마용 자리 참빗

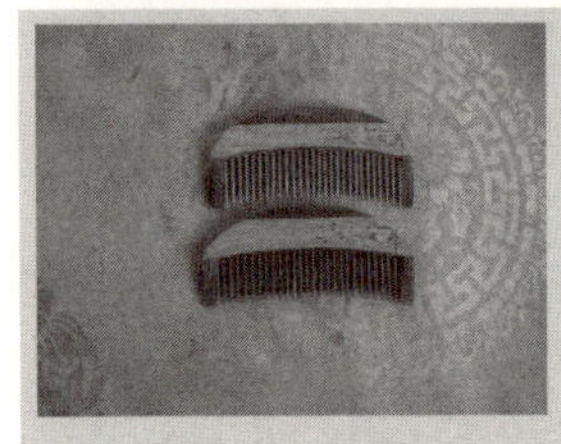

[사진 19] 반월소

[사진 20] 무명소

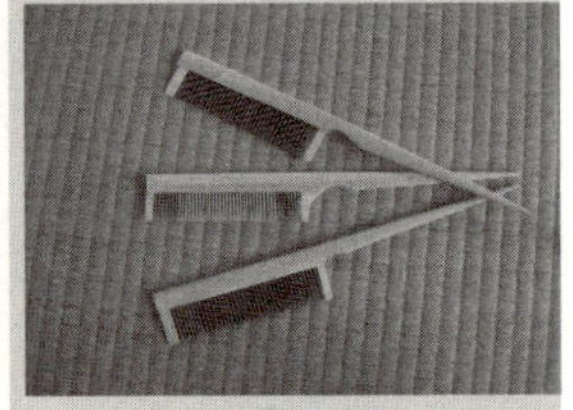

[사진 21] 가리매빗

2.2. 재료

참빗은 왕대, 분죽, 오죽 등으로 만들 수 있으며, 좋은 참빗을 만들기 위해서는 왕대를 써야 한다. 제보자는 왕대 중에서 둘레가 5~6치인 대나무를 재료로 쓴다. 그리고 참빗은 대나무의 줄기로 제작하기 때문에, 줄기라는 말보다는 세분화된 명칭(끄렁대, 미죽, 중미죽, 중통, 중끝죽, 하끝죽, 등대감)을 사용한다.

2.2.1. 대나무의 종류

1) 왕대

대나무 가운데 줄기가 가장 굵고, 강도도 강하다. 부드럽고 찰진 맛이 있어, 참빗을 만들어 놓았을 때 빗살에 꺼끄러기가 일지 않는다. 참빗을 만들기에는 5~6치 정도의 왕대가 적당하다. 대나무의 굵기는 직경이 아닌 둘레로 측정한다.

제보자는 대부분 '왕대'라고 말하면서도, '왕죽' 으로 발음하기도 한다.

[사진 22] 왕대

2) 분죽

대나무가 찰진 맛이 없어 참빗을 만들었을 때 꺼끄러기가 많이 일어난다.

바구니의 재료로 사용한다. 대의 껍질에 하얀 가루가 묻어 있어, '가루 분 (粉)'을 써서 '분죽'이라 한다.

2.2.2. 대나무의 구성

1) 뿌리

대나무의 땅속에 묻혀있는 부분을 이른다. 지상에 있는 줄기, 잎 등을 지탱한다.

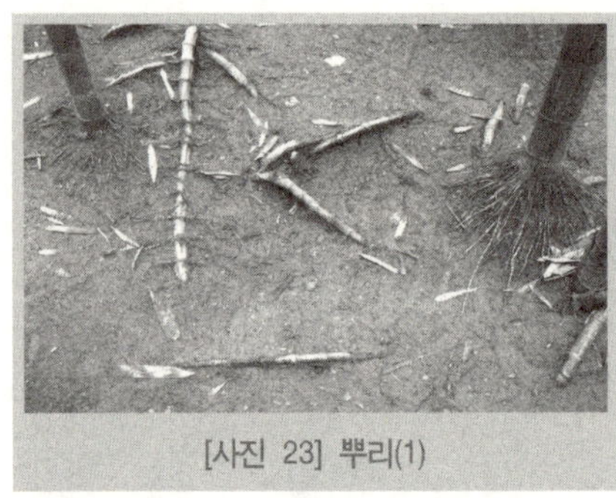

[사진 23] 뿌리(1)

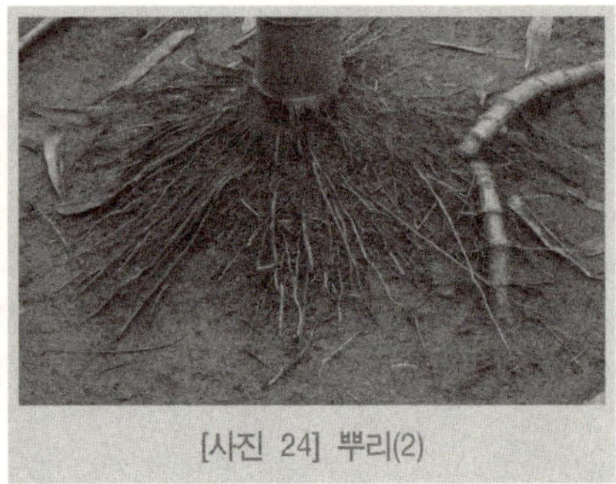

[사진 24] 뿌리(2)

2) 모죽

죽순을 돋아나게 하는 뿌리를 이른다. 3~4년 된 대는 죽순이 굵고 곧 게 올라오는 반면, 대가 죽어가기 시작하는 5~6년 된 대에서는 죽순이 굵게 올라오지 못한다. 뿌리와 동일한 지시물이지만, 죽순과 관련한 설명 에서는 모죽이란 말을 쓴다.

3) 죽순[죽순, 죽신]

대나무의 땅속줄기에서 돋아나는 어린 싹이다.(『표준국어대사전』) 제보자

[사진 25] 죽순   [사진 26] 끄렁대

는 대부분 '죽순'으로 발음하지만, 전남방언인 '죽신'으로 말하기도 한다.

4) 끄렁대

지면으로부터 1미터 정도 되는 줄기의 부분을 이른다. 참빗을 제작할 때는 쓰지 않는다. 옛날에는 검불이나 곡물 따위를 긁어 모으는 갈퀴를 만드는 데에 사용하여, 갈퀴 만드는 사람들이 사갔다고 한다.

5) 미죽

끄렁대 위로 약 세 마디 정도 되는 줄기의 부분을 이른다. 대 자체가 살이 찌고 두꺼우며, 강도가 강하다. 마디 사이가 짧으며, 길이는 20cm 정도이다.

[사진 27] 미죽 [사진 28] 중미죽

6) 중미죽

미죽 위로 약 네 마디 정도 되는 줄기의 부분을 이른다. 마디 사이의 길이가 약 25cm 정도이다.

7) 중통

중미죽 위로 약 네 마디 정도 되는 줄기의 부분을 이른다. 마디 사이의 길이가 중미죽보다 길며, 길이는 약 30~45cm 정도이다.

8) 중끝죽

중통 위로 약 다섯 마디 정도 되는 줄기의 부분을 이른다. 마디 사이의 길이가 30~40cm 정도이며, 둘레는 중통에 비해 가늘다. 줄기의 끝으로 올라간다고 해서, '중끝죽'이라 부른다.

[사진 29] 중통　　　　　　　　[사진 30] 대롱

9) 하끝죽

중끝죽 위로 약 세 마디 정도 되는 줄기의 부분을 이른다. 위로 올라가면 '상끝죽'이라 해야 할 것인데, '하끝죽'이라 부른다.

10) 등대감[등때깜]

하끝죽 위로 약 세 마디 정도 되는 줄기의 부분을 이른다. 참빗의 등대를 이 부분으로 만들기 때문에 '등대감'이라 부른다.

11) 때롱

대나무의 마디로, 전남 담양 지역의 방언이다.

[사진 31] 대통(1)

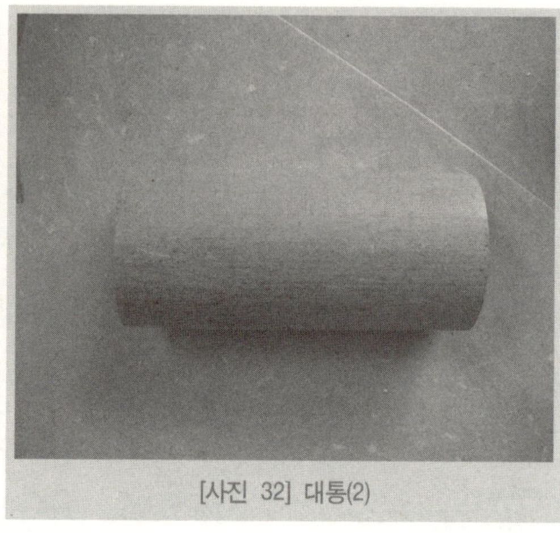

[사진 32] 대통(2)

12) 대통

마디와 마디 사이로, 참빗의 재료인 5~6치 대에는 대통이 약 스무통 정도 나온다.

13) 대창

대나무 줄기 속의 안벽에 붙은 아주 얇고 흰 꺼풀로, 표준어는 '대청'이다.

14) 피죽

①대나무의 껍질 부분을 이른다. 대나무 자체의 껍질 부분을 가리키며, 내죽에 상대되는 말이다. ②대나무의 껍질 부분에서 뜬 댓살을 이른다. 참빗은 댓살을 엮어서 만드는데, 대나무의 껍질 부분에서 뜬 댓살을 '피죽'이라 한다. '비금'에 상대되는 말이다.

[사진 33] 피죽

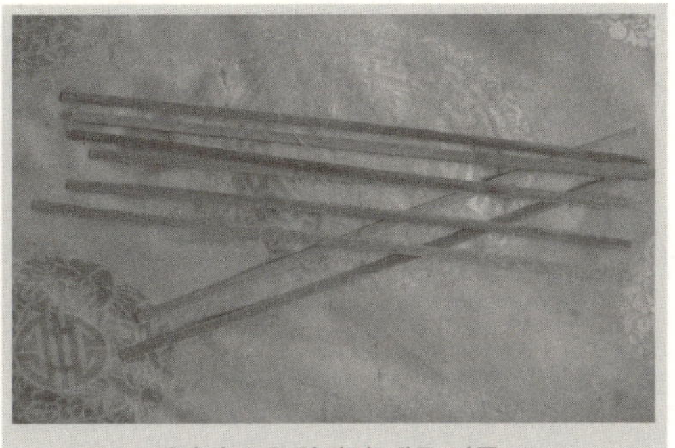

[사진 34] 참빗의 재료-피죽

15) 내죽

대나무의 속살 부분을 이른다. 내(內)자를 써서 '내죽'이라 하며, 피죽[1]에 상대되는 말이다. 피죽과 가까운 내죽으로는 매기를 만들며, 안쪽 부분은 버린다.

16) 비금

대나무의 속살 부분에서 뜬 댓살을 이른다. 참빗은 댓살을 엮어서 만드는데, 피죽을 떠 낸 후에, 뜬 댓살을 '비금'이라 한다. 피죽[2]에 비해 흰색에 가깝고, 연하다. 피죽[2]에 상대되는 말이다.

[사진 35] 비금

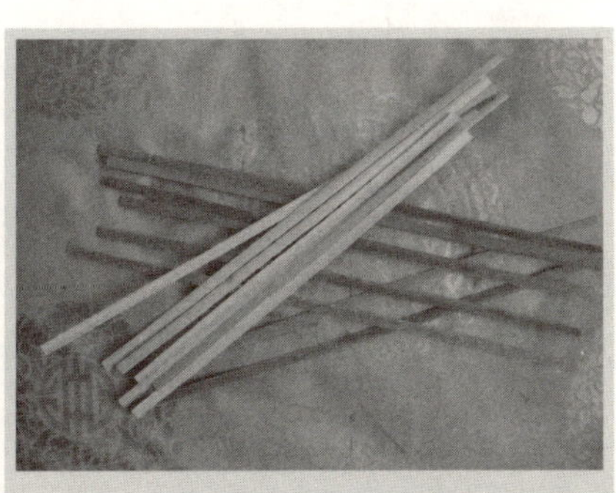

[사진 36] 피죽과 비금

2.3. 구성

전통적인 참빗은 빗살, 등대, 매기로 이루어져 있으며, 개량한 참빗의 경우에는 자루, 꼬쟁이 등이 추가된다.

2.3.1. 등대[등대, 등때

빗의 비틀림을 잡아 주는 구성 요소이다. 전통 참빗은 빗살의 가운데

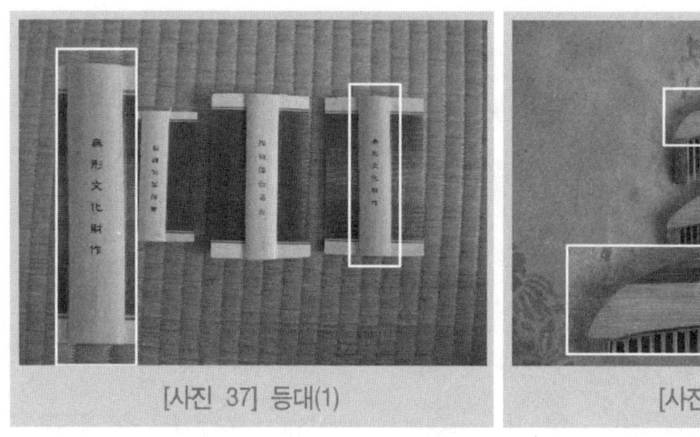

[사진 37] 등대(1)

[사진 38] 등대(2)

부분에 앞·뒤로 있으며, 개량형 참빗은 빗살의 윗부분이 이에 해당한다.

2.3.2. 매기

빗의 골격을 잡아 주는 구성 요소이다. 빗살의 끝에 넣는 댓살로, 보통 빗살보다 훨씬 굵다.

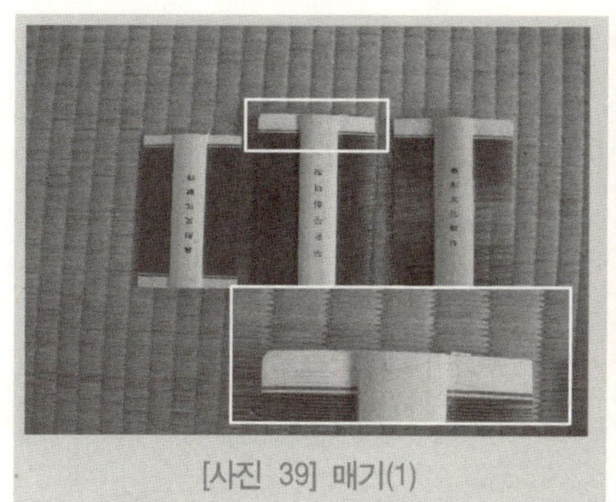

[사진 39] 매기(1)

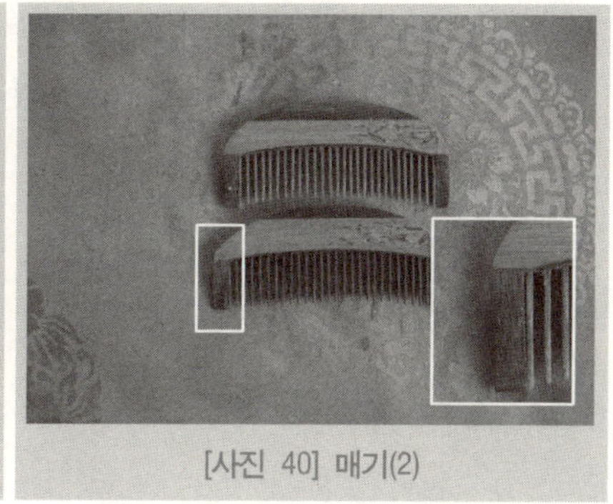

[사진 40] 매기(2)

2.3.3. 빗살

빗의 가늘게 갈라진 낱낱의 살이다.(『표준국어대사전』)

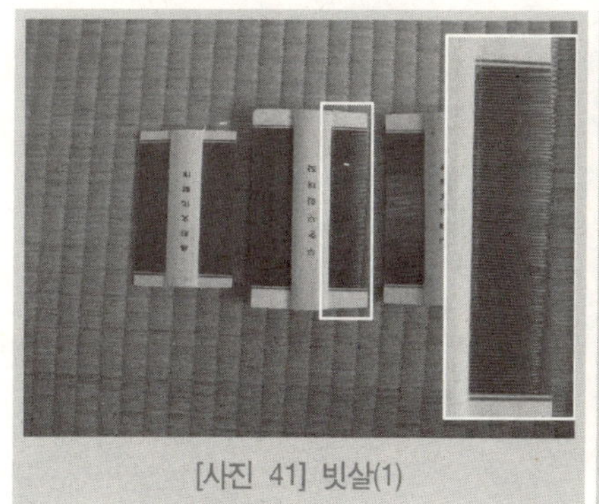

[사진 41] 빗살(1)

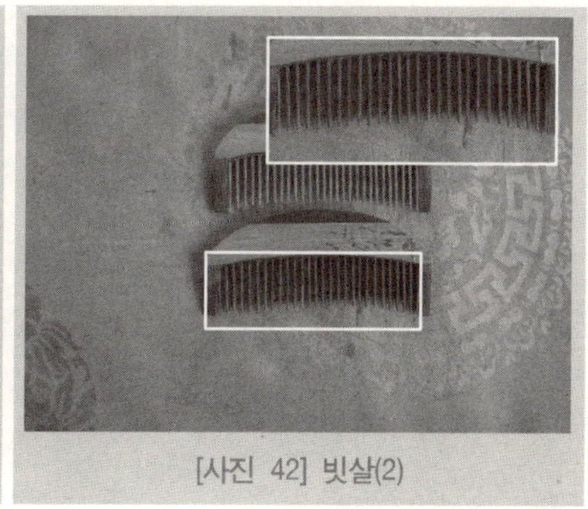

[사진 42] 빗살(2)

2.3.4. 자리

빗의 손잡이로, 표준어는 '자루'이다.

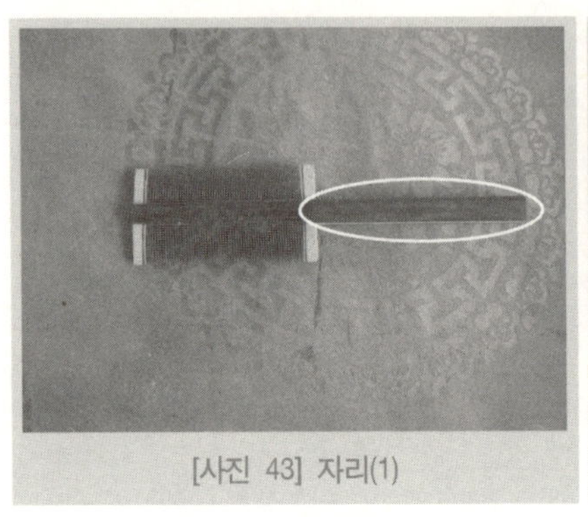

[사진 43] 자리(1)

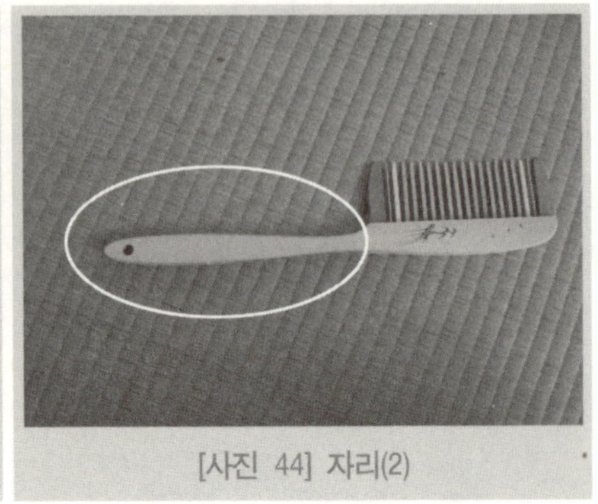

[사진 44] 자리(2)

2.3.5. 살대[살때]

빗살과 매기 사이에 넣는 검정색,
흰색의 빗살을 이른다. 흰 살대는
붉은색 빗살과 검은 살대 사이에 엮
으며, 검은 살대는 흰 살대와 매기
사이에 엮는다.

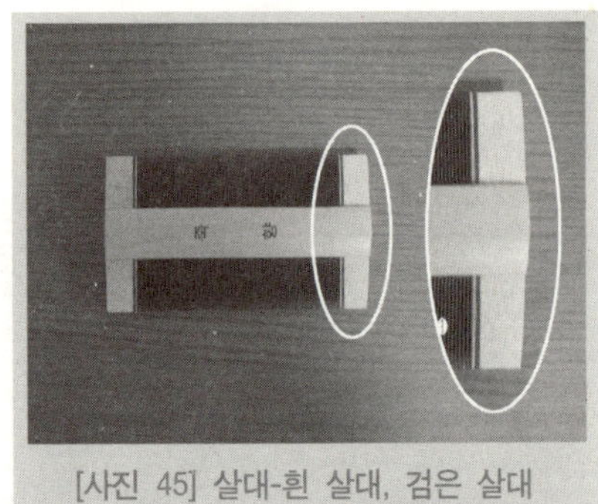

[사진 45] 살대-흰 살대, 검은 살대

2.3.6. 골

등대 뒷면에 있는 홈을 이른다.
등대를 빗에 붙이기 위해서는 등대
뒷면에 지둥이 들어갈 수 있는 홈을
파야한다. 그 홈을 '골'이라 부른다.

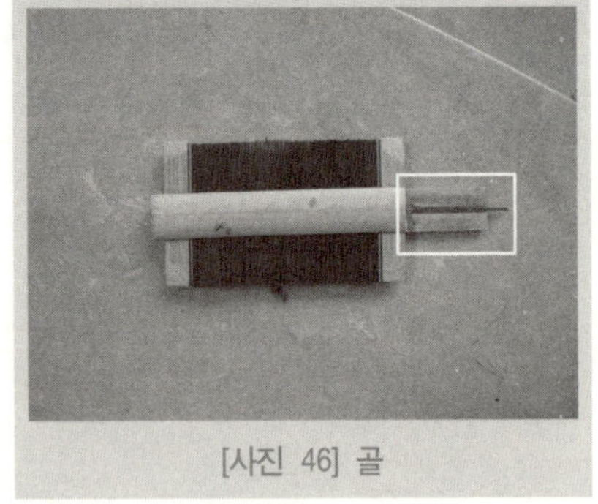

[사진 46] 골

2.3.7. 꼬쟁이

가르마를 탈 수 있게 끝을 뾰족하게 만든 손잡이를 이른다.

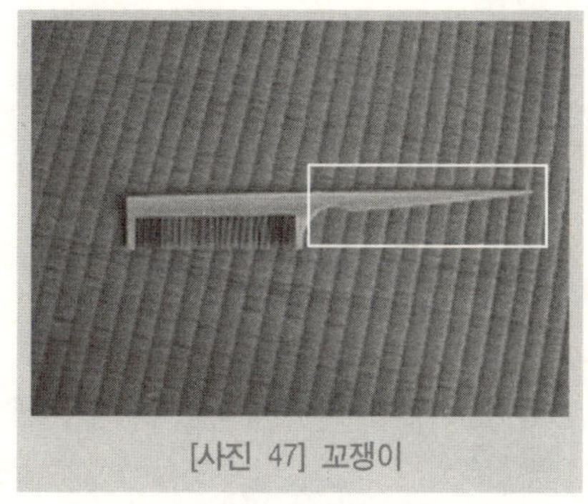

[사진 47] 꼬쟁이

2.4. 도구

2.4.1. 종류

1) 대빈톱

대나무를 베는 데에 사용하는 톱으로, 자루와 톱날로 구성되어 있다.

2) 대낫

대나무의 가지를 치는 데에 사용하는 낫이다.

3) 대썬톱

베어 온 대나무의 마디를 써는 데에 사용하는 톱이며, '대빈톱'과 의미상 구별하기 위해 '대썬톱'이라 부른다.

(1) 톱날

톱의 날이며, 대나무를 썰 때 사용한다.

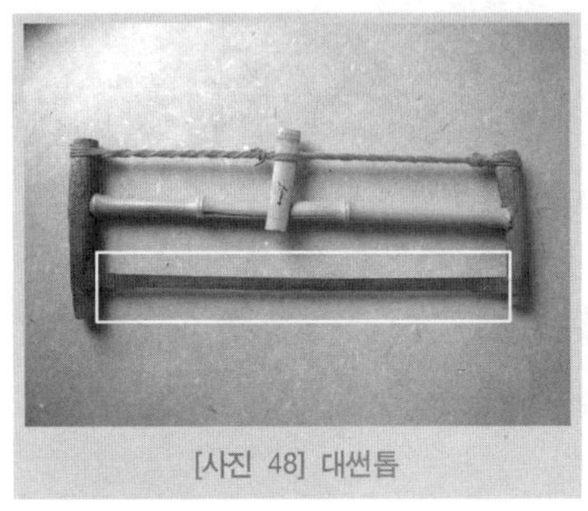

[사진 48] 대썬톱

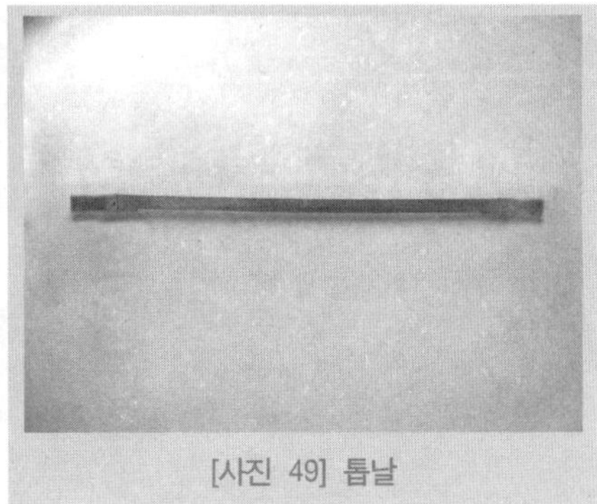

[사진 49] 톱날

(2) 톱양

톱날을 제외한, 톱의 나머지 부분을 통틀어 이른다.

(3) 탱자선

대썬톱의 윗부분에 있는 줄을 이른다. 줄 가운데 탱자(대나무 조각)가 있어, 이 탱자로 줄을 돌려

[사진 50] 톱양

톱날을 조절한다. 탱자선을 풀어내면 톱날이 느슨하게 되고, 탱자선을 조이면 톱날이 짱짱하게 된다.

(4) 탱자

탱자선 가운데 묶여 있는 대나무 조각을 이른다. 탱자 터는(탱자선을 풀거나 조이는) 데에 사용한다.

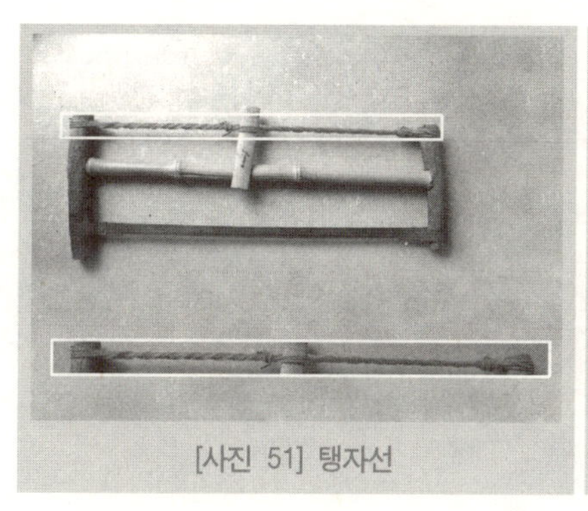
[사진 51] 탱자선

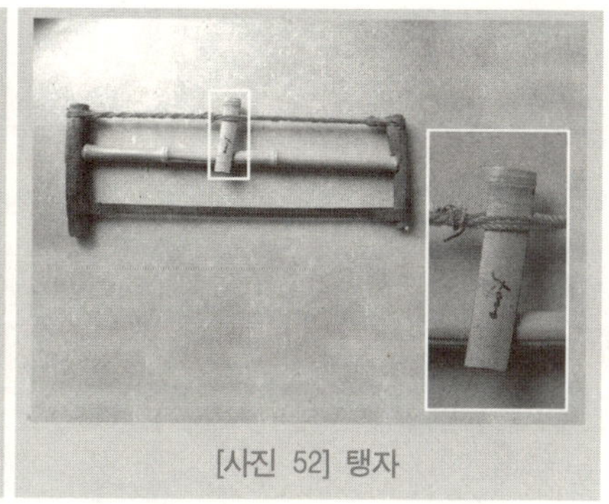
[사진 52] 탱자

(5) 탱자 털다

탱자를 이용해서 탱자선을 풀거나 조이다. 톱날을 짱짱하게 조절하는 행동을 '탱자 털다'라고 한다.

4) 제작칼

쪼개 놓은 대통을 필요한 너비로 자르는 칼이다. 원하는 너비의 댓살이 될 때까지, 쪼개는 과정을 반복한다. 빗살은 15㎜, 등대는 17㎜ 정도로 쪼갠다.

5) 대때린칼

썰어 놓은 대쪽(15㎜정도)을 다시 4등분하고, 피죽과 내죽을 벗겨 내는 데에 사용하는 칼이다.

6) 베칼

댓살의 피죽과 내죽을 가르는 칼이다. 나무로 된 자루가 없이 칼만 있

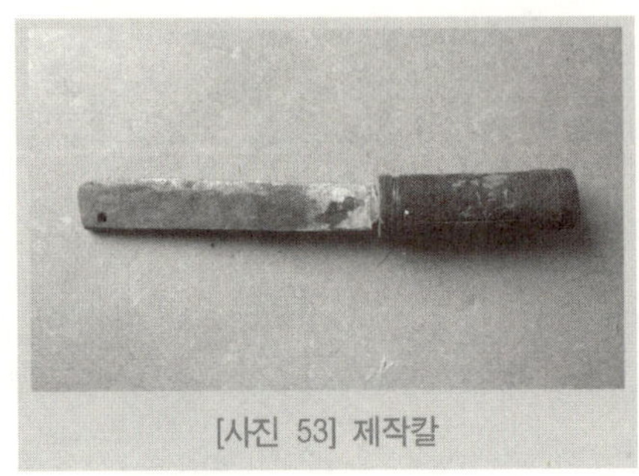
[사진 53] 제작칼

[사진 54] 대때린칼

으며, 이 칼을 나무 받침대에 끼워서 사용한다. 베칼은 쓰는 용도에 따라 명칭을 달리 하는데, 댓살의 내죽을 훑어 내면 '아시베칼'이라 하고, 댓살의 피죽을 훑어 내면 '피죽훑는칼'이라 부른다.

7) 조름칼

댓살의 너비를 일정하게 조절하는 데에 사용하는 칼이다. 나무 위에 칼이 V자 모양으로 박혀 있다. 빗살은 4mm의 조름칼을 쓰며, 등대는 17mm의 조름칼을 쓴다.

8) 전짐

긴 댓살을 원하는 빗살의 길이(빗의 폭)로 끊는 데에 사용하는 도구이다.

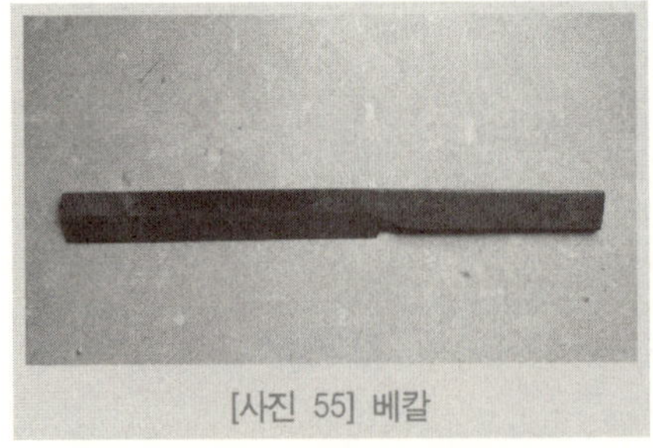
[사진 55] 베칼

[사진 56] 피죽훑는칼

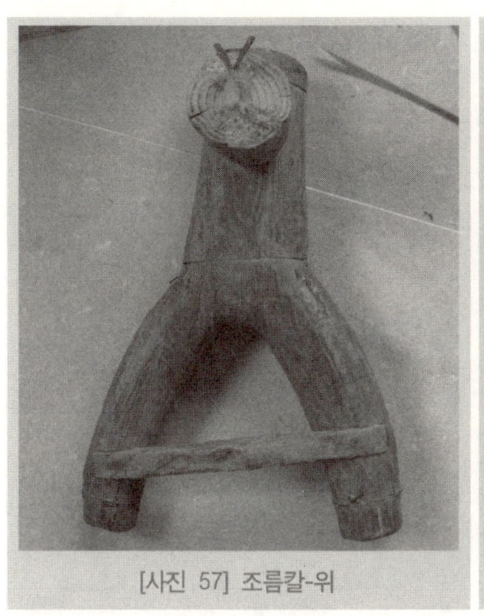

[사진 57] 조름칼-위

[사진 58] 조름칼-옆

9) 골판

빗살을 맨 후, 빗살을 고르는 데에 사용하는 도구이다. ㄷ자 형이며, 위쪽에 경첩이 달려 있어 열고 닫을 수 있다. ㄷ자 사이에 빗살 맨 것을 끼우고, 장석으로 빗살을 친다.

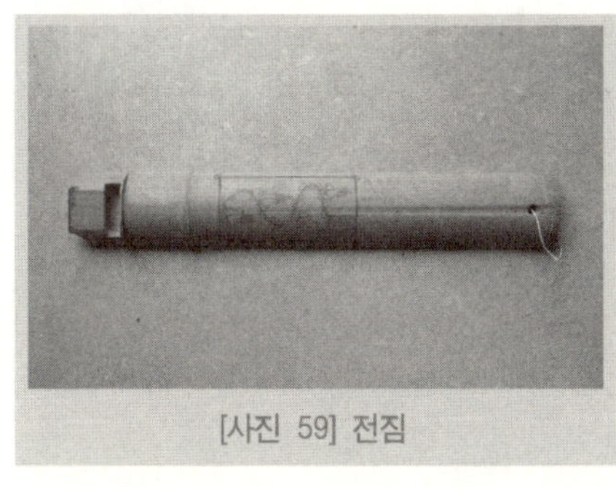

[사진 59] 전짐

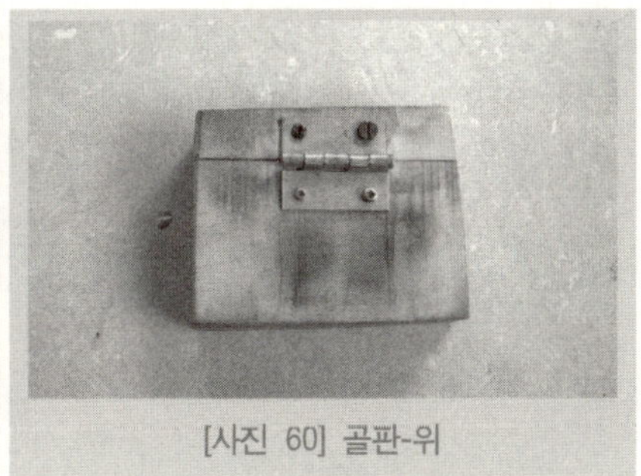

[사진 60] 골판-위

10) 등밀칼

빗살의 높낮이를 일정하게 고르는 칼이다.

[사진 61] 골판-측면

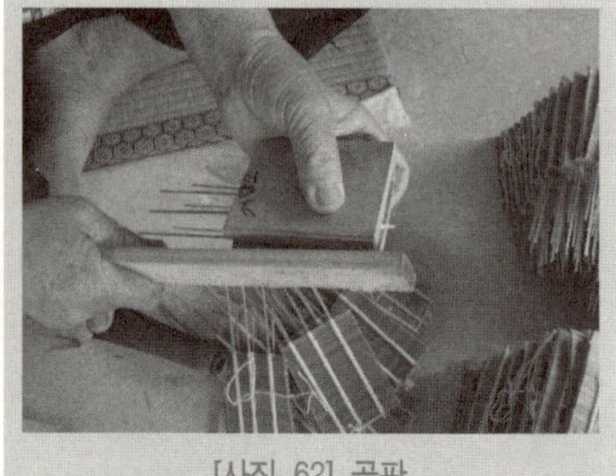

[사진 62] 골판

[사진 63] 등밀칼

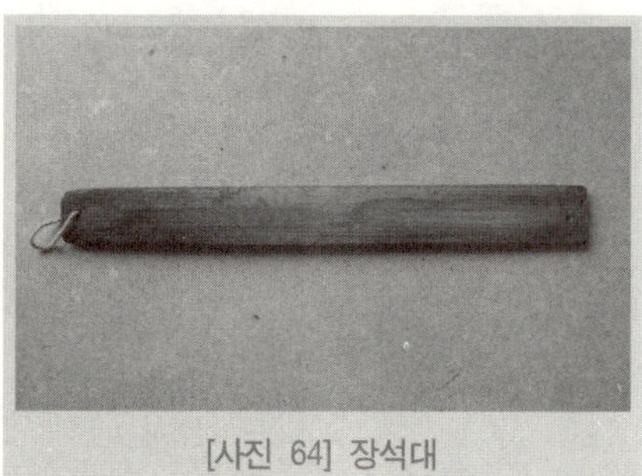

[사진 64] 장석대

11) 장석대

빗살을 가지런하게 맞추는 데에 사용하는 나무 막대이다. 매기를 지른 후에, 들쑥날쑥한 빗살의 끝부분을 장석대로 쳐서, 빗살을 가지런하게 맞춘다. 장석대의 피죽 부분으로 빗살의 끝을 친다.

12) 밀칼

등대를 붙인 후, 빗끝(빗의 끝)을 내는 데 사용하는 칼이다. 빗살의 정중선(正中線)을 잡아서 한 면을 45도로 깎고, 돌려서 다른 면도 45도로 깎는다. 그래야 빗살의 끝이 뾰족하게 된다.

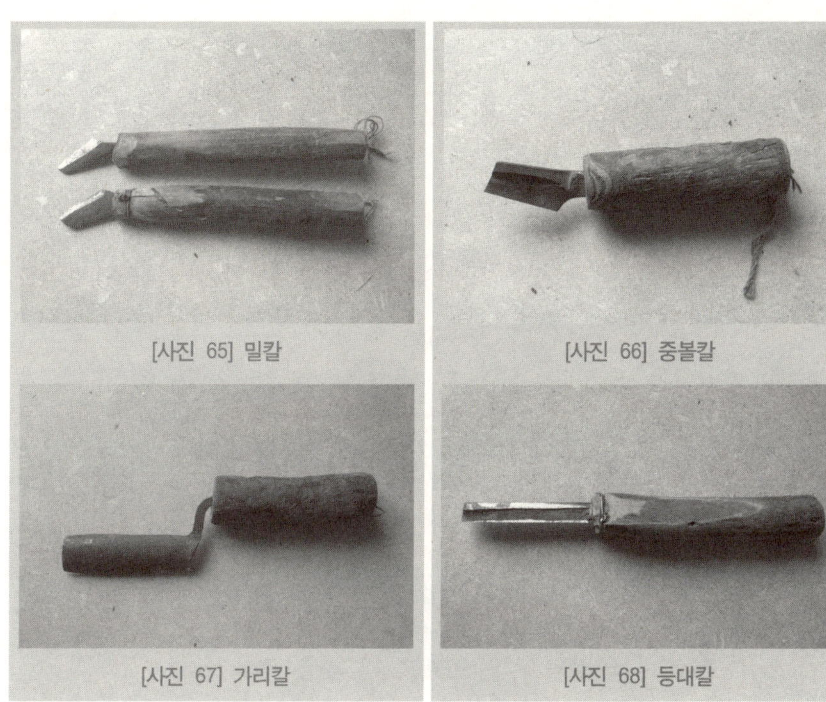

[사진 65] 밀칼

[사진 66] 중볼칼

[사진 67] 가리칼

[사진 68] 등대칼

13) 중볼칼

밀칼로 빗끝을 만든 후에, 빗바닥에 붙어있는 터럭을 제거하는 칼이다. 중볼칼을 손에 쥐었을 때, 칼날은 몸쪽을 향한다. 중볼칼은 바깥쪽에서 몸쪽으로 당기면서 작업한다.

14) 가리칼

중볼칼로 빗바닥의 터럭을 제거한 후, 빗바닥을 곱게 만들기 위해 바닥을 긁어내는 데에 사용하는 칼이다.

15) 등대칼

매기를 다듬을 때 사용하는 칼이다.

16) 바닥고라시

등대 뒷면 중앙에 골을 파는 도구이다. 바닥고라시의 끝 부분은 반원형으로 되어, 골을 파기 쉽게 되어 있다.

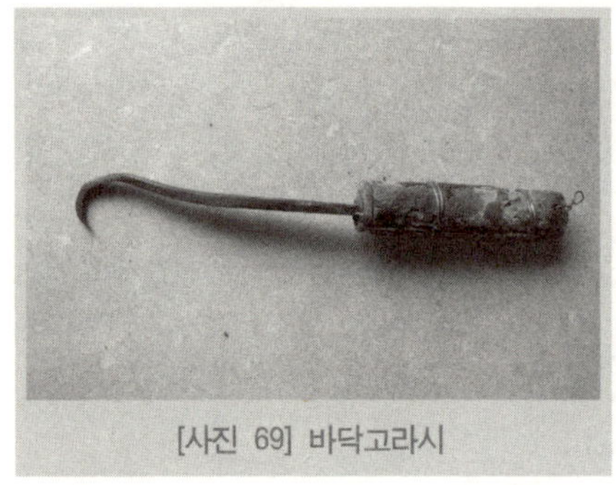

[사진 69] 바닥고라시

[사진 70] 날끝

17) 골판등다리

등대 뒷면에 골을 파는 데에 사용하는 나무 받침이다. 등대를 고정시켜 골을 팔 수 있게, 끝에 나무가 덧대어져 있다. 골판등다리는 매기의 불필요한 부분을 자를 때도 쓰는데, 그때는 '머리썬등다리'라 부른다.

18) 풀고라시

풀(아교)을 제거하는 도구이다. 등대에 아교를 발라 매기지른 빗에 붙이는데, 이때 불필요한 아교가 등대 바깥으로 새어 나오면 풀고라시로 제거한다. 풀고라시의 끝 부분은 삼각형으로 되어, 아교를 제거하기 쉽게 되어 있다.

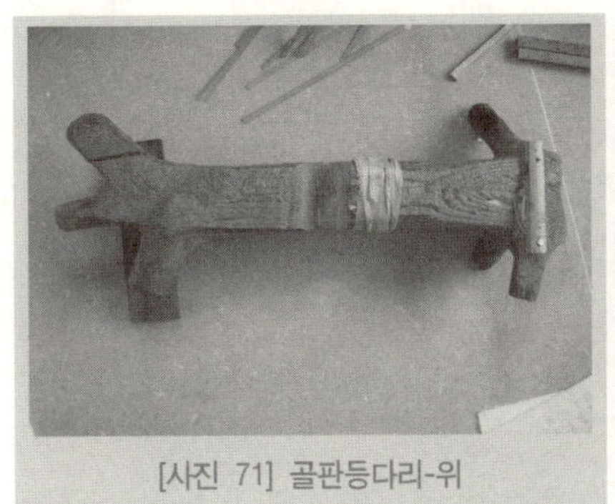

[사진 71] 골판등다리-위

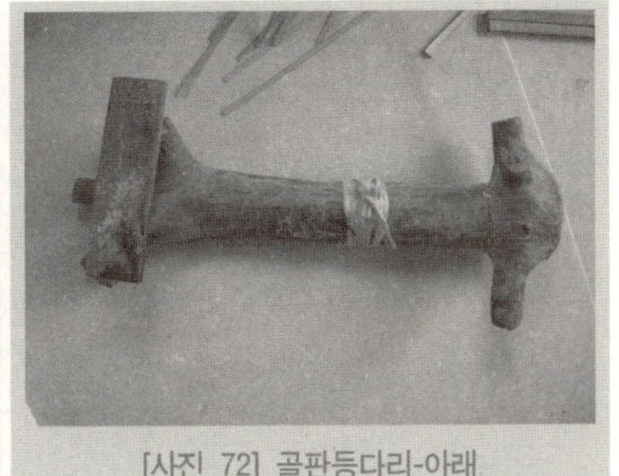

[사진 72] 골판등다리-아래

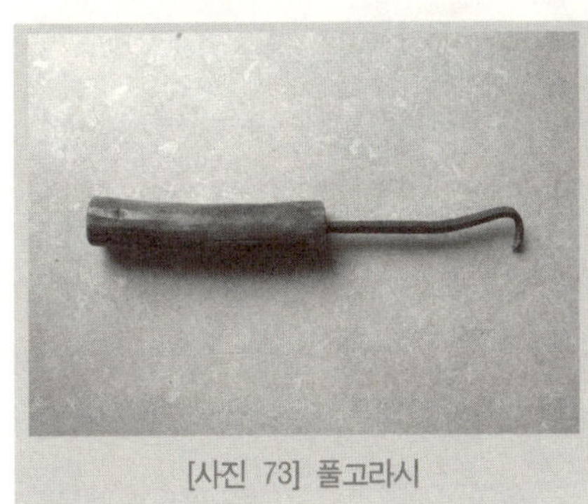

[사진 73] 풀고라시

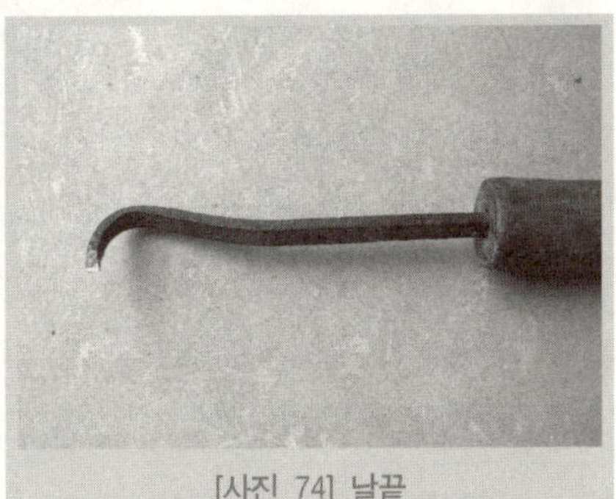

[사진 74] 날끝

19) 전지

매기지른 빗에 등대를 붙였을 때, 등대가 뜨는 것을 방지하기 위한 도구이다.

20) 머리썬등다리

골판등다리와 동일한 나무 받침으로, 머리를 썰 때에는 '머리썬등다리'라 부른다. 머리를 썰기 쉽게 가운데가 움푹 파여 있다. 이 부분에 등대의 불필요한 부분을 대고, '대썬톱'으로 자른다.

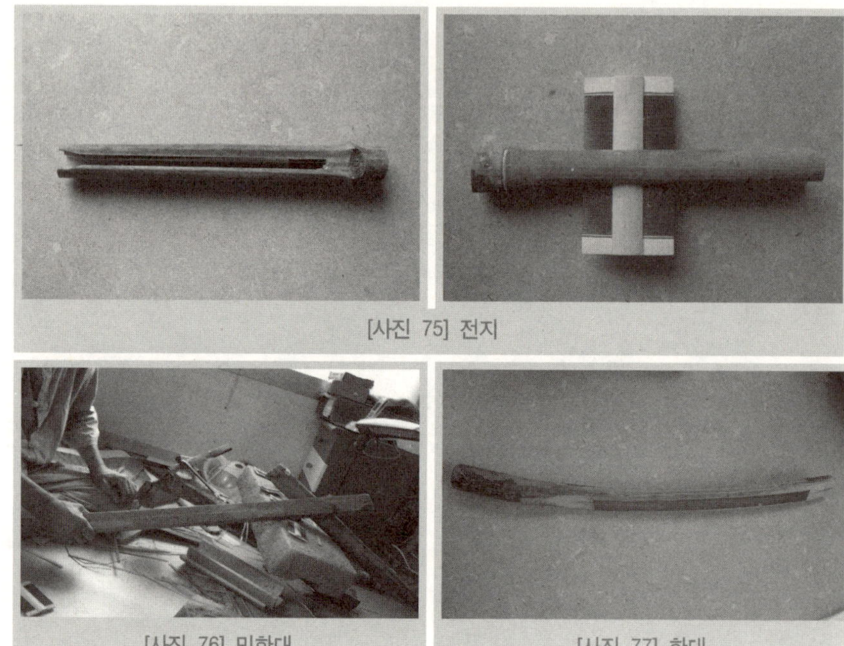

[사진 75] 전지

[사진 76] 민한대

[사진 77] 한대

21) 민한대[민:한때]

민한질(빗바닥을 판판하게 고르는 일)을 할 때 사용하는 나무 막대이다. 안쪽에 사포가 붙어 있어, 빗바닥을 쓱쓱 밀 수 있다.

22) 한대

괘한질(빗 뀐 날끝을 판판하게 고르는 일)을 할 때 사용하는 나무 막대이다. 민한대와 마찬가지로 안쪽에 사포가 붙어 있다. 빗뀐 빗끝을 한대의 사포로 문질러, 빗끝을 닳게 한다. 민한질에 쓰는 도구를 '민한대'라 부르는 반면에, 괘한질에 쓰는 막대는 '괘한대'라 부르지 않고 '한대'라 한다.

23) 괘한질등다리

 괘한질을 할 때에 사용하는 나무 받침이다. 괘한질등다리의 가장자리에 솟아 있는 가지에 빗꿰민 것을 고정하고, 한대로 문지른다.

24) 기피등칼

[사진 78] 괘한질등다리

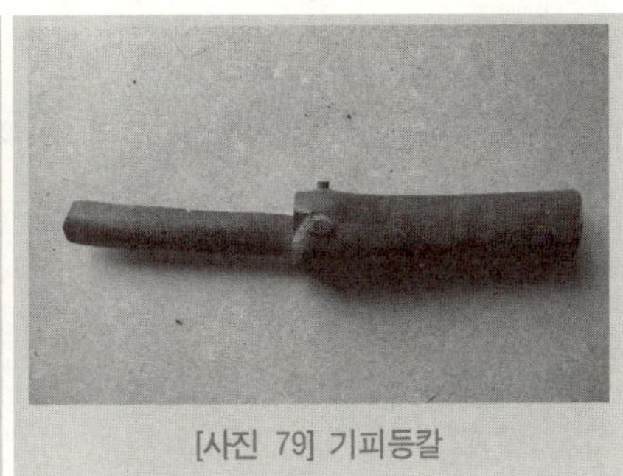

[사진 79] 기피등칼

 기피등을 만드는데 사용하는 칼이다. 기피등이란 등대의 껍질을 슬슬 문지르고 벗겨낸 것이다. 이렇게 만든 기피등에는 염산 또는 유산(화학약품)으로 그림을 그린다. 그것을 숯불 위에 올려놓으면 염산이 타면서, 검정색 그림이 완성된다.

25) 얼대[얼때]

 빗살의 간격을 조절하는 도구이다. 얼대는 두 개의 댓조각을 맞붙여서 만든 것으로, 맞붙은 조각의 공간(빗살 넣는 구멍)에 빗살을 넣어 빗살의 간격을 조절한다. 빗살 넣는 구멍이 닳아 쓸 수 없을 때에는, 다시 그 윗부분을 깎아 계속 사용한다. 그리고 얼대에 실을 맬 때에는 두께를 계산하여, 빗살 넣는 구멍이 벌어지도록 만들어야 한다.

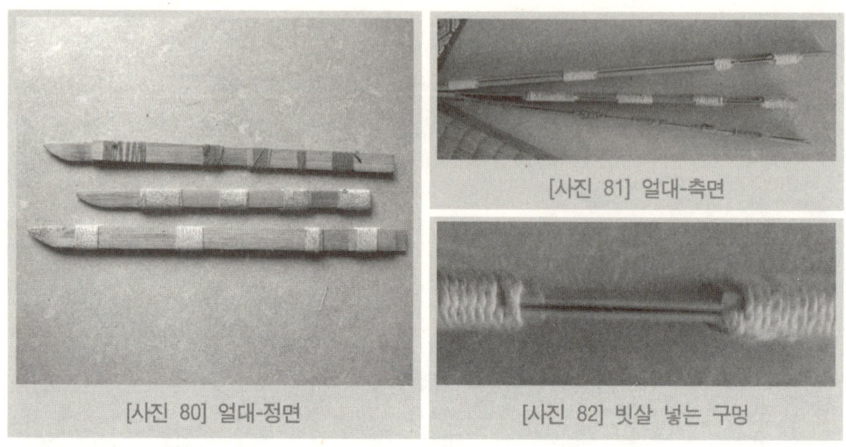

[사진 80] 얼대-정면

[사진 81] 얼대-측면

[사진 82] 빗살 넣는 구멍

얼대는 빗살을 넣은 구멍의 크기에 따라 분류한다. 얼대 가운데 작은 것은 진소·개량소의 빗살 간격을 조절하는 데에 사용하므로 구멍이 좁다. 반면 넓은 것은 장식용 참빗을 만들 때에 사용한다.

26) 인두

등대에 문양을 새기는 도구이다. 옛날에는 숯불에 인두를 달궈서 썼으나, 요즘에는 전기 고데를 사용한다.

2.4.2. 부분 명칭

1) 칼

베고, 쪼개고, 긁어내는 데에 사용하는 연장의 쇠 부분을 이른다.

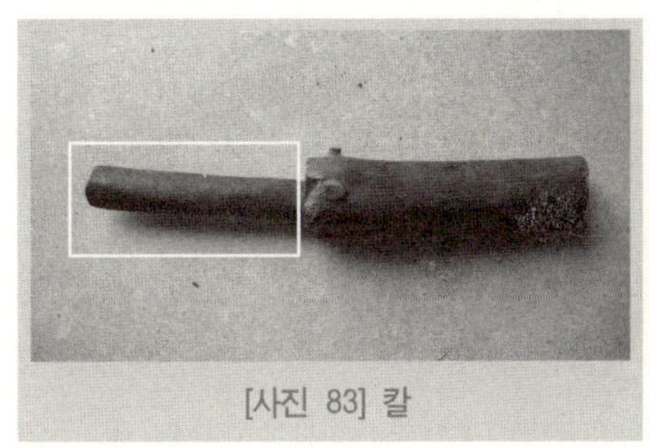
[사진 83] 칼

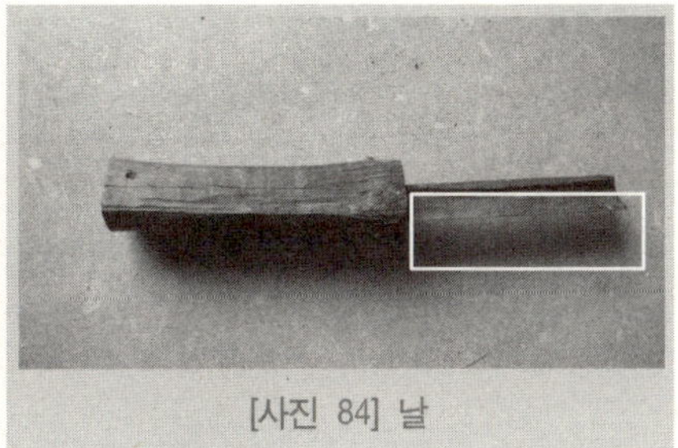
[사진 84] 날

2) 날

칼 중에서 날카로운 부분을 이른다. 이 부분으로 베고, 쪼개고, 긁어낸다.

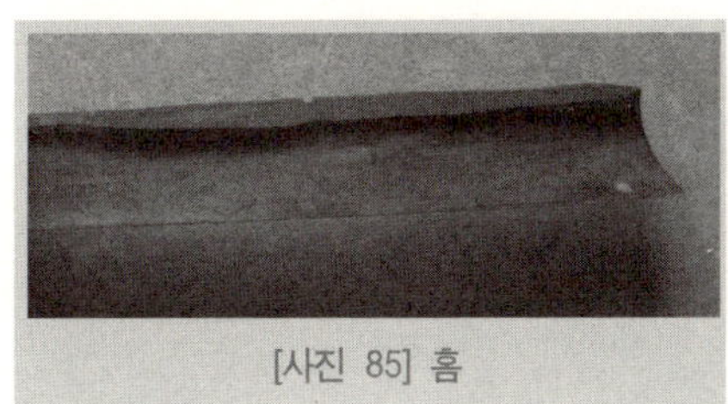
[사진 85] 홈

[사진 86] 자루

3) 홈

칼이 오목하게 만들어져 있을 때, 그 오목한 부분을 이른다.

4) 자루

칼의 손잡이를 이른다. 자루는 대부분 원형으로 되어 있으나, 기피등칼과 같이 반원형의 손잡이도 있고, 등대칼·밀칼과 같이 한쪽 부분의 절반만 평평하게 깎은 자루도 있다. 이러한 반원형의 자루는 둥근 부분을 손바닥에 닿게 쥔다. 곧 평형한 부분에는 손이 닿지 않는다.

2.5. 행위

참빗은 빗살 · 매기 · 등대를 각각 제작한 후에, 이들을 조립하는 과정을 거친다.

2.5.1. 빗살 제작 과정

1) 대비다

대밭에서 대나무를 베다. 이때에는 '대빈톱'을 사용한다.

2) 대썰다

대나무의 마디를 썰다. 참빗은 대통만으로 만들기 때문에, 쓸모없는 마디를 '대썬톱'으로 제거한다.

3) 제작판

대통을 필요한 너비로 쪼개는 일이다. 대통을 세로로 세워 놓고, 제작 칼을 대통 위에 꽂아 살살 내리치면, 대통이 쩍하고 갈라진다. 우선 대통을 2등분 한 뒤에, 그것을 다시 약 15mm 정도의 너비로 쪼갠다.

4) 베뜨다

약 15mm 너비로 잘라 놓은 대쪽의 겉과 속을 나누다. 이렇게 나눈 피죽으로는 빗살을 만들고, 내죽으로는 매기를 만든다.

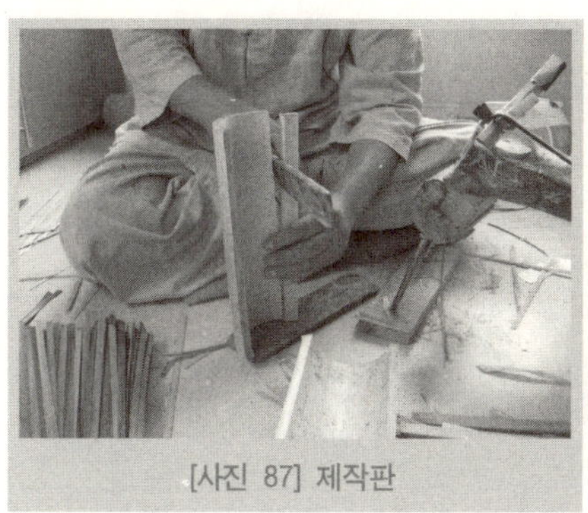
[사진 87] 제작판

[사진 88] 베뜨기

5) 대때리다

베뜬 대를 4등분하고, 피죽에서 속을 제거하다. 베뜬 후의 대쪽 너비는 약 15㎜인데, 이것을 빗살 너비인 4㎜가 되게 네 개로 쪼갠다. 그리고 4등분한 대쪽의 속을 칼로 떠서 제거한다.

그런데 4등분한 대쪽에서 속을 제거하기 위해서는 '대때리다(2)'와 같이 대쪽을 바르게 놓아야 한다. 그래서 제보자는 4등분한 대의 한 쪽을 자신의 배에 대고, 다른 쪽을 칼등으로 탁탁 친다. 이러한 동작에서 유래하여 대를 빗살 너비로 쪼개고, 속을 제거하는 과정을 '대때리다'라고 한다.

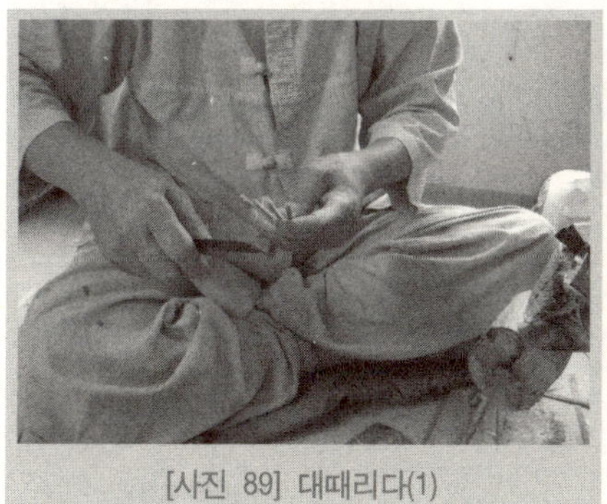
[사진 89] 대때리다(1)

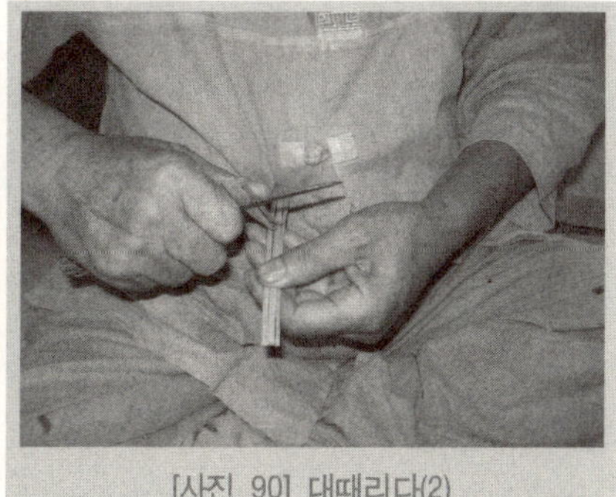
[사진 90] 대때리다(2)

6) 아시베썰다

대때린 대쪽의 속을 제거하다. 빗살은 피죽으로 만들기 때문에, 대때린 대의 내죽은 제거한다.

7) 조름썰다[조:름썰다]

아시베썬 댓살의 너비를 일정하게 조절하다. 조름칼 사이에 대쪽을 넣고 당겨, 대쪽의 너비를 빗살 너비인 4㎜로 일정하게 만든다.

8) 피죽훑다

조름썬 댓살의 피죽을 벗겨내다. 피죽을 살짝 벗겨내어, 빗살의 주재료인 비금을 만든다.

9) 밑돋다

피죽훑은 댓살의 끝부분을 떼어 내다. 빗살을 만들기 전에, 톱날에 의해 상처 난 댓살의 끝부분을 제거한다. 고급 빗을 만들 때에만 밑을 돋는다.

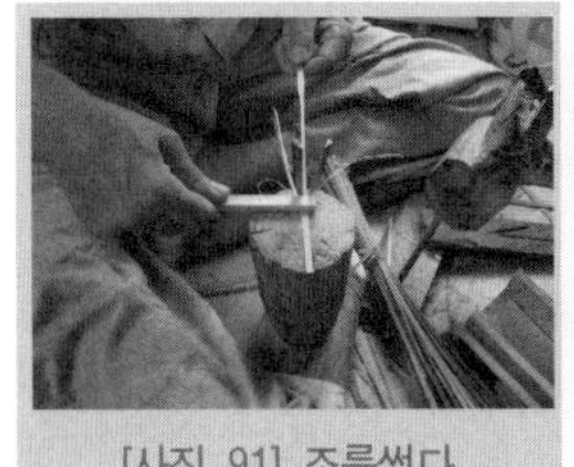
[사진 91] 조름썰다

[사진 92] 피죽훑다

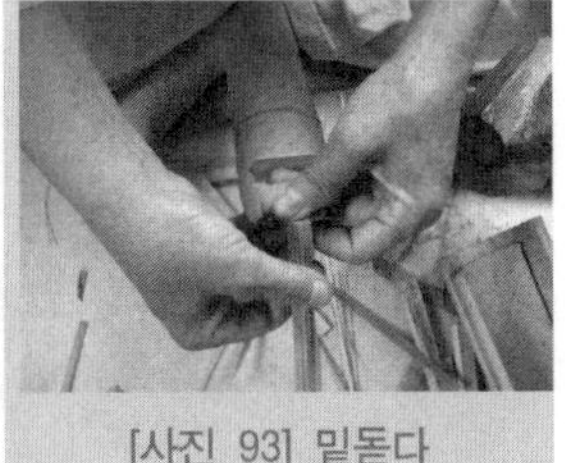
[사진 93] 밑돋다

10) 살끊기

빗살의 너비로 살을 끊는 일이다. 댓살 대여섯 개를 가지런히 손에 쥐

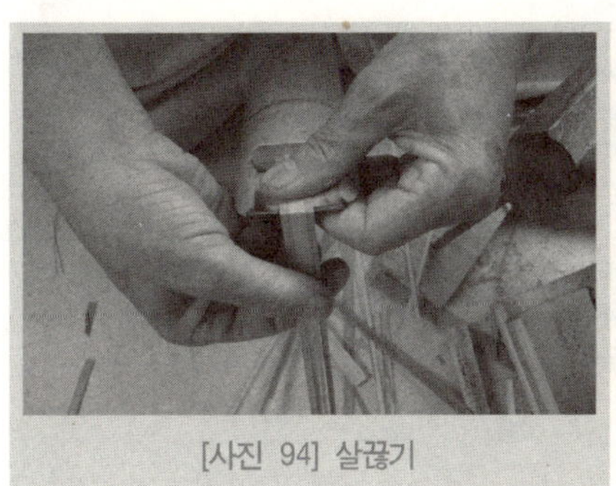

[사진 94] 살끊기

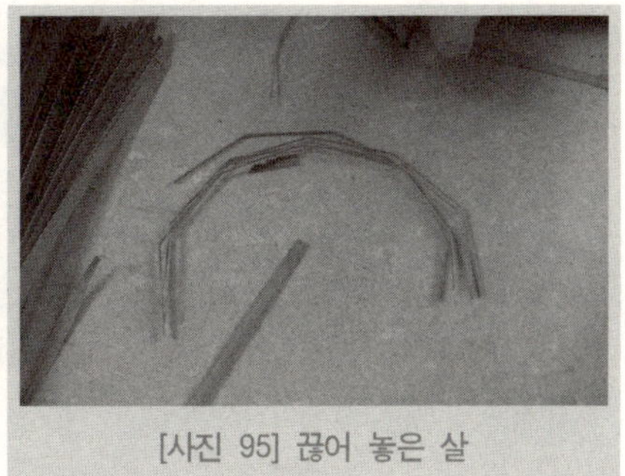

[사진 95] 끊어 놓은 살

고, 살 끝을 전짐의 안쪽에 댄다. 그리고 빗살의 너비로 살을 꺾는다. 이때 살을 완전히 끊지 않고 꺾어진 상태로 유지해야 하며, 꺾어진 댓살을 놓을 때도 일정한 방향(피죽끼리, 내죽끼리)으로 두어야 한다. 그래야 빗을 맬 때, 빗살의 피죽과 내죽을 구별하는 수고로움을 덜 수 있다.

2.5.2. 매기 제작 과정

1) 매기대다루기[매기때다루기]

제작판에서 나온 내죽을 매기의 너비인 5㎜로 쪼개는 일이다.

2) 겉목치다

빗살과 맞닿는 매기 부분을 0.5mm 정도 깎다. 그렇게 깎아야만 빗살과 매기의 높이가 맞아, 빗살·매기에 등대가 잘 붙는다.

3) 매기대이우기[매기때이우기]

겉목친 매기대를 빗살 길이로 자르는 일이다.

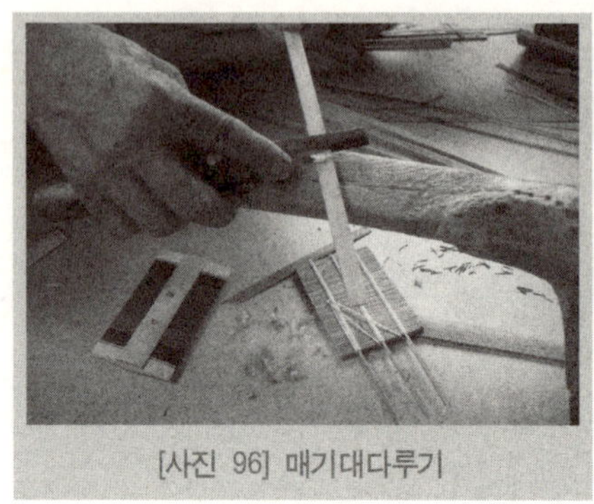

[사진 96] 매기대다루기

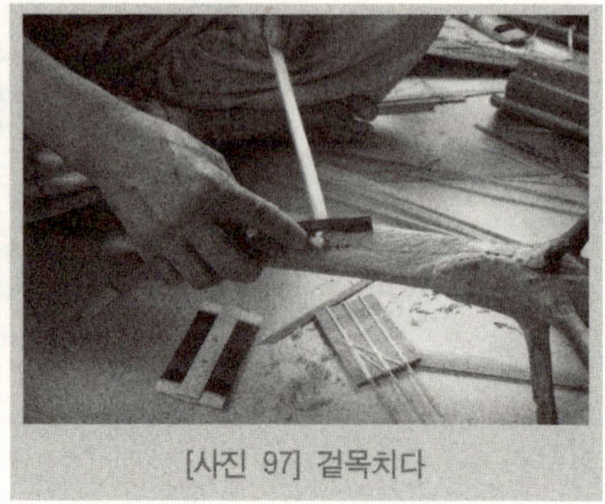

[사진 97] 겉목치다

이렇게 완성된 매기는 '2.5.4. 3) 매기지르다'에서 빗살과 엮는다.

2.5.3. 등대 제작 과정

1) 조름썰다[조:름썰다]

등대의 너비를 17mm로 일정하게 만들다. 등대감을 썰고, 쪼개서 만든 대쪽을 17㎜ 너비로 박혀 있는 칼(조름칼)에 넣어 잡아당긴다. 그러면 등대의 너비가 같아진다.

2) 베뜨다

17mm 너비로 잘라 놓은 대쪽의 속을 제거하다. 등대도 제작칼로 베뜬다.

3) 등대 아시베썰다

베뜬 대쪽의 속을 제거하다.

4) 골파다

등대 뒷면의 가운데에 바닥고라시로 골을 파다. 등대 뒷면에 골을 파야, 매기 지른 빗의 가운데 지둥과 등대가 맞아, 등대를 빗에 붙일 수 있다.

이렇게 완성된 등대는 '2.5.4. 4) 장석치다'에서 빗살과 만난다.

2.5.4. 빗 엮는 과정

1) 빗매다

빗살을 엮다. 우선 지둥 세 개를 세우고, 그 사이에 무명실을 묶는다. 그리고 지둥 사이에 빗살 하나를 얹고, 실로 세 지둥 사이를 돌아 감는다. 그리고 다시 빗살을 얹고, 실로 감는 과정을 반복한다. 빗살을 95개쯤 엮어 올라가면, 빗의 윤곽이 나타난다.

제보자는 '빗매다'라는 말을 전통적인 용어로 가르쳐 주면서, 정작 본인은 '절다'라는 표현을 더 자주 썼다. 그는 '절다'라는 표현을 더 일반적이라 생각한다.

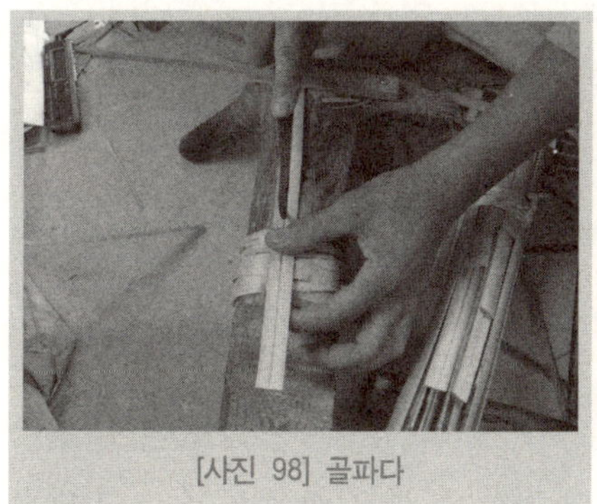

[사진 98] 골파다

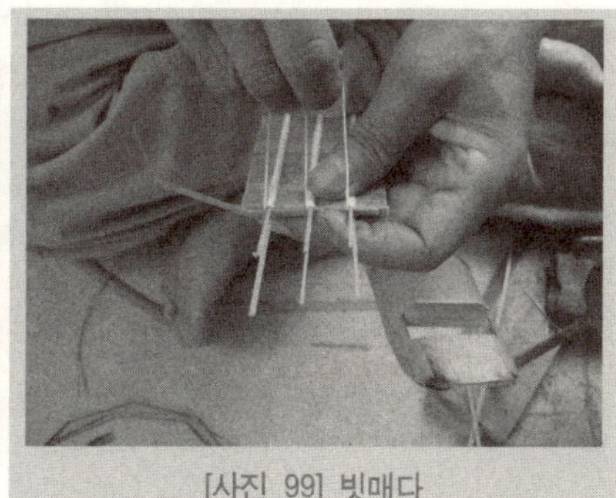

[사진 99] 빗매다

(1) 지둥

빗살을 맬 때, 빗살의 기
둥 역할을 하는 댓살을 이
른다. 너비는 빗살과 같으
며, 빗살을 감쌀 수 있게
'ㄷ'자 형으로 세운다. 'ㄷ'
자 모양에서 닫힌 부분이
밑이 된다. 지둥의 표준어는
'기둥'이다.

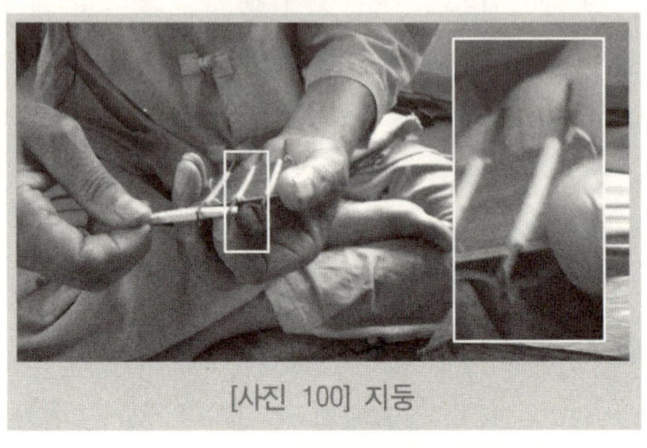

[사진 100] 지둥

(2) 무명실

빗살을 매는 데에 사용하는 실이다. 써훌치나 밀소와 같이 빗살 간격이
좁은 빗을 맬 때에는 2합사를 쓰며, 중소를 만들 때는 3합사를 쓴다.

2) 염색

빗맨 후, 산자주로 빗살을 물들이는 일이다. 빗 100개를 염색하려면, 산
자주 0.5냥을 물과 섞어서 100도 이상의 온도로 6~7시간을 끓여야 한다.
그래야 빗살 속까지 물이 든다.

3) 매기지르다

매기대이우기에서 완성한 매기를 염색한 빗의 양 끝에 붙이다. 매기는
밑(지둥이 닫힌 부분)에서부터 지른다. 매기가 들어가게 지둥을 올리고, 검은
살대와 흰 살대를 얹어 실로 펜 후에 매기를 얹고, 지둥을 밀어 올려 매기
를 고정시킨다. 위쪽도 같은 순서로 엮는다.

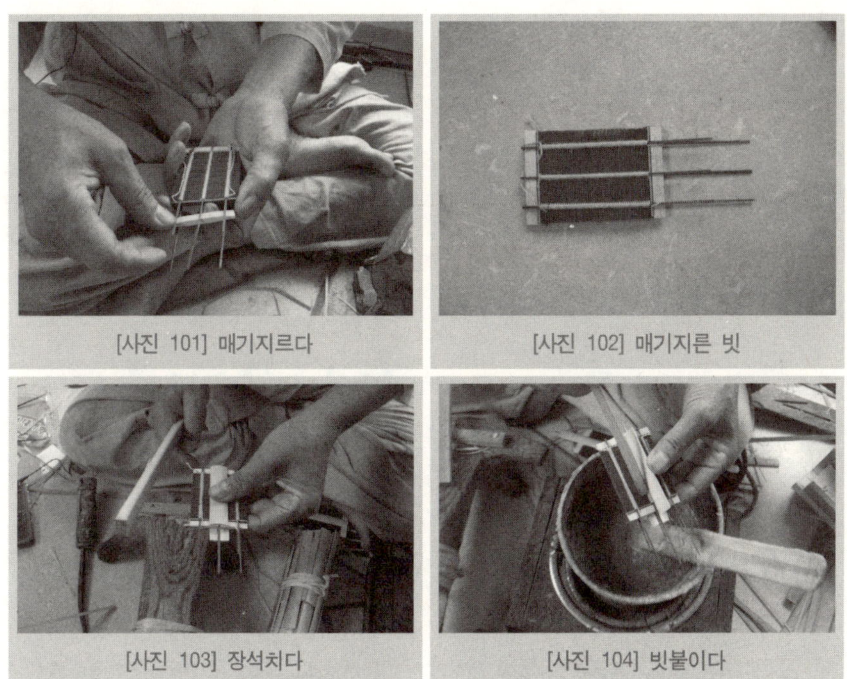

[사진 101] 매기지르다

[사진 102] 매기지른 빗

[사진 103] 장석치다

[사진 104] 빗붙이다

4) 장석치다

빗살을 가지런히 고르다. 매기지른 빗의 가운데 지등 위·아래에 등대를 얹어 손으로 고정한 후, 장석대로 지그재그 된 빗살을 탁탁 쳐서 가지런하게 만든다.

5) 빗붙이다

등대를 빗살에 붙이다. 장석을 친 후에, 등대를 15도 정도로 들어, 등대 뒷면에 아교를 바른다. 그리고 등대 뒷면의 골을 빗살의 가운데 지등에 맞춰 붙인다. 정확히 표현하면 등대를 붙이는 과정인데, '등대붙이다'라고 하지 않고 '빗붙이다'라고 한다.

(1) 풀

등대를 붙이는 데 사용하는 아교를 말한다. 제보자는 전통적인 용어로 '풀'을 가르쳐 주면서, 정작 본인은 '아교'라는 말을 자주 쓴다.

6) 빗재우다

등대 붙인 빗을 말리다. 등대를 붙이는 데 사용한 아교를 굳게 하기 위해, 따끔할 정도의 온돌방에서 7~8시간 동안 솜이불을 덮어 말린다.

7) 머리썰다

등대 위·아래의 불필요한 부분을 잘라내다. 빗을 붙이고 재운 뒤, 빗살과 매기에 닿지 않은 등대의 위·아래 부분을 대썬톱으로 잘라낸다.

[사진 106] 머리썰다

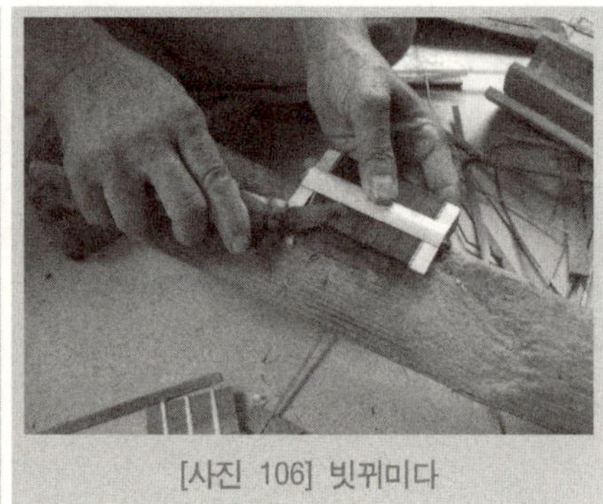

[사진 106] 빗꿰미다

8) 빗꿰미다

빗끝을 만들다. 빗살의 정중선(正中線)을 잡아서, 밀칼로 한 면을 45도로 깎고, 돌려서 다른 면도 45도로 깎아 빗살의 끝을 뾰족하게 만든다.

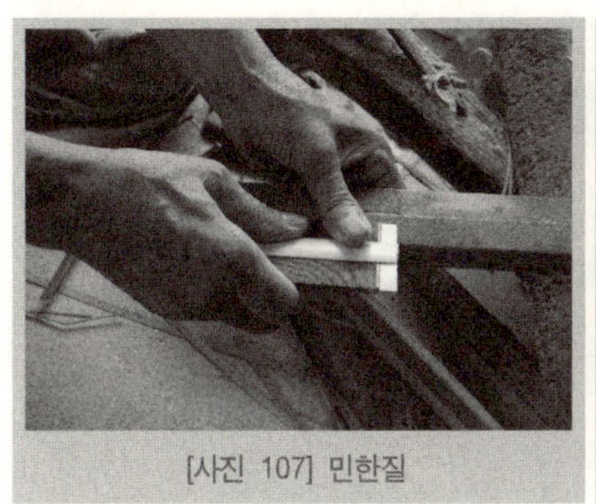
[사진 107] 민한질

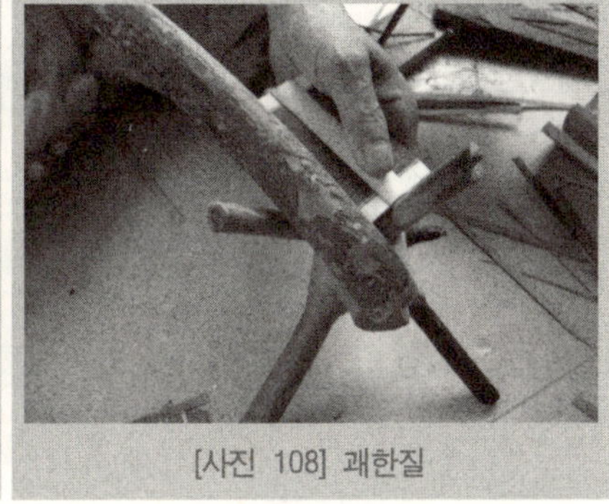
[사진 108] 괘한질

(1) 밥

빗을 꾸밀 때에 생기는 빗살의 부스러기를 이른다. 빗을 긁을 때에 나오는 부스러기나 매기를 다룰 때 나오는 부스러기도 밥이라 한다.

9) 민한질[민:한질]

빗바닥을 판판하게 고르는 일로, 민한대의 사포에 빗바닥을 민다고 해서 '민한질'이라 한다.

10) 괘한질

빗꿰민 빗끝을 판판하게 고르는 일로, 한대에 붙어 있는 사포로 빗끝을 닳게 한다.

11) 중볼치다

빗면을 반지랍게 고르다. 중볼칼로 빗면에 붙어 있는 터럭을 제거한다.

12) 빗긁다

중볼친 다음에 다시 빗면을 반지랍게 만들다. 가리칼로 빗면을 긁어낸다.

13) 얼잡다[얼:잡따]

빗살의 간격을 고르다. 더 벌어지거나 덜 벌어진 빗살의 간격을 얼대로 일정하게 고른다.

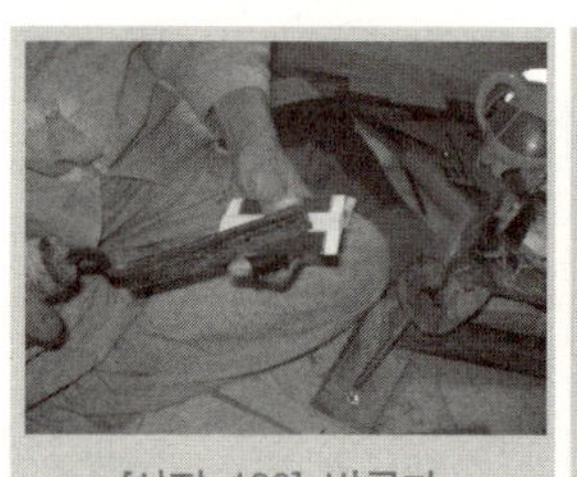
[사진 109] 빗긁다

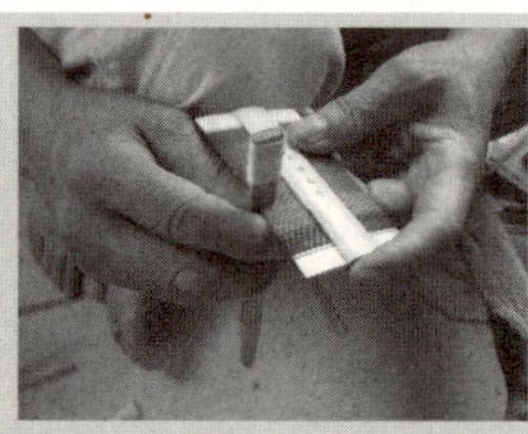
[사진 110] 얼잡다

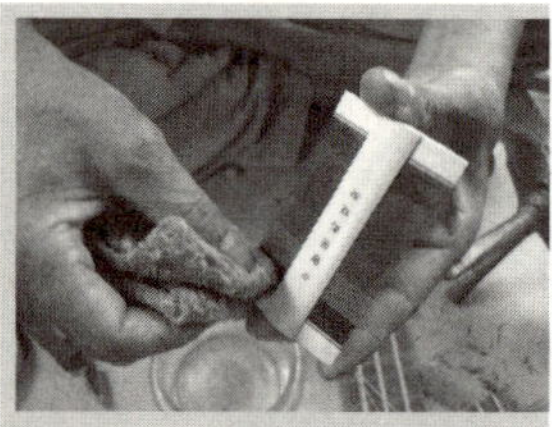
[사진 111] 지름칠하기

14) 지름칠하기

빗을 광내기 위해 참기름을 바르는 일이다. 천 조각에 참기름을 묻혀서 빗면에 문지른다.

2.6. 제작품

2.6.1. 전통 참빗

400~500년 전의 빗 형태를 그대로 유지한 빗이다. 전통빗으로 부르기도 한다. 전통 참빗에는 크기가 다른 대소, 중소, 어중소, 밀소, 써홀치가

[사진 112] 중소

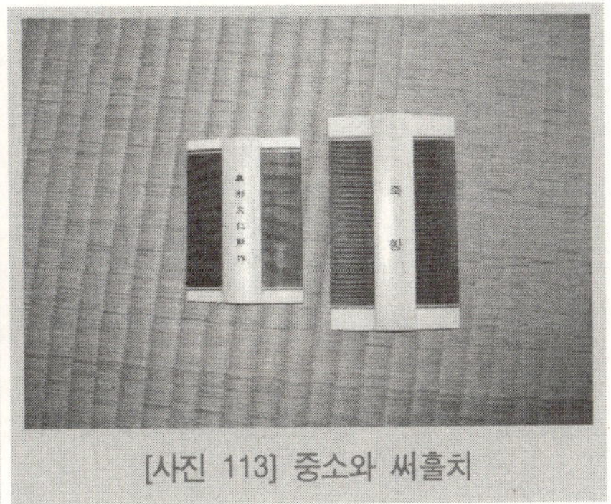

[사진 113] 중소와 써홀치

있으며, 빗살의 형태가 다른 음양소, 용도가 다른 호소 등이 있다.

1) 대소

전통 참빗 중에서 가장 큰 빗이며, 빗살 하나하나를 실로 엮는 방식으로 제작한다.

2) 중소

전통 참빗 중에서 가운데 크기의 빗이며, 주변에서 가장 흔하게 본 빗이다. 빗살의 두께가 보통 0.4mm이며, 대소와 마찬가지로 빗살 하나하나를 실로 엮는다.

3) 어중소

중소보다 작으며, 써홀치보다는 큰 빗이다. 고급빗으로 인식되며, 제작 방법은 대소·중소와 동일하다.

[사진 114] 써홀치

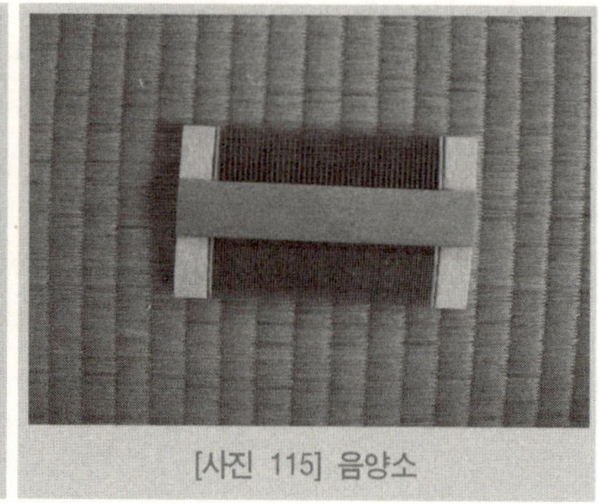

[사진 115] 음양소

4) 밀소

전통 참빗 중에서 가장 작은 빗이다. 빗살의 두께가 0.35mm 정도로 얇으며, 제작 방법은 대소·중소·어중소와 같다.

5) 써홀치

서캐를 빼는 데에 사용하는 빗으로, 밀소와 크기는 같으나 제작 방법이 다르다. 써홀치는 빗살 두 개의 피죽을 맞닿게 포개서 두 개를 한꺼번에 엮는다. 그렇게 해야 빗살이 촘촘해서, 서캐가 잘 빠진다.

6) 음양소

빗살의 간격이 한쪽은 성기고, 한쪽은 촘촘한 빗이다.

7) 호소

일제 강점기에 중국·만주·몽고 쪽으로 수출하던 빗이다. 북쪽 지방 목장의 짐승 털을 빗겨주는데 사용했다고 한다. '오랑캐 호(胡)'를 써서 '호소'라 부른다.

2.6.2. 개량형 참빗

현대인들이 사용할 수 있도록 모양을 개량한 빗이다. 여자의 파마한 머리나 남자의 짧은 머리를 빗기 쉽도록 변형하였다.

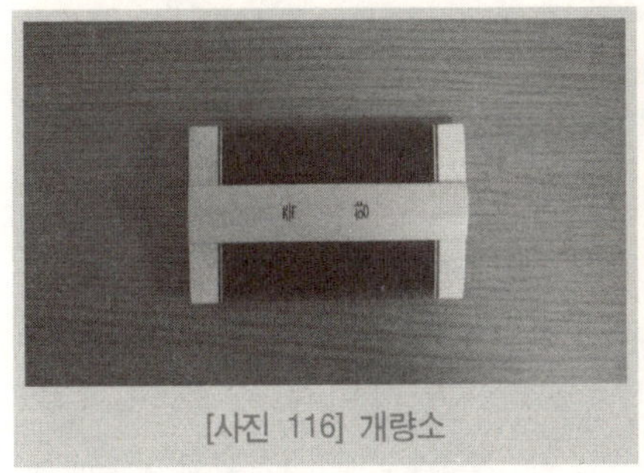
[사진 116] 개량소

[사진 117] 색색이 참빗

1) 개량소[개:량소]

매기와 빗살 사이에 검은 살대와 흰 살대를 더한 빗이다. 일제 강점기 전에는 매기 밑에 검정, 흰 살대를 넣지 않았다. 그런데 1916년 일본인들이 담양에 살게 되면서, 그들은 전통 참빗을 '볼품없다'고 평하였다. 그래서 매기 밑에 검정 살대와 흰 살대를 넣어 참빗의 형태를 바꾸도록 하였다. 현재 제보자는 개량소를 제작한다.

2) 색색이 참빗

빗살을 여러 색으로 염색한 빗이다. '컬러 참빗'이라고도 부른다.

3) 장식용 참빗

장식을 목적으로 만든 빗이다. 중소보다 크며, 등대나 빗살에 문양을 넣기도 한다.

[사진 118] 장식용 참빗

[사진 119] 써훌치·중소·장식용 참빗

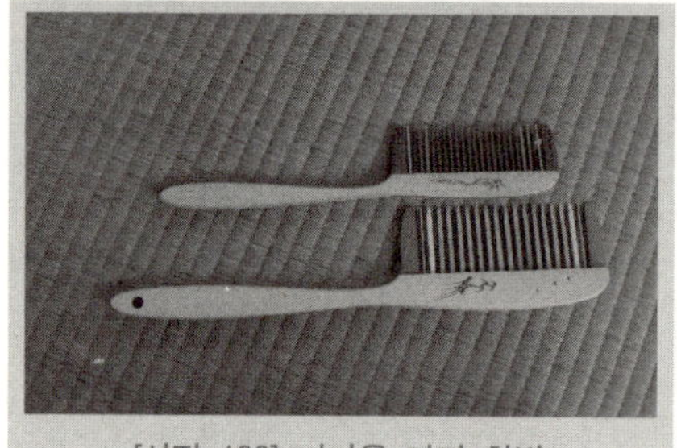

[사진 120] 파마용 자리 참빗

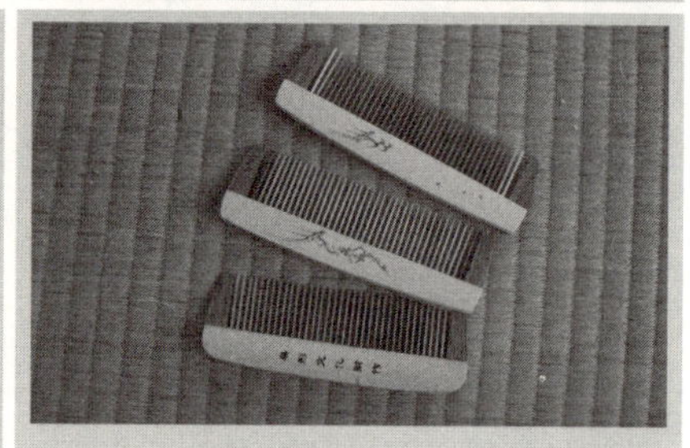

[사진 121] 신사용 참빗

4) 파마용 자리 참빗

파마한 머리에 사용하기 적합하게, 빗살의 간격을 넓게 개량한 빗이다.

5) 신사용 참빗

남자들이 윗주머니에 넣고 다니기 쉽게, 직사각형의 작은 형태로 만든 빗이다.

6) 가리매빗

가르마를 탈 수 있게, 빗 자루의 끝 부분을 뾰족하게 만든 빗이다. 여인들이 사용하는 물품이라 앞에 여인용을 붙이기도 한다.

[사진 122] 가리매빗

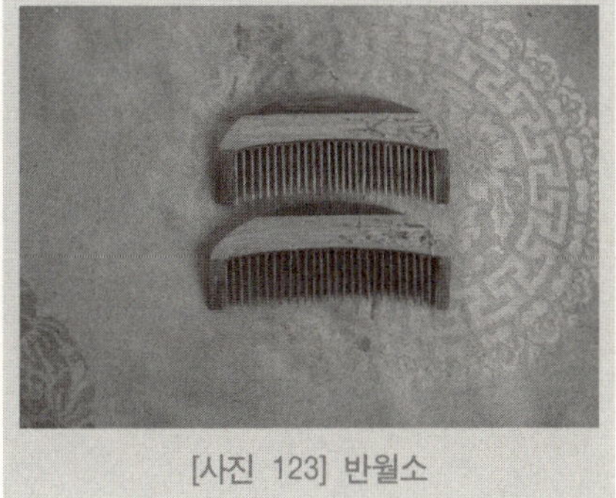

[사진 123] 반월소

7) 반월소

반달 모양의 빗으로, 일반적인 얼레빗과 같은 모양이다. 그러나 제보자는 '반월소'라 부른다.

8) 무명소

이름이 없는 빗이다. 제보자가 직접 만든 빗으로, 스스로 '없을 무(無)'를 써서 '무명소'라 명명했다 한다.

9) 자리빗

자루가 달린 빗이다.

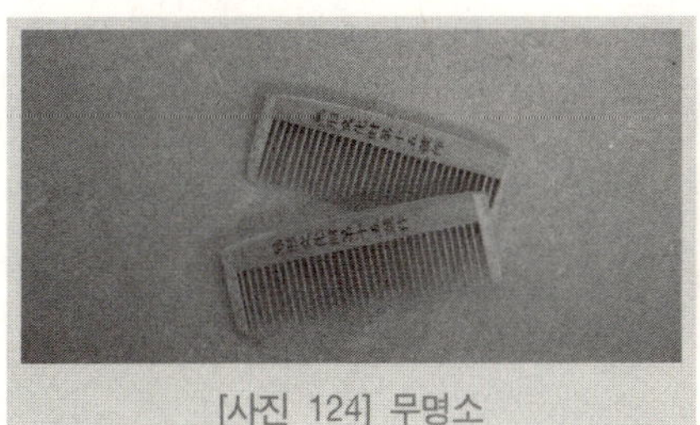

[사진 124] 무명소

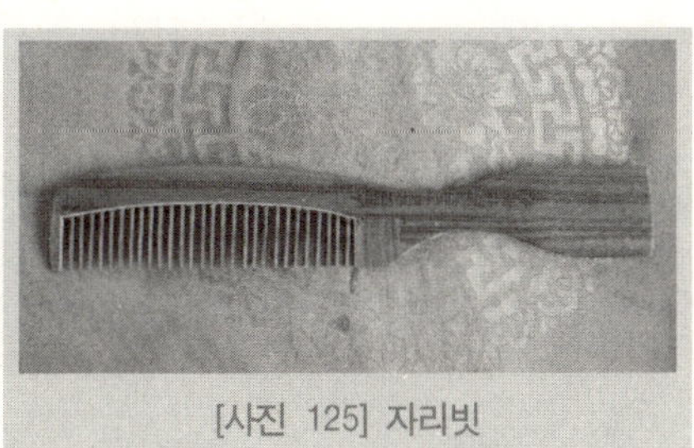

[사진 125] 자리빗

제4장 죽렴장의 말

1. 죽렴을 엮는 일은 참선의 과정

1.1. 기곡리는 죽렴 마을

문 이 마을이 '봉산면 기곡리 송산 마을'인데 언제, 어떻게 형성되었습니까?

답 송산 마을이라고 만들어진 지는 해방 직후에 행정구역이 새로 만들어질 때 송산이라 만들어졌지. 저기 인자{이제} 마을 돌비에 가서, 마을 유래가 써 있는디.

문 이 마을에 유명한 어르신이 있습니까?

답 발로써는 김두옥씨라고 김두옥씨란 양반이 이것이 처음에는 구문발이었거든. 그 양반이 뭐를 생각했냐므는{생각했냐면은}, 색을 안 넣으면 글씨가 선명이 안 나타나거든. 그 양반이 조각이란 것을 하게 됐어. 색칠을 하게 됐어. 색칠을 하니까 더 작품이 튀어 나고 그래서, 우리 생활하는데 보탬이 되었지.

[사진 126]
마을 유래

문 이 마을 사람들은 주로 무슨 일을 하십니까?

답 지금은 농사를 짓는데, 옛날에는 문발로 생계유지하다시피 했지.

1.2. 살아온 이야기

문 몇 대째 이 마을에서 살고 계십니까?

답 증조땐게. 나로 해서 4대. 고조부가 창평으로 이사를 와 갔고, 증조부가
이리로 오제.

문 태어나셔서 지금까지 살아오신 내력을 이야기해 주십시오

문 태생지는 어디입니까?

답 여기.

문 연세는 어떻게 됩니까?

답 70살.

문 무슨 띠입니까?

답 호랑이 띠.

问 성장지는 어디입니까?

答 고등학교꺼지는 여그서 다니고, 대학교는 광주서 다니고

问 학교는 어디까지 나오셨습니까?

答 대졸.

问 직업은 무엇입니까?

答 농업.

问 결혼은 언제 하였습니까?

答 27세 되는 해에.

问 아이들은 얼마나 두었습니까?

答 2남 1녀. 딸이 막둥이. 욱에로{위로} 오빠들 둘.

问 어르신 형제는 어떻게 됩니까?

答 5남 4녀. 9남매. 내가 장남.

问 사모님 고향은 어디입니까?

答 화순 동면.

问 결혼 예물로는 무엇을 주고 받았습니까?

答 나는 금반진가 금가락진가 해 주고, 나는 시계 받았든가.

1.3. 죽렴장으로 인정받기까지

问 언제부터, 어떤 계기로 발을 만들게 되었습니까?

答 계기라는 게, 학교 나온 후부터는 다른 꿈을 꿨었제. 졸업하고 공백 기간
이, 나주 호남비료에서 근무를 했어. 그때 감원 바람이 불어 가지고, 군
대 안 간 사람이 선착순으로 인자{이제} 감원이 돼서. 그 때부터 연구
개발도 하고, 출품도 하고, 상도 받고 그래 가지고 한 10여 년 전에 무형
문화재가 되었제.

問 가업으로 발을 만든 것이라면, 몇 대째 죽렴을 만들고 계십니까?

答 나로서는 3대. 아버지가 1대, 할아부지가 2대, 증조부가 3대.

問 일생 중에서, 다른 직업에 종사하신 적은 있습니까?

答 응.

問 정확히 발을 전수 받아야겠다 생각하신 때가 언제입니까?

答 서른 다섯 정도 되어.

問 무형문화재가 1990년 2월 24일날 되셨는데, 무형문화재가 되신 후로 좋은 점과 나쁜 점이 있다면 말씀해 주십시오.

答 무형문화재가 힘들어. 왜냐면 지금 헌 것 보면 맥(脈)도 없이, 맥을 이어 내려 온 사람이 원칙은 되야 하는데. 족보까지 보거든. 지금은 그것도 없 드라고. 좋은 점은 명예를 얻었다는 그것 하나 좋지.

問 발 만드는 일을 전수받고 있는 사람이 있습니까? 혹시 자녀들 중에서 있 습니까?

答 전수 받은 사람이 엮음질은 여자들이 오히려 섬세하기 때문에 잘 하는 데, 남자들도 강한 대를 다룬다는 것이 힘들거든. 대를 다룰 사람이 없 어. 엮은 사람은 승란이(제보자의 딸)가 완전히 다 배워가지고 다 하고, 그 뒤에 전수자가 미느리{며느리}가 하고 있어. 최인선. 대를 다루는 사람 은 없고.

問 발 만드는 일에 대한 본인의 생각을 말씀해 주십시오.

答 평생 잊지 못할 내 재산이여. 부모들한테 큰 유산 받지 못하고, 애기들 셋 나 가지고 교육을 다 시켰다는 것. 뭐로 시켰냐면은, 밤이고 낮이고 앉아서 잠잘 시간 없이 일 해 가지고, 애들 셋 다 대학까지 나오고 큰 놈은 대학원까지 나오고.

問 어르신께서 만드는 발의 특징과 장점을 말씀해 주십시오.

答 특징이라고 하면은 수십년 간의 노하우가 있는데, 내가 만든 것은 반질 반질하고 부드럽제. 가늘게 뽑는다는 것이 특징이제.

問 다른 지역에서도 만들지 않습니까?

答 발이라는 게 종류가 많기 때문에, 기계로 저는 발도 있고, 중국같은 데서 나오는 깔대발{갈대발}도 있는데. 그 중에서 구문발이라 하는 것은 여그서 한 사람 만들고, 통영가면 한 사람 만들어요 그 사람 중요 문화재인데, 그 사람하고 나하고 같이 우리나라에서 대표적인 전시회가 전승공예전이 있어요 그 사람 것도 출품하고 나도 출품하고 그랬는데, 나도 입상을 하고, 그 사람도 입상을 하고 그랬는데. 내가 볼 때게 그 사람 작품은 아무것도 아니고, 제 삼자들도 봐도 아무것도 아니다 그러고 그 사람은 끈질기게 전승공예전에 계속 출품을 했어요 나도 그 때 출품해 갖고 입선됐는데, 글씨가 이렇게 해서 만수무강이 되야 하는데. 이렇게(뒤집어) 놓고 심사했드라고 심사위원들이 제대로 놓고 심사할 줄도 모른다고 그 뒤부터는 안 해부러. 그랬더니 나는 여기서 알고 무형문화재고, 그 사람은 중요 무형문화재고

問 발을 만드는 일을 인생에 비유해 주십시오

答 인생에 비유한다면 참선이여. 참선 과정. 이렇게 앉아서 물을 들이거든, 염색하는 과정에서 잡념이 있어서 5밀리만 더 들여 불면 버려 부러. 만(卍)자를 만들 때 여그서 딱 떨어져야 한단 말이여. 5밀리만 더 나와 불면 버려부러. 예를 들어 글씨 같은 것도 이것이 빠져부렀다 그러면 밭전자가 안 되부러. 이걸 만들면은 다 잊어버리고, 그저 앉아서 절고, 서서 얼룽거리고{어른거리고} 그럼 못 써.

2. 조사된 어휘

2.1. 발이란?

2.1.1. 발

가늘고 긴 대를 엮어 만든 물건으로, 대부분 가리개의 역할을 한다.

[사진 127] 조각구문발

[사진 128] 피대발

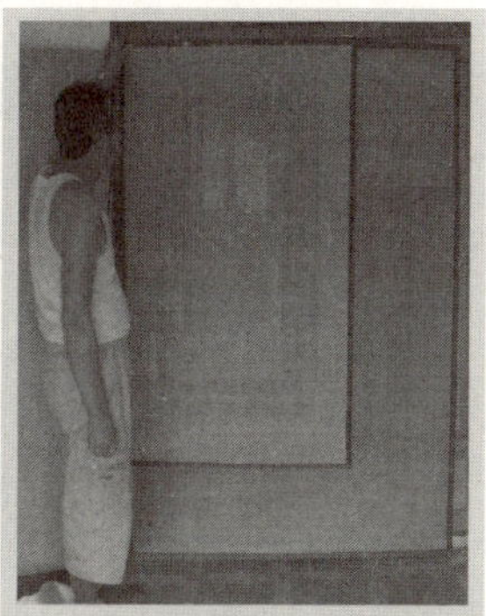

[사진 129] 족자발과 문발

[사진 130] 김발

[사진 131] 붓발

2.1.2. 대발

대나무로 만든 발이다. 죽렴장 박성춘은 대나무로만 발을 만들기 때문에 재료에 대해 질문했을 때에만 대발이라고 표현할 뿐, 일상적인 이야기를 할 때는 발이라 말한다. 대발과 발을 따로 구분하지 않는다. 그리고 발을 설명할 때는 '구문발, 조각구문발, 피대발, 속대발, 이개발'과 같이 재료에 따른 명칭을 쓰거나 '문발, 족자발, 김발, 붓발'과 같은 용도에 따른 명칭을 써서, 대발이란 말은 거의 사용하지 않는다. 그러나 발을 한자어로 말할 때에는 '죽렴(竹簾, 대나무로 만든 발)'이라 하여, 대나무의 뜻을 드러낸다.

2.2. 재료

2.2.1. 대나무의 종류

1) 분죽

대나무가 부드럽고 연해서 댓살을 만들고, 휘어도 잘 부러지지 않는다. 겉껍질이 하얗고 마디 주변에 하얀 가루가 묻어 있어, '가루 분(粉)'을 써서 '분죽'이라 한다. 발을 만들기에는 둘레가 20㎝ 정도 되는 2~3년생 분죽이 가장 적당하다.

2) 왕대

대나무의 성질이 강해서 댓살을 만들고, 휘어보면 잘 부러진다. 1년생은 겉껍질이 선명한 초록색이나, 2년생 이후부터는 검은색 얼룩무늬가 생긴다. 분죽에 비해 보존성이 떨어진다.

[사진 132] 분죽

[사진 133] 분죽-하얀 가루

[사진 134] 왕대(左)와 분죽(右)

3) 산죽

산에서 자라는 대나무라 해서 '산죽'이라 하며, 대나무 줄기가 가늘다. '신우대'라 부르기도 한다.

2.2.2. 대나무의 구성

1) 장[장:]

대의 길이를 이른다. 발을 만들 때는 장이 긴 것이 작업하기 쉽다. 대의 길이라 해서 '대장'이라 말하기도 한다. 이때의 장은 한자어 '장(長)'인 듯하다.

2) 피죽

①대나무의 겉 부분을 이른다. 대나무의 껍질을 벗기고, 댓속을 제거한 후의 댓살을 말한다. 제보자는 피죽만을 발의 재료로 쓴다. ②피죽①에서

처음 뜬 껍질 대를 이른다. 피죽[①]을 세 번 뜨는데, 그 중에서 가장 처음 뜬 대를 말한다.

3) 이개

피죽[①]에서 두 번째 뜬 대를 이른다. 한자어 죽(竹)을 써서 이죽이라 부르기도 한다.

4) 삼개

피죽[①]에서 세 번째 뜬 대를 이른다. 삼개 이후로는 더 이상 대를 뜨지 않는다. 대가 안으로 갈수록 물러져서 쓸 수 없기 때문이다.

2.3. 구성

2.3.1. 실

발살을 엮는 도구로, 옛날에는 무명실을 썼으나 지금은 나일론사를 쓴다. 무명실에 비해 나일론사는 영구적이어서, 발을 보관하기가 쉽다.

2.3.2. 발살

발의 뼈대가 되는 부분이다. 대나무를 베고, 뜨고, 얇게 쪼개서, 조름한 (발살을 일정한 굵기로 만든) 대오리를 이른다. 발살은 쪼갬질(대쪽을 0.9mm 정도의 너비로 쪼개는 일) 과정을 거친 것, 조름 과정을 거친 것, 발로 엮인 후의

[사진 135] 발살(1)   [사진 136] 발살(2)

것을 모두 가리킨다. 제보자는 발살을 '발대'라 부르기도 한다.

2.3.3. 조각

발을 엮을 때, 실의 일부분을 염색하여 만든 글씨나 아(亞)자 문양을 이른다.

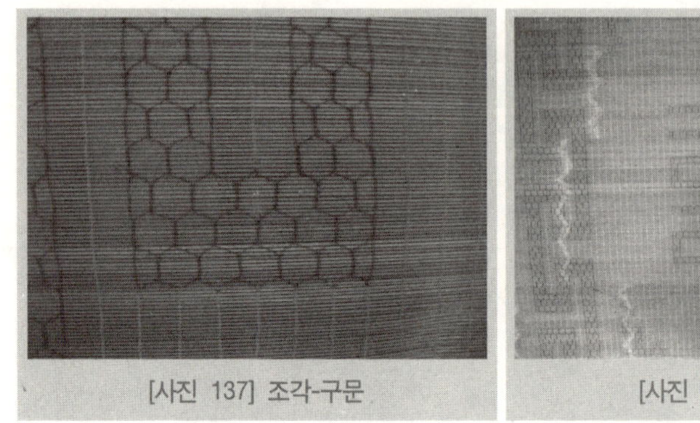

[사진 137] 조각-구문

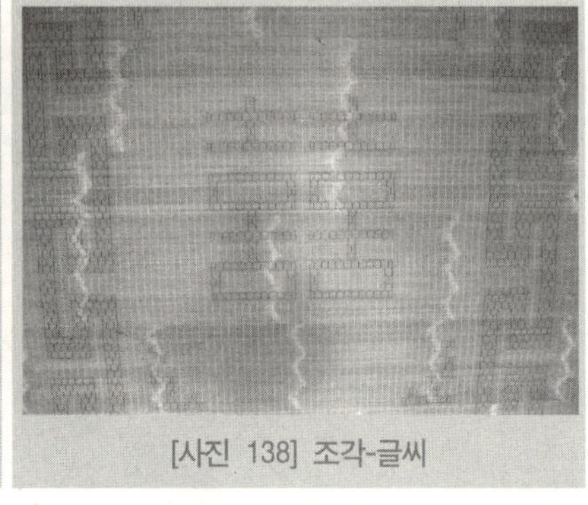

[사진 138] 조각-글씨

2.3.4. 발갓

발의 가장자리를 천으로 싼 부분을 이른다.

2.3.5. 구문

거북 등 모양의 육각형 문양을 이른다. 구문(龜文)으로 글씨를 쓰기도 하고, 아(亞)자 문양의 테두리를 만들기도 한다. 구문을 흰 실로 만들면 '구문발'이라 부르고, 염색한 실로 만들면 '조각구문발'이라 부른다.

2.3.6. 글씨

발 가운데에 장식한 글씨를 이른다. 발살이 촘촘한 경우에는 만수무강(萬壽無疆)과 같이 많은 수의 글자를, 발살이 드문 경우에는 복(福), 희(囍)와 같이 한 글자만 쓸 수 있다. 발에 새겨진 글씨의 수는 발살의 촘촘한 정도

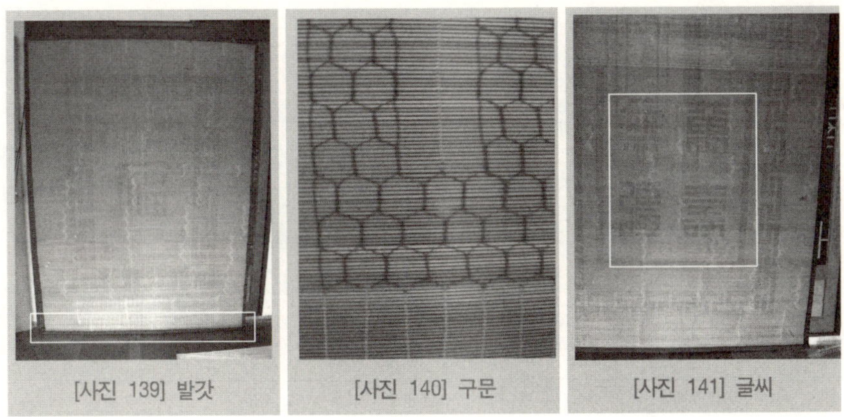

[사진 139] 발갓 [사진 140] 구문 [사진 141] 글씨

를 가늠하는 기준이 된다.

2.4. 도구

2.4.1. 대톱(베는 톱)

대나무를 벨 때에 쓰는 톱이다. 한 쪽에만 날이 있으며, 톱날의 너비는 약 5㎝ 정도이다. 대나무를 베기 좋게 개조한 것으로, 일반적인 톱에 비해 길이는 짧고 톱날의 간격은 좁다.

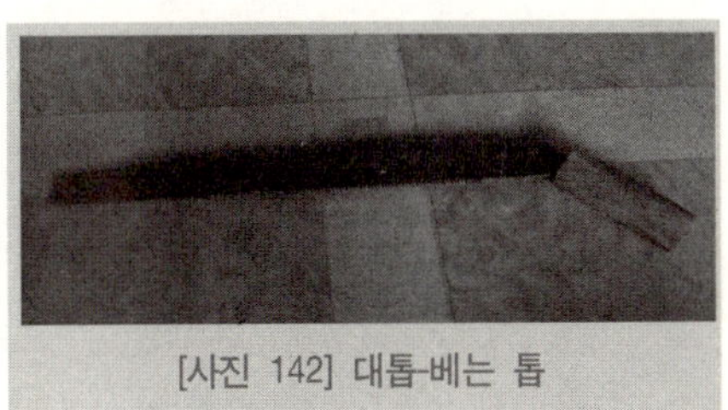

[사진 142] 대톱-베는 톱

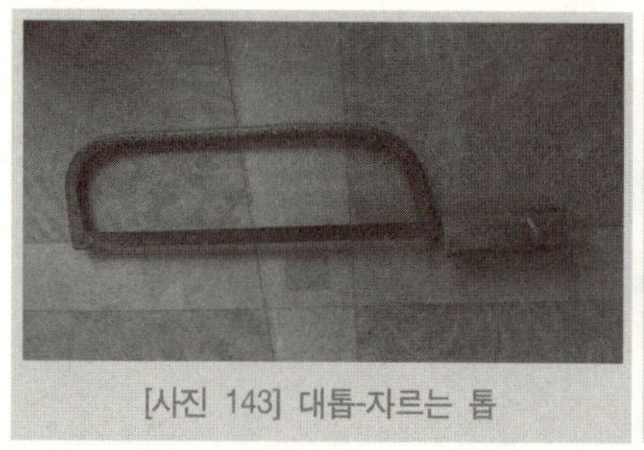
[사진 143] 대톱-자르는 톱

[사진 144] 대썬톱

2.4.2. 대톱(자르는 톱)

대통을 자르는 데에 쓰는 톱이다. 대톱(자르는 톱)은 참빗장 고행주의 '대썬톱'과 같은 기능을 하지만, 모양에서 차이를 보인다. 참빗장의 '대썬톱'은 전통 방식에 의해 100여 전에 제작된 것이며, 대톱(자르는 톱)은 쇠로 주물한 개량된 것이다.

2.4.3. 대껍질벗기는칼

대나무의 껍질을 벗기는 칼이며, 대껍질은 긁어서 벗겨 낸다. 칼날이 전체적으로 두껍고, 칼등의 두께는 대략 1cm정도이다. 칼이 두꺼워야 묵직하니 잘 긁어 진다.

2.4.4. 마디훑는칼[마디훑튼캅]

불거진 대나무 마디를 훑는 칼이다. 마디를 다듬는 일은 섬세한 과정이므로, 제보자는 직접 칼을 잡고 작업한다. 그는 칼 아래쪽 부분을 천으로

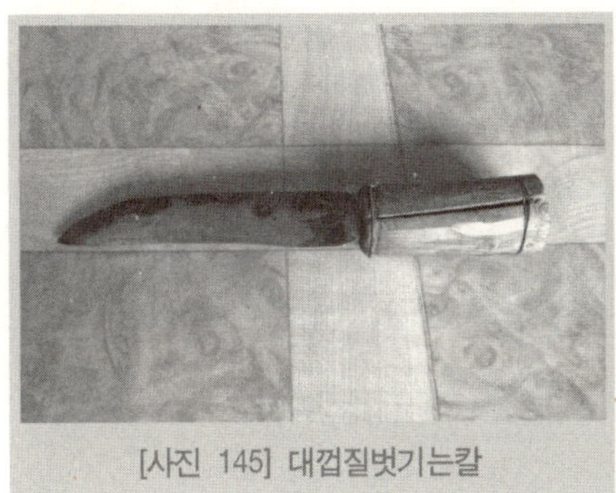
[사진 145] 대껍질벗기는칼

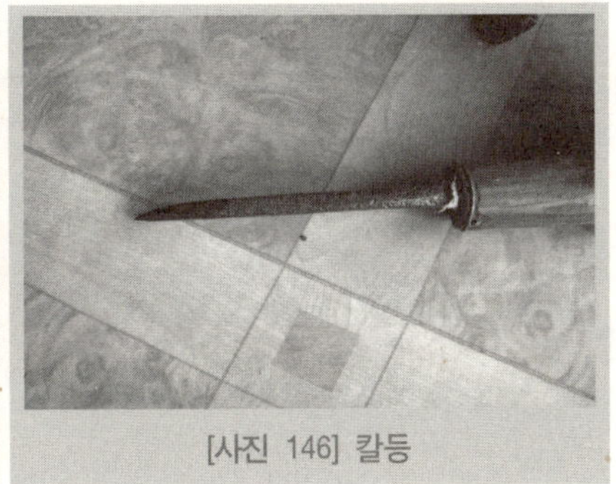
[사진 146] 칼등

싸서, 손을 다치지 않게 사용한다. 원래는 칼자루가 있었으나 쓸모없어서 제보자가 없앴다.

2.4.5. 대쪽치는칼

대쪽을 치고, 뜨는 칼이다. 굵은 대를 절반으로 쪼갠 후에 대쪽의 너비가 1cm정도 되게 길게 쪼개는 것을 '쪽치다'라고 하며, 이때에 사용하는 칼을 '대쪽치는칼'이라 한다. 이 칼은 대뜰(대쪽에서 속을 제거할) 때도 사용한다. 대쪽치는칼도 자루가 없다. 원래는 자루가 있었으나 제보자가 사용하기 편하게 자루를 없앴다.

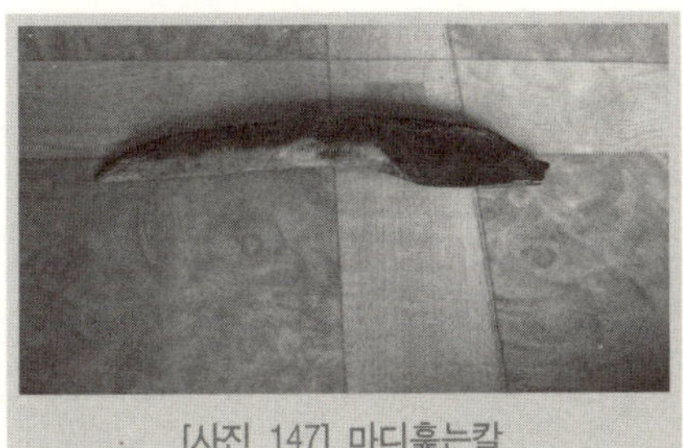
[사진 147] 마디훑는칼

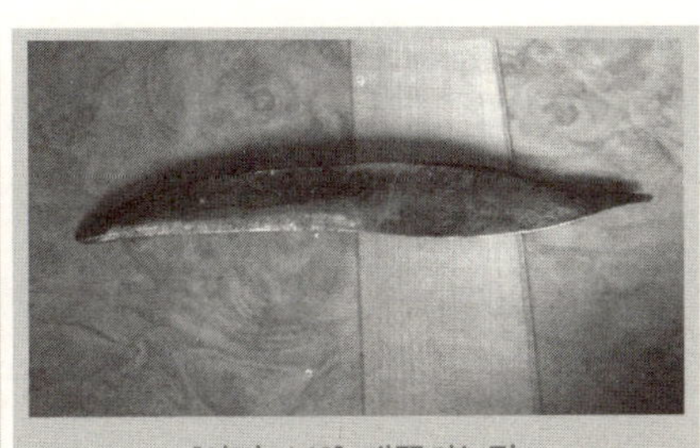
[사진 148] 대쪽치는칼

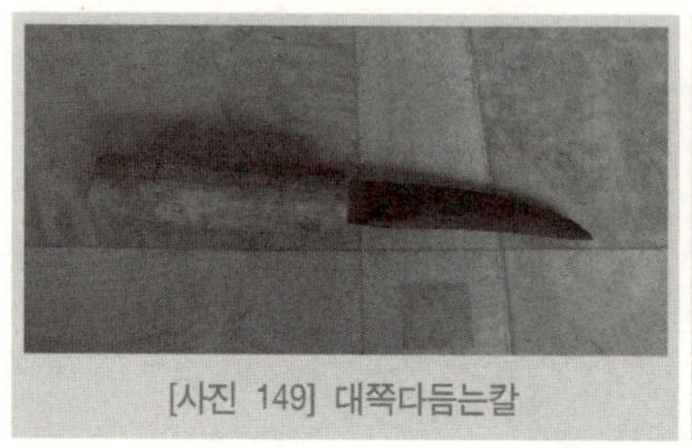
[사진 149] 대쪽다듬는칼

[사진 150] 방목틀

2.4.6. 대쪽다듬는칼

대쪽을 다듬는 칼이다. 대쪽을 뜰 때, 모두 일정한 두께로 뜰 수는 없다. 즉 0.1mm라도 다를 수 있는데, 그 0.1mm를 떠내는 데에 쓰는 칼이 대쪽다듬는칼이다.

2.4.7. 방목틀

대쪽을 다듬을 때에 쓰는 나무 받침이다. 대쪽의 피죽 부분을 방목틀에 대고, 대쪽의 속 부분을 대쪽다듬는칼로 긁어낸다.

2.4.8. 댓살쪼개는칼

다듬은 대쪽(너비 1㎝)을 댓살(너비 0.9㎜)로 쪼개는 칼이다. 대쪽을 댓살로 만드는 일을 '쪼갬질'이라 하는데, 이때에 사용하는 칼을 '댓살쪼개는칼'이라 한다.

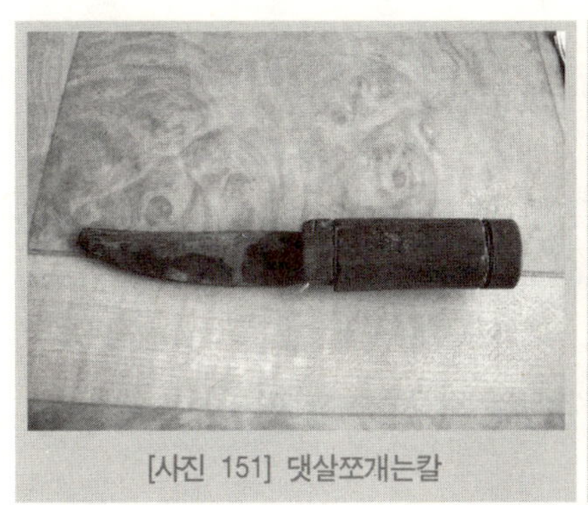
[사진 151] 댓살쪼개는칼

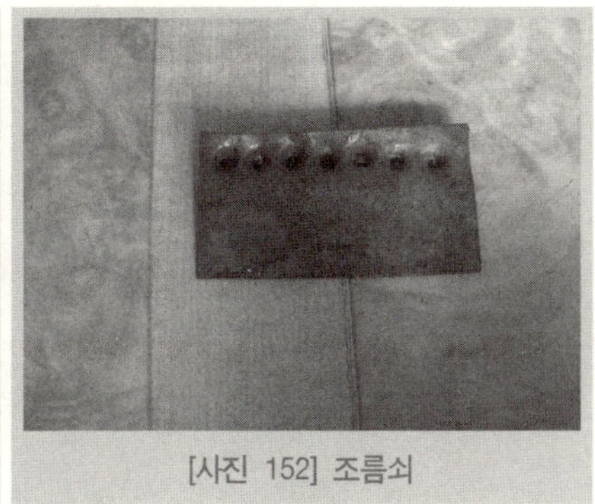
[사진 152] 조름쇠

2.4.9. 조름쇠

댓살을 똑같은 굵기로 만드는 도구이다. 조름쇠에는 크기가 다른 여러 개의 구멍이 있다. 구멍의 크기로 발살의 굵기를 조절한다. 조름쇠는 발살을 통과시키는 조름쇠 구멍과 조름쇠를 고정시키는 조름틀로 이루어져 있다.

1) 조름쇠 구멍[조름쇠 구먹]

조름쇠에 뚫려 있는 구멍을 이른다. 구멍에 발살을 통과시켜, 발살의 굵기를 일정하게 만든다.

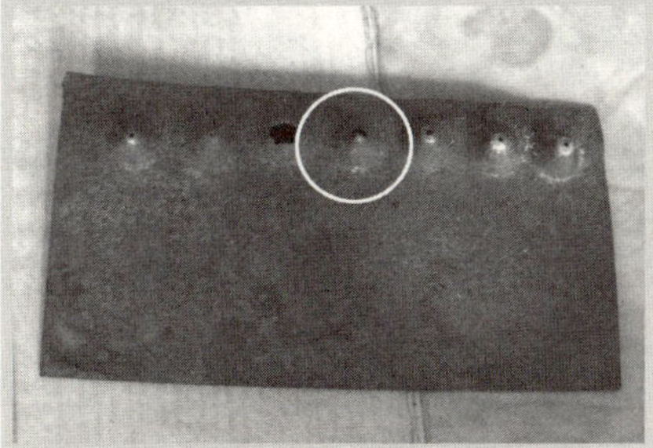

[사진 153] 조름쇠 구멍

2) 조름틀

조름쇠를 고정시키는 틀이다. 예전에는 나무로 만들었으나 요즘에는 쇠로 주물한 것을 사용한다. 한국 대나무 박물관에 가면 나무로 된 조름틀이 있다. 그런데 안내문에는 조름대로 되어 있다.

[사진 154] 조름틀

[사진 155] 조름대

2.4.10. 망치

조름쇠 구멍을 조리는 도구이다. 일반적인 망치에 비해 크기가 작으며, 쇠 부분의 길이(두드리는 면에서 뾰족한 부분까지)는 약 7cm정도이다. 조름쇠

[사진 156] 망치

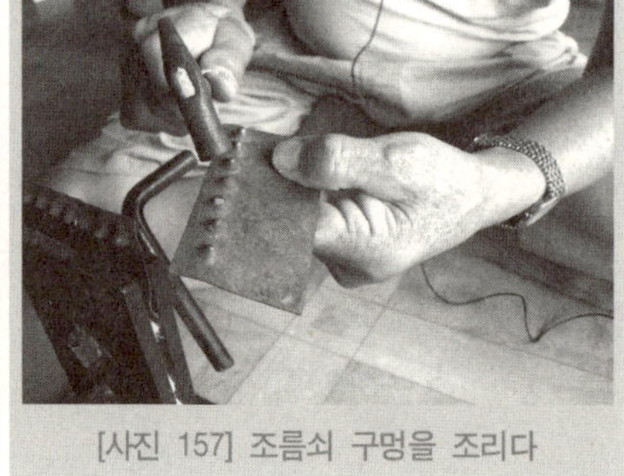

[사진 157] 조름쇠 구멍을 조리다

의 구멍이 늘어지거나 틀어졌을 때, 망치로 조름쇠 구멍을 조린다.

1) 조름쇠 구멍을 조리다

망치로 조름쇠의 구멍을 좁게 만든다.

2.4.11. 줄

조름쇠 구멍이 잘 들게 다듬는 도구이다.

1) 줄질(을) 하다

줄로 조름쇠 구멍이 잘 들게 다듬다.

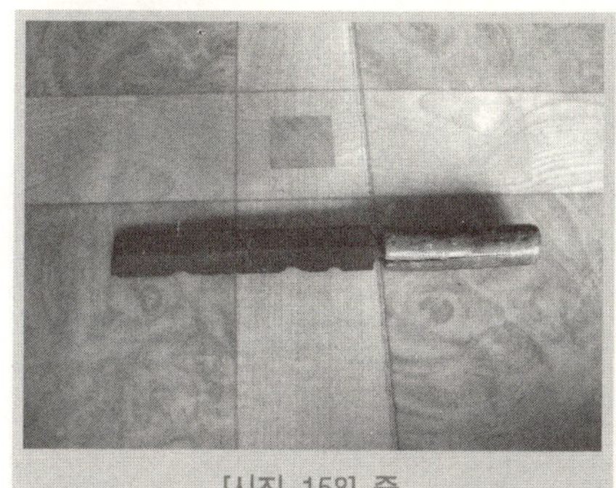

[사진 158] 줄

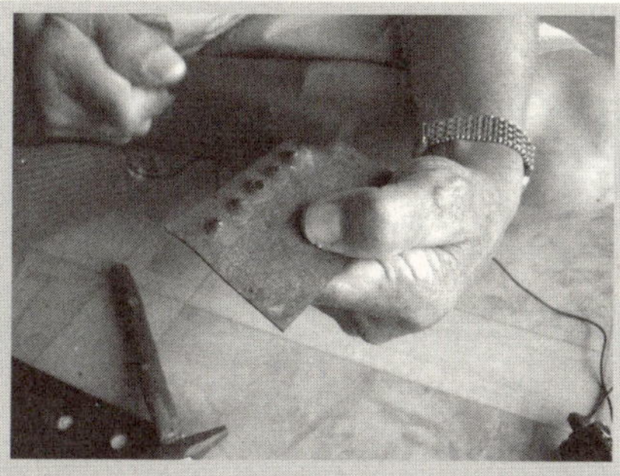

[사진 159] 줄질(을) 하다

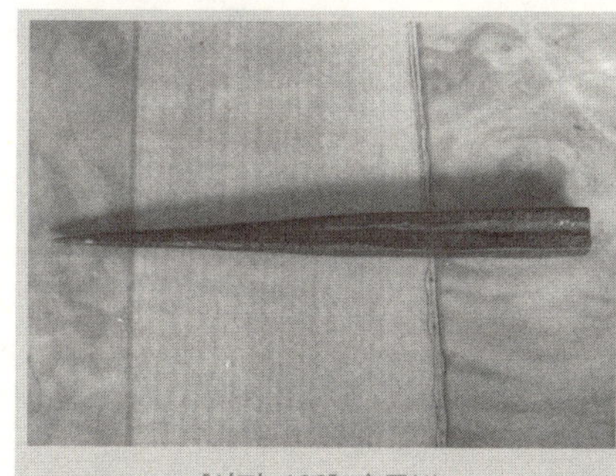

[사진 160] 송곳(1)

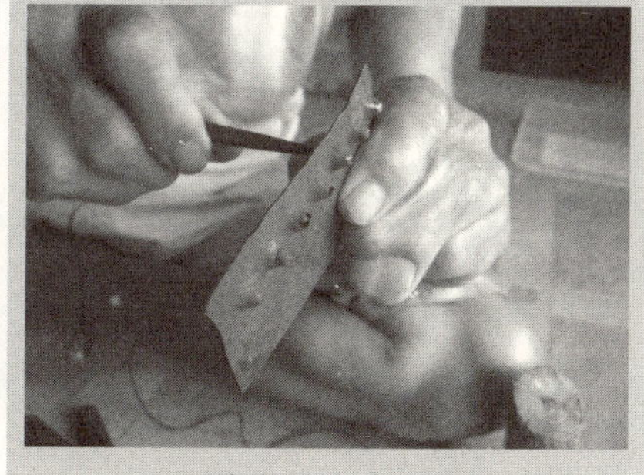

[사진 161] 송곳(2)

2.4.12. 송곳

조름쇠 구멍의 굵기를 조절하는 도구이다. 송곳으로 조름쇠 구멍을 굵게 또는 가늘게 조절한다. 송곳에도 손잡이가 없다.

2.4.13. 집게[찝께]

조름질을 할 때에 발살을 뽑는 도구이다. 집게의 길이는 약 15㎝정도로 작으며, 집는 부분의 안쪽이 매끄럽다. 보통 집게는 집는 부분의 안쪽이 우둘투둘하여 잡기 쉽게 만든 반면, 이 집게는 발살을 상하지 않게 하기 위해 안쪽을 매끄럽게 만들었다.

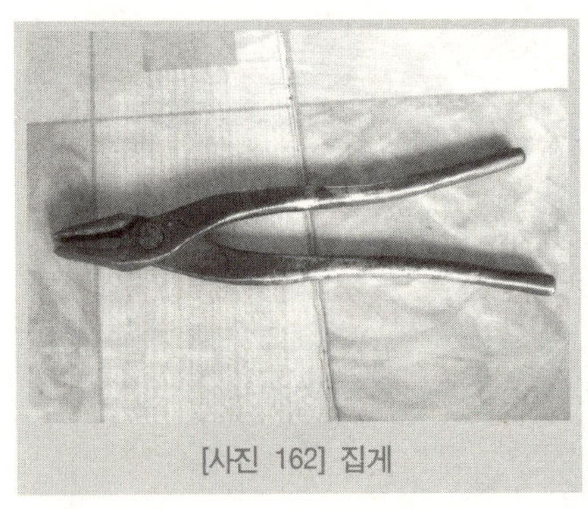

[사진 162] 집게

[사진 163] 집는 부분

2.4.14. 발틀

발을 엮는 도구이다. 발틀에 발살을 올려놓고, 실이 감겨 있는 고돌개를 지그재그로 돌려, 발살을 실로 엮는다.

[사진 164] 발틀

1) 고돌개

실을 감는 데에 쓰는 도구이다. 조약돌을 종이에 싼 것으로, 그 위에 실을 감는다. 고돌개가 2000번을 왔다 갔다 해야 발이 완성된다. 이렇게 왔다 갔다 하는 동안 실이 돌에 부딪혀 끊어지는 것을 막기 위해, 돌에 종이를 싼다.

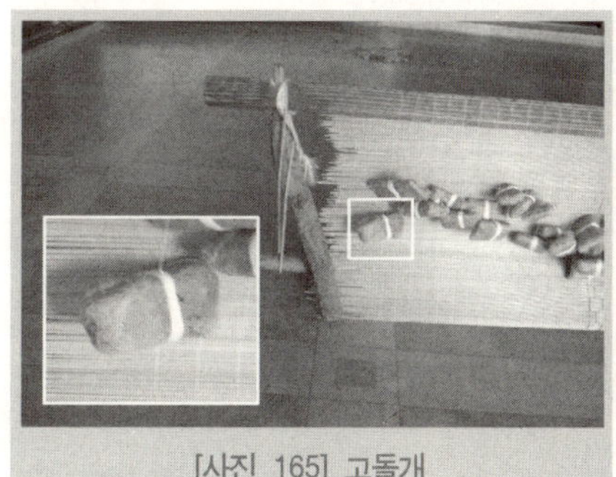

[사진 165] 고돌개

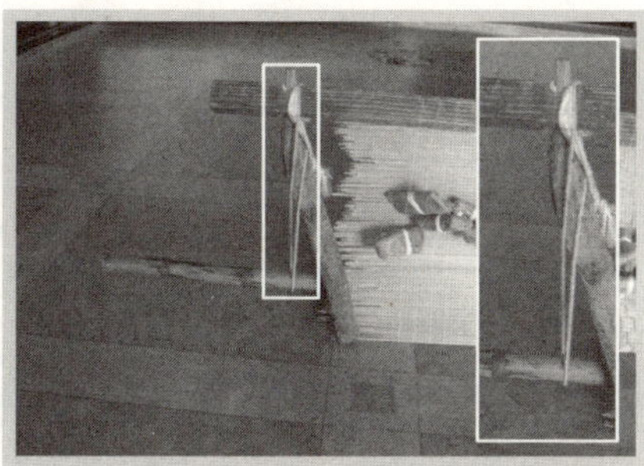

[사진 166] 발틀다리

2) 발틀다리

발틀의 아래쪽에 붙어서, 발틀을 받치는 부분이다.

3) 발걸이

발을 엮을 때에 완성된 발을 감

[사진 167] 발걸이

[사진 168] 대고리(1)

[사진 169] 대고리(2)

아 놓는 막대이다. 발에 오물이 묻는 것을 방지하기 위해, 완성된 발을 발걸이에 감아 둔다.

2.4.15. 대고리

발살을 대통에서 쪼갠 순서대로 정리하는 데에 쓰는 도구이다. 대의 마디가 둥글다고 해도 자세히 보면 각이 있다. 발살을 엮을 때에는, 동일한 대통에서 나온 발살을 쪼갠 순서대로 엮어야 한다. 그래야 마디 모양이 이어진다. 따라서 대통에서 쪼갠 발살은 대고리에 지그재그로 놓아, 쪼갠 순서대로 정리한다. 이렇게 정리한 발살은 조름하는 과정에서는 물론 발을 엮는 순간까지 그 순서를 유지한다.

2.5. 행위

발은 대를 다듬어서 발살을 만드는 과정과 발살을 조각하면서 엮는 과정을 거쳐 완성된다.

[사진 170] 대비다(1)

[사진 171] 대비다(2)

2.5.1. 대를 다듬는 과정

1) 대비다

대밭에서 대나무를 베다. 제보자는 둘레가 20㎝ 정도 되는 2~3년생 분죽 중에서 마디가 휘지 않고 곧은 것을 골라서 벤다.

2) 대자르다

베어 온 대나무를 길이가 140cm 정도 되게 자르다. 이렇게 발의 폭에 맞게 잘라 놓은 대나무 토막을 '대통'이라 부른다.

3) 껍질벗기다

자른 대통의 껍질을 벗기다. 대통을 제보자의 윗배에 대고 비스듬히 세운 후, 칼(대껍질벗기는칼)을 아래에서 위로 당기면서 껍질을 긁어낸다.

[사진 172] 대통

[사진 173] 껍질벗기다

4) 마디훑다

껍질을 벗긴 대통의 마디를 훑다. 마디 부분의 대껍질은 칼로 긁어서 벗길 수 없기 때문에, 칼(마디훑는칼)로 마디 부분만 따로 긁어낸다. 마디훑는 일은 매우 섬세한 작업으로, 마디를 깨끗이 훑어야 함은 물론 너무 깊게 훑어서도 안 된다. 너무 깊게 훑으면 발살이 끊어져 버린다. 그래서 제보자는 자루가 아닌 칼을 잡고, 마디를 훑는다.

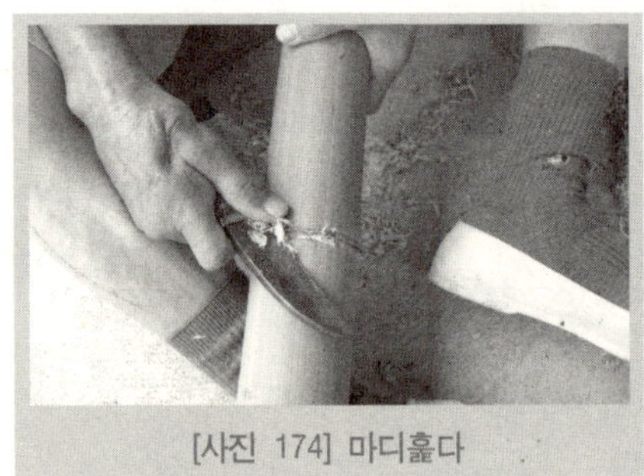

[사진 174] 마디훑다

[사진 175] 마디훑은 후의 대통

5) 대반내다

마디훑은 대통을 절반으로 쪼개다. 대반낼 때에는 대통의 윗부분을 칼(마디훑는칼)로 탁탁 때려 칼을 고정 시킨 후, 칼을 밑으로 쭉 내려 절반으

[사진 176] 대반내다

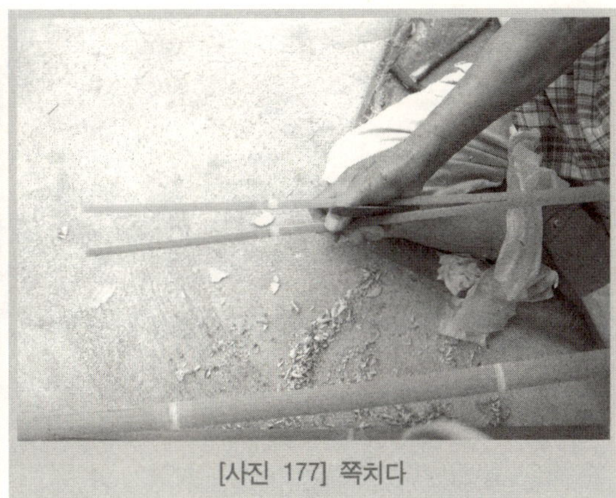

[사진 177] 쪽치다

로 가른다. 그런 후에는 쪽을 치기 쉽게 대통 속의 마디를 망치로 쳐서 제
거한다.

6) 쪽치다

대반낸 대통을 1cm 간격으로 가르다. 반원형의 대통을 칼(대쪽치는칼)로
가르는 과정을 반복해서, 너비가 1cm인 대쪽을 만든다.

7) 대뜨다

대쪽에서 겉대를 뜨다. 대쪽치는칼로 피죽의 두께가 1mm 정도 되게 뜬
다. 피죽을 뜬 후에 이개, 삼개를 뜬다.

(1) 떠 논 대

대쪽의 속을 제거하고 남은 겉대를 이른다. 뜬 순서에 따라 피죽, 이개,
삼개라 한다.

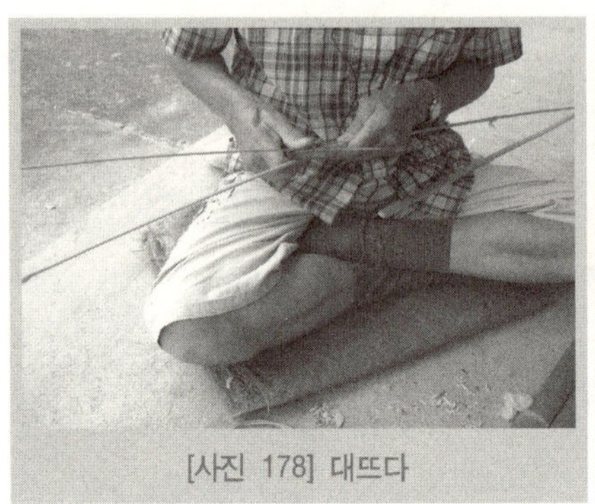

[사진 178] 대뜨다

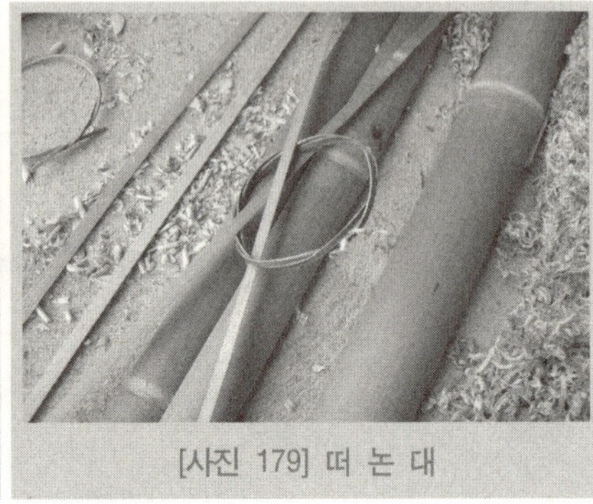

[사진 179] 떠 논 대

8) 대다듬다

뜬 대쪽의 두께를 일정하게 만들다. 1mm 두께로 대를 뜬다 하더라도, 모든 대쪽의 두께가 일정할 수는 없다. 그래서 대쪽을 방목틀 위에 놓고, 칼(대쪽다듬는칼)로 두꺼운 부분을 깎아 다듬는다.

그리고 대쪽의 끝을 세모꼴로 자르고, 다른 부분보다 더 얇게 다듬는다. 이것은 대쪽을 조름하는 과정에서, 발살을 조름쇠 구멍에 쉽게 꿰기 위해서이다.

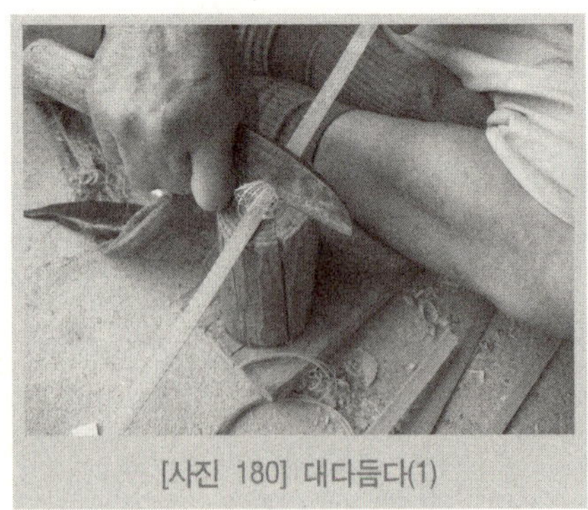

[사진 180] 대다듬다(1)

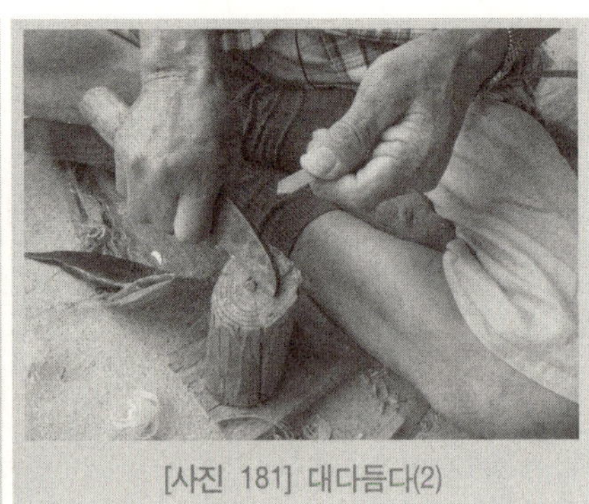

[사진 181] 대다듬다(2)

9) 쪼갬질

다듬은 대쪽을 0.9mm 정도의 너비로 쪼개는 일이다. 칼(댓살쪼개는 칼)로 너비가 1cm인 대쪽을 0.9mm가 될 때까지 계속 쪼갠다. 다른 상황에서는 '발살 쪼개다'라는 어구를 사용했다.

쪼갬질을 할 때에는 대통을 쪼갠 순서에 따라 대고리에 정리해야 한다. 그래야 발을 엮을 때에 대의 마디 부분이 이어진다.(2.4.15. 대고리 참고)

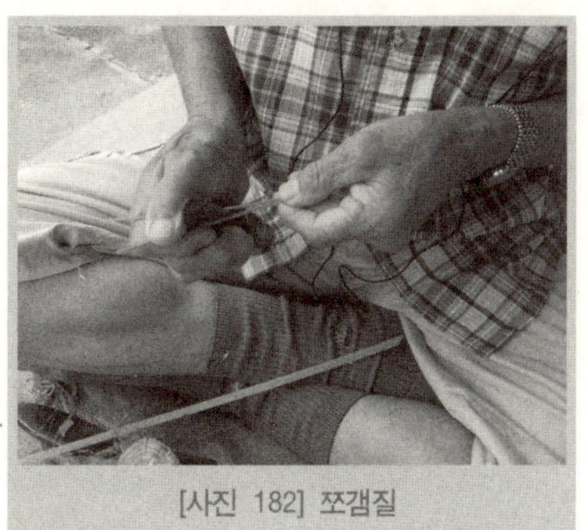

[사진 182] 쪼갬질

10) 물에 축이다

쪼갠 발살을 물에 담그다. 조름질하는 과정에서 발살이 끊어지는 것을 막기 위해, 쪼개 놓은 발살을 물에 20분 정도 담가둔다.

11) 조름질하다

발살을 일정한 두께로 조절하다. 물에 불린 발살을 조름쇠 구멍에 통과시켜 집게로 잡아당긴다. 조름질은 두세 번 반복한다. 발살이 굵으면 조름질을 하면서 끊어져 버리기 때문에, 큰 구멍에서 작은 구멍 순서로 조름질을 두세 번 반복한다.

(1) 초벌

조름쇠 구멍에 한 번 통과시킨 발살이다. 초벌은 조름쇠 구멍 중에서 큰 것에 통과시킨다.

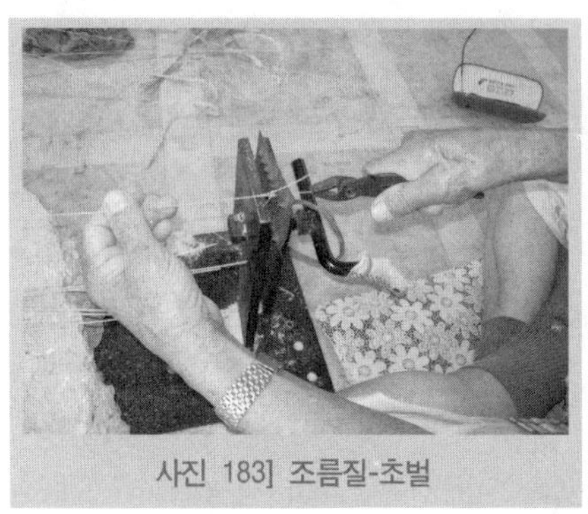
사진 183] 조름질-초벌

[사진 184] 조름질-두벌

(2) 두벌

조름쇠 구멍에 두 번 통과시킨 발살이다. 초벌과 같은 구멍이 아닌 더 작은 구멍에 발살을 통과시킨다. 두벌은 초벌에 비해 가늘고, 부드럽다. 대부분 두벌한 발살로 발을 엮는다.

(3) 세벌[시:벌]

조름쇠 구멍에 세 번 통과시킨 발살이다.

2.5.2. 엮는 과정

1) 발치다

발살을 발틀에 올려 실로 엮는다. 우선 발틀에 편죽을 올려 실로 엮은 후, 발살을 발틀에 올린다. 그 후에 실이 묶인 고돌개를 앞뒤로 넘기면, 발살이 실에 엮인다. 발을 원하는 길이까지 엮은 후, 편죽을 올려 마무리 한다.

[사진 185] 발치다(1)

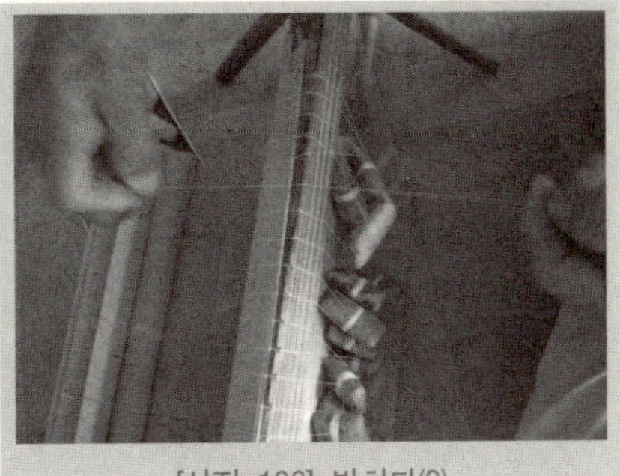

[사진 186] 발치다(2)

(1) 편죽

발을 칠 때 처음과 끝에 덧대는 대나무 조각이다. 댓조각 두 개를 붙여, 애못질을 한 후에 한지로 싼 것이다. 편죽을 대면, 발의 끝부분이 탄력적이면서도 부드럽다. 편죽은 제보자가 개발한 것이다.

(2) 애못질

못질을 여러 번 할 때에, 처음 대강하여 박는 못질을 말한다. 편죽을 만들려면 댓조각 두 개를 붙여서 못질을 여러 군데 하는데, 이때 처음으로 대강하는 못질을 '애못질'이라 한다.

옛날 나무로 된 조름틀을 사용했을 때, 조름쇠를 고정하는 나무 사이가

[사진 187] 편죽(1)

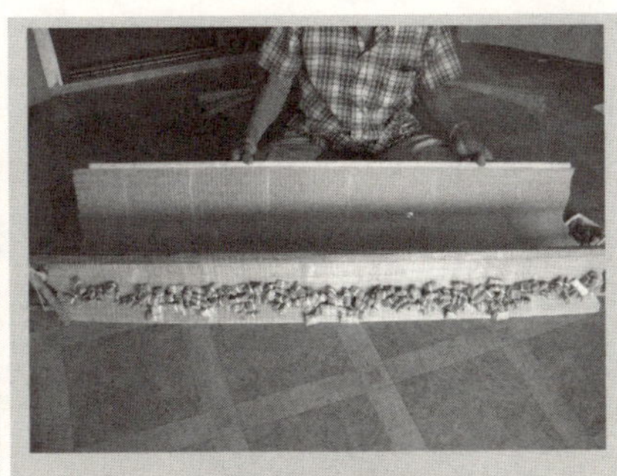

[사진 188] 편죽(2)

벌어지거나 조름쇠가 헐거워지면 못을 박아 고정했는데 이것도 '애못질'
이라 한다.

2) 염색하다[염색허다]

조각구문발을 제작하는 과정에서, 글씨나 문양을 만들기 위해 실에 물
을 들이다. 발을 엮기 전에 실을 염색하는 것이 아니라, 엮는 과정에서 필
요할 때마다 부분적으로 염색한다. 곧 글씨나 문양을 조각할 때, 색이 들
어갈 부분만 초록색 매직펜으로 염색한다. 매직펜을 사용하기 전에는 조
그마한 나무 막대에 무명천을 돌돌 말아서, 무명천 부분에 물감을 찍어
염색했다.

3) 갓자르다

가위로 발의 가장자리를 자르다. 발 엮는 과정이 마무리되면, 발의 좌
우 부분은 발살의 길이가 일정하지 않아 삐죽빼죽하다. 삐죽빼죽한 부분
을 편죽의 길이에 맞춰서 가지런하게 자른다.

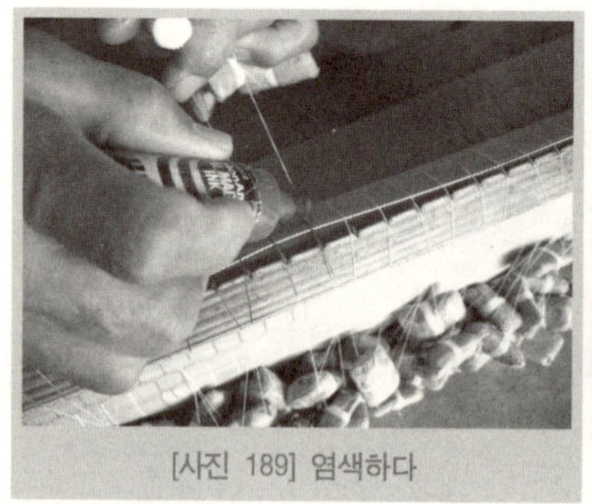

[사진 189] 염색하다

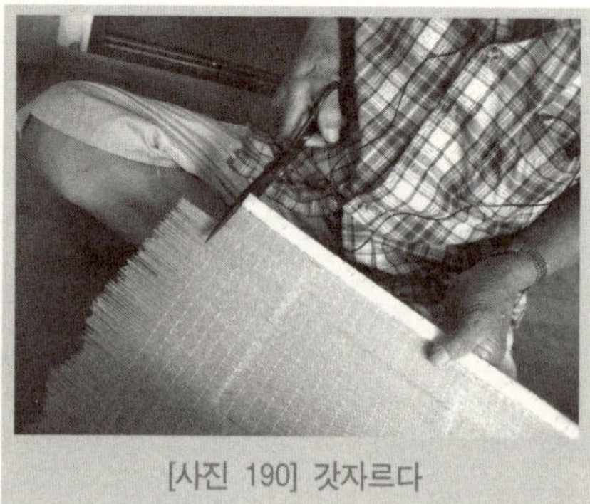

[사진 190] 갓자르다

4) 점검하다[점검허다]

발에 흠이나 물 얼룩 등이 있는가를 확인하다. 물 얼룩은 칼로 긁어낸다.

5) 가공하다[가공허다]

발갓을 천으로 싸다. 제보자가 천을 싸는 사람에게 의뢰한다.

2.6. 제작품

발은 쓰임에 따라 문발·족자발·붓발·김발·병풍발 등으로 나누며, 조각의 유무(有無)에 따라 구문발·조각구문발, 재료에 따라 피대발·이개발·속대발 등으로 구분한다.

2.6.1. 용도

1) 문발

문에 거는 발이다. 크기는 가로 1m 35cm, 세로 1m80cm이며, 전통 가옥의 쌍창에 맞다.

2) 족자발

실내 공간의 벽에 거는 장식용 발이다. 가운데에 부채를 달거나 고급스런 매듭을 걸어 장식한다. 족자발은 주문자의 요구에 따라 크기가 달라진다.

[사진 191] 문발-조각구문발

[사진 192] 문발-피대발

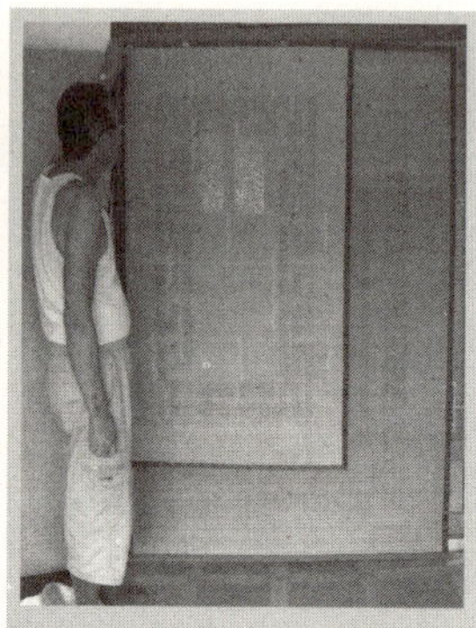

[사진 193] 족자발과 문발

3) 김발

　김밥을 만들 때에 쓰는 발로, 크기는 가로 28cm, 세로 30cm 정도이다.

4) 붓발

　붓을 보관하는 데에 쓰는 발이다. 붓발은 김발과 같은 크기이나, 절반이 검정색이다. 벼루나 붓의 먹물이 발에 묻어 얼룩지는 것을 막기 위해 처음부터 먹물색으로 물을 들이기 때문이다.

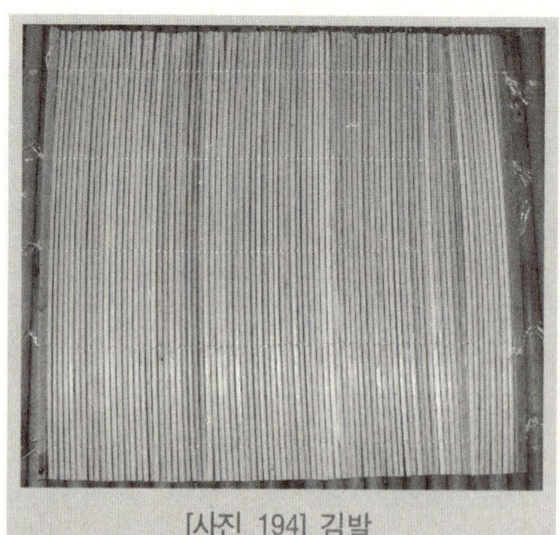

[사진 194] 김발

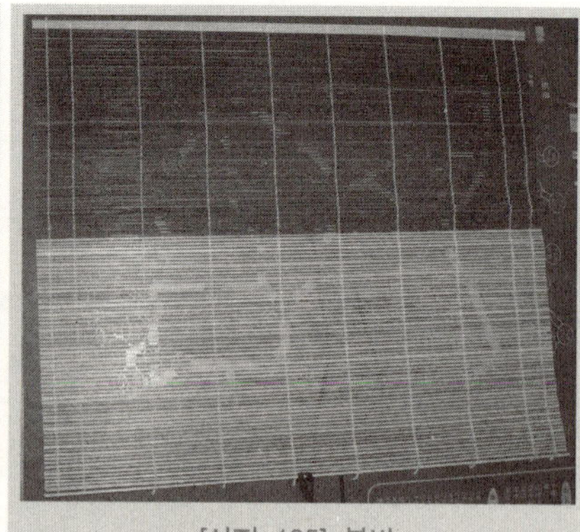

[사진 195] 붓발

5) 병풍발

병풍의 그림을 대신하는 발로, 병풍에 발을 결합시킨 개량형 발이다. 가로 30cm 세로 70cm정도의 발에 글씨나 그림을 그려서, 병풍의 그림 대신 발을 붙인다. 약 30년 전에 경상도 분이 개발한 것으로, 제보자도 한 때는 만들었다고 한다.

2.6.2. 조각의 유무

1) 구문발

구문으로 장식한 발이다. 염색하지 않은 흰색 실을 사용하여, 구문으로 글씨와 문양을 새긴 발이다. 제보자는 '발 렴(簾)'을 써서 '구문렴'이라 부르기도 한다.

2) 조각구문발

조각구문으로 장식한 발이다. 초록색으로 염색한 실을 사용하여, 초록색 구문으로 글씨와 문양을 새긴 발이다. 제보자는 '발 렴(簾)'을 써서 '조각구문렴'이라 부르기도 한다.

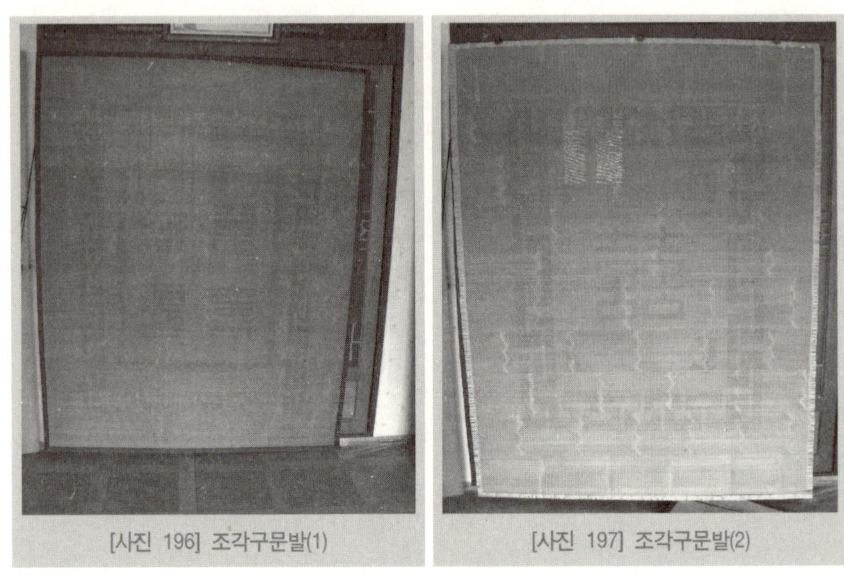

[사진 196] 조각구문발(1)

[사진 197] 조각구문발(2)

2.6.3. 발살의 굵기

1) 상품(商品)

발살이 굵고 거친 발이다. 판매를 목적으로 만든 발로, 다음에 제시할 작품과 상대되는 말이다. 작품과 시각적인 면에서 차이를 보이지 않지만, 비교해서 만져 보면 작품에 비해 발살이 굵고 거칠다. 상품은 제보자가 쓰는 개인어이며, 일반적인 말은 '장구문렴'이다.

2) 작품(作品)

발살이 가늘고, 부드러운 발이다. 전승공예대전에 출품하거나 제보자 자신이 소장할 목적으로 정성 들여 만든 발로, 앞에서 제시한 상품에 상대되는 말이다. 상품에 비해 발살의 굵기가 가늘고 부드럽다. 발살의 굵기

[사진 198] 상품

[사진 199] 작품

가 가늘기 때문에 발 가운데에 장식하는 글씨의 수도 상품에 비해 더 많다. 작품은 제보자가 쓰는 개인어이다.

2.6.4. 염색 방식

1) 가마발

굵은 댓살을 무명실로 엮은 후에 염색한 발이다.

2) 쪽발

가마발과는 반대로, 먼저 발살을 염색한 후에 엮는 발이다.

2.6.5. 재료

1) 갈대발

갈대로 엮은 발이다.

2) 산죽발

산죽으로 엮은 발이다. 산죽(산에서 자라는 대나무)을 통째로 베어다가 어떤 가공도 하지 않고 엮은 발을 말한다.

3) 편상발

댓조각으로 엮은 발로, '조각 편(片)'을 써서 '편상발'이라 부른다.

4) 피대발

피죽을 무명실로 엮은 발이다. 일반적인 용어는 '겉세렴'인데, 제보자는 '피대발'이라 한다. 『표준국어대사전』에서 세렴은 "가는 대로 촘촘하게 엮은 발"이다. 그러므로 겉세렴은 피죽으로 엮은 발이 될 것이다. 그러나 제보자는 상품·작품을 피죽으로 엮었으나 피대발이라 부르지는 않는다. 피대발이란 "피죽을 무명실로 엮은 발"을 뜻한다. 따라서 겉세렴과 피대발은 의미하는 범위에서 차이를 보인다.

[사진 200] 피대발

5) 이개발

이개로 엮은 발이다. 겉세렴·속세렴에 대응하는 말을 물었더니, 겉세렴 다음 것이라 표현했다.

6) 속대발[속때발]

삼개로 엮은 발이다. 일반적인 용어는 '속세렴'인데, 제보자는 '속대발'이라 한다. 『표준국어대사전』에서 세렴은 "가는 대로 촘촘하게 엮은 발"이다. 그러므로 속세렴은 속죽으로 엮은 발이 될 것이다. 그런데 이개와 삼개가 모두 속죽에 해당하므로 속대발을 '속세렴'이라 말하기는 어렵다.

이처럼 겉세렴·속세렴과 피대발·이개발·속대발의 의미가 다른 것은 발의 재료를 구분하는 의미 범주가 다르기 때문이다. 겉세렴과 속세렴은 발의 재료를 속죽과 피죽으로 2분한 어휘인 반면, 제보자는 피죽, 이개, 삼개로 3분한 어휘이다.

제5장 부채장의 말

1. 전통의 맥을 이은 부채

1.1. 만성리는 부채 마을

문 이 마을은 언제, 어떻게 형성되었습니까?

답 이 마을이 원래 와우등이라고, 소가 누워서 되새김(한) 자리. 와우등. 소 우자 등자. 편히 쉰다는 뜻이거든요 와우등인디 완동으로 바꽈졌어요 완동이 지금은 만성리로 바꽈졌죠, 행정구역상 이름이. 우리 마을이 담 양읍에서 가장 편안한 마을이랍니다, 위치가. 설화에 그렇게 나와 있답 디다.

문 주민들은 주로 어떤 성씨들이 모여 살고 있습니까?

답 원래가 광산 김씨하고 정씨허고 조금 살았는디, 지금은 없어요 각 성받 이들이 다 살죠, 지금은. 광산 김씨도 저 둘 살고, 정씨도 한 두 분 살고 전부 씨족 관계가 흐트러져 부렀어. 없어. 그냥 이사와서 모다들 살고 인자{이제} 우리가 젤로 오래 살죠. 한 7대 사니까.

문 이 마을 사람들은 주로 어떤 일을 하며 살아갑니까?

답 여기가 농로가 그리 없어요. 우리 마을은. 농토가 없어 가지고, 일부 저쪽 시장가에는 시장에서 장사허신 분들이 있고, 인제 부채로 생계를 유지해서 살았죠. 옛날에 한 130호 되았는디, 100호 정도가 부채를 했죠. 그러다 지금은 거의 없어진 상태고, 지금은 세 집 남았어요. 세 집 남았는디, 전통적으로 두 집은 안 하죠. 먹고 살기 힘드니까요. 이거이 중국산에 밀리니까 못해요. 인건비도 안 나와요. 부채값이. 전부 도시로 다 나가 부렀죠. 물갈이가 돼 부렀죠. 말하자면 옛날 사람들이 없어, 있더라도 80객 노인들만 살고 있죠.

문 이 마을만의 독특한 특징이 있으면 이야기해 주십시오.

답 만성리는 부채 마을. 그 저 향교리 고행주 참빗장은 참빗 마을 그렇게 돼 있어요. 우리 마을에서 부채 만드는 것은 접선이라고 쥐었다 폈다 하는 줄선{쥘부채}이요. 일반 평민들이 부치는 부채를 만들었죠, 우리 마을에서. 글고{그리고} 저 합죽선의 원조이기도 하다고 말을 들었어요. 여그서 하다가 전주로 가셨다고 하드만. 그것이 대가 끊기고 없어지고, 전주도 한 분이 하는 거 아니어요. 분야별로, 합죽같은 것은 육방(六房)에서 하는디, 여섯 집을 거쳐야 한 자리{자루}가 나와요. 혼자 해 가지고는 벌이가 안 돼요. 밥 묵고 못 살아. 예를 들어서, 초지 깎은 사람은 초지만 깎고, 종이는 종이만 접고, 되비{도배}는 되비만 하고, 사북 만드는 사람은 사북만 하고 우리 같은 경우는 전체로 다하고 여그는 없어요. 그래서 부부간에 하고

1.2. 살아온 이야기

問 몇 대째 이 마을에서 살고 계십니까? 이사 전에는 어떤 지역에서 살았으며, 그 때의 생업은 무엇이었습니까?

答 7대요. 우리 아들이 8대요. 우리 선조들이 충청도 연산에서 광주를 거쳐 가지고, 담양으로 오셨어. 그래서 여기 이사올 때는 집이 없었다고 그러니까.

問 태어나서서 지금까지 살아오신 내력을 이야기해 주십시오

問 태생지는 어디입니까?

答 여기에요, 한 번도 주소 변경이 없어요. 만성리 96번지. 주민등록 옮긴 적도 없고 떠난 적도 없고

問 연세는 어떻게 됩니까?

答 59세.

問 무슨 띠입니까?

答 쥐띠.

問 성장지는 어디입니까?

答 여기에요

問 학교는 어디까지 나오셨습니까?

答 학교는 여기 중학교만 나왔어요. 담양 중학교

問 직업은 무엇입니까?

答 부채장이죠

問 결혼은 언제 하였습니까?

答 지금 29년 됐어요

問 아이들은 얼마나 두었습니까?

答 사내 아이 하나여. 초등학교 6학년. 늦게 났어요. 결혼해 가지고 18년 만에 낳았어요. 여기는 우리 작업장이고, 여그서 웃어른들이, 할머니부터

산 집이어요. 저 석류나무가 100년 된 나무여. 윗집에 우리가 기거하는 데는 말 그대로 자연과 더불어 살아요

문 어르신 형제는 어떻게 됩니까?

답 8남매. 장남.

문 장남이어서 부채만드는 일을 이어 받았습니까?

답 그러죠 학력도 제가 젤로 작고

문 사모님 고향은 어디입니까?

답 여그 담양이어요 우정면.

문 연애 결혼했습니까?

답 중매요

문 결혼 예물로는 무엇을 주고 받았습니까?

답 결혼 예물로 받은 것은 그 당시에 금으로 받았을 거요, 반지. 여하튼 그렇게 했을 거여. 서로 다.

1.3. 부채장으로 인정받기까지

문 언제부터, 어떤 계기로 부채를 만들게 되었습니까?

답 중학교 다님서부터 집안일을 도왔제. 그래 가지고 졸업과 동시에 부채에 입문을 했죠 부모님 밑에서. 어머니, 아부지, 저 그렇게. 일부 동생들도 학교 다니면서 도와주고

문 가업으로 부채를 만든 것이라면, 몇 대째 만들고 계십니까?

답 3대요. 30년 잡고도 90년. 할아버지 때부터.

문 일생 중에서, 다른 직업에 종사하신 적은 있습니까?

답 없어요

문 담양군 향토 무형문화유산 보유자 제07-1호가 언제, 어떻게 되셨습니까?

향토 무형문화유산 보유자란 무엇입니까?

답 부채장 2호요 2호 부채장이에요 담양에 향토 문화가 세 명 있어요 거 그에 제가 2호죠 4월 21일자요 금년도 07년도 4월 1일자로 받았는디. 그거이 예고 기간이 있어요 20일 동안 지방지에 전 신문에 날마다 내요 인터넷 올려놓고 거그서 의견을 듣는 거여. 수렴해 가지고, 20일 동안. 부적격이다 생각하면 안 줘요 그냥 주는 거 아니여. 인터넷이나 전화나 각종 설문지나 그런 거 해 가지고, 거그서 판단해 가지고 하나라도 그 사람은 되지 않습니다 생각되면, 다시 3년 유예를 해 가지고 안 줘요 옛날하고는 판이하게 달라요

문 담양군 향토 무형문화재란 무엇입니까?

답 향토는 담양군에서 옛날부터 내려온 거에요 지금은 없어진 상태. 그걸 계승하고 있어서 주는 거에요 담양군에서 부채를 전통적으로 이조 말기부터 해 왔는디, 박정희 시절에는 아주 성업이었고, 1년에 100만개 생산했어. 그래 가지고 전국적으로 팔았고, 일제 강점기에는 함흥, 청진까지 가서 팔았다드만. 그러다가 중국산이 들어와 가지고 없어져 부렸죠 맥이 끊긴께, 향토문화유산으로 지정해 준거여. 그것도 수입 안 되고, 전통적인 방식으로 글 안하면 향토문화유산으로 지정을 못 주죠

문 향토 무형 문화유산 보유자가 되신 후로 좋은 점과 나쁜 점이 있다면 말씀해 주십시오

답 인자{이제} 열심히 해서, 재력은 없어도 명예는 얻었죠 향토문화유산 되기가 하늘에 별따기여. 지금도 제가 대한 명인이라고, 각 분야에 80명 되요 제주도부터 강원도까지 분포돼 갖고 있는디. 문화재는 아니더라도 문화재 밑에 있는 사람들, 거그서 배운 사람들이 나이가 뭐 제일 많은 사람이 73살인디, 지금도 고 꿈을 못 버리고 해요 근디 안돼요 확실한 대가 몇 대니 걸쳐 나와야 주지 안 줘요 스승이 있어야 하고 그것이 한 3대씩 해야 하고 그것이 일 순위죠 그것이 없으면 아무리 기술이 좋고

그래도 절대 안 줘요 그리고 사라져간 문화만 줘요 옛날 전통적으로 내려와도 여러 사람이 많이 하면 안 줘요 그건 뭐 밥 묵고 사는데 지장 없고, 돈을 버니까 줄 필요도 없죠 근데 그거이 돈에 관계도 없고, 묵고{먹고} 살기 힘들지만 그 분야에 계속 헌 사람을 주죠 맥을 이어서 내려온 사람을 선발해서 그렇게 주는디 그 외에는 안 줘요

문 부채 만드는 일을 전수받고 있는 사람이 있습니까? 혹시 자녀들 중에서 있습니까?

답 담양군 후계자라고 지정을 해 가지고, 우리집을 일주일에 두 번씩 보내 줘요. 장석원, 39세요

문 담양군에서 따로 이렇게 후계자를 지정합니까?

답 열 명을 지정해요. 각 분야에. 담양군에서 나는 먼저 명인을 받았어요 명인 제9호. 열 명 중에 9호를 받았는디. 열 명을 심사해 가지고 전통적으로 내려온 거. 금년에 처음 나온 거죠

문 아드님에게 전수하실 생각은 없으십니까?

답 나이가 너무 어려가지고, 인자{이제} 13살 묵었는디, 그래도 대학 그렇게 졸업하고 그러면 내 나이가 80인디 그러면 힘들지.

문 본인이 만드는 부채의 특징과 장점을 말씀해 주십시오

답 많이 있죠 다른 사람이 만드는 부채는 기껏 만들어야 한 종류? 틀에 박히는 거, 손으로 하는 것이 아니여. 기계 작업으로 해서 그것만 한디. 우리는 외부로부터 어떤 사람이 어떤 부채를 만들어 달라고 해도 다 해 주죠 그리고 여그 두 분이, 한 분은 전혀 못 허고, 수입 갖다 파시고 한 분은 계시는디 50%는 하고, 50%는 못 허니까, 옛날 노인들 7, 80십 노인들 데려다 기계로 해라. 일본같은 경우도, 중국같은 경우도 기계로 하죠 이렇게 대 떠가지고 이렇게 깍는 거 하나도 할 질{줄} 몰라요

문 부채 만드는 일에 대한 본인의 생각을 말씀해 주십시오

답 저는 부채 만들어도 한 번도 후회한 적은 없소 웃대 어르신들이 해 왔

고, 또 이거이 제가 애들이나 많이 있어 갖고 생활고에 어려움이 있었다므는{있었다면은} 아마 직업을 변경했을랑가도 몰라요. 근데 그런 일이 없어 갖고 나는 부채를 만들었어도 외지에 가지고 나가서 판 적이 없어요. 집에서만 판매를 했어요. 그래도 호구지책이 되더라고. 왜 그러냐 하면 다른 사람이 기술이 없기 따문에{때문에}. 다른 집에서 못 헌 건 우리집으로 와요. 긍께{그러니까} 대우를 해주죠. 다른 사람들이 만들 수 없는 부채를 만들어 주니까, 감사하다고 하고, 일부에서는 그렇게 잘 해 주믄{주면} 선물을 보내주고 그래라우. 그런다 해서 폭리를 취하거나 돈을 많이 받거나 그러지는 않았어요. 부채도 많이 주고 우리 전통을 알리기 위해서, 우리집에 오신 손님들은 부채허고 관련이 있거나 없거나 무조건 한 자리{자루}씩 주고 그랬어요. 그러니까 1년이믄{1년이면} 한 오백 자리{자루} 나가요.

2. 조사된 어휘

2.1. 부채란?

2.1.1. 부채

바람을 일으키는 데 쓰는 물건으로, 사람들이 부채에게 여덟 가지 덕을 본다고 해서 팔덕선, 팔용선이라 부른다. 첫째 부채를 부치어 바람을 일으키고, 둘째 파리와 모기 등을 쫓고, 셋째 덮개로도 쓰며, 넷째 햇빛을 가릴 수 있고, 다섯째 불을 피울 때 바람을 일으키며, 여섯째 들에서는 깔고 앉는 깔판으로 쓰고, 일곱째 청소할 때 쓰레받기 대용으로 쓰고, 여덟째 물건을 머리에 이고 갈 때 똬리 대신으로 사용할 수 있다.(금복현,『전통 부채』, 대원사, 1990) 부채장 김대석은 이외에도 지휘봉을 대신하고, 들판에서는 밥상으로 쓰며, 신날 때는 장단을 맞추고, 접었다 폈다하면서 손 운동을 하고, 비가 올 때는 우산 대용으로 쓸 수 있다고 한다.

제보자는 다양한 용도의 접선(쥘선)을 제작한다. 일반 서민들이 쓸 수 있는 민합죽선[1]을 주로 만들지만, 무당들이 굿을 할 때에 사용하는 무당선, 무용가들이 춤을 출 때 사용하는 무용선, 남사당패의 어름(줄 타는 묘기를 부리는 사람)이 줄을 탈 때 사용하는 부채 등도 만든다.

[사진 201] 장식용 부채	[사진 202] 대륜선	[사진 203] 무당선
[사진 204] 무용선	[사진 205] 흑선	[사진 206] 접선 태극선
[사진 207] 백선	[사진 208] 무용선	[사진 209] 줄 타는 부채

---

1) 민합죽선은 부채장 김대석이 만든 서민용 접선(쥘선)이다. 전주의 합죽선이 양반들을 위한

2.1.2. 접선

접었다 폈다 하게 된 부채이다.(『표준국어대사전』) 비단이나 종이 따위로 둥글게 만든 부채를 뜻하는 단선(둥글부채)에 대응하는 말이다.

2.1.3. 쥘선

손으로 쥘 수 있게 된 부채이다.

2.2. 재료

부채는 대나무, 한지, 사북, 풀로 만든다. 다만 한지를 대신해서 천을 사용하기도 한다.

2.2.1. 대나무

1) 종류

(1) 왕대

겉 표면이 매끄럽고 푸른기가 많으며, 마디와 마디 사이가 길다. 분죽에 비해 죽순이 늦게 난다. 제보자는 3년생으로 부채를 만든다. 3년생 왕대는 질이 좋고, 가공하기 쉬우며, 부채를 만들어 놓았을 때도 부챗살이

───────────────

부채라면, 그의 부채는 일반 서민을 위한 부채이므로 '민합죽선'이라 이름 지었다고 한다.

매끄럽다. 1~2년생으로 부채를 만들면 댓살이 물러서 부챗살이 휘어지며, 4년생부터는 대가 죽기 때문에 부채의 재료로 쓸 수 없다. 부채에 쓸 대나무는 첫 서리 내릴 때부터 음력 정월 이내에 베어서 저장한다.

(2) 분죽

겉 표면이 하얗고, 마디를 중심으로 흰색 가루가 묻어 있어 '분죽(粉竹)'이라 한다. 왕대에 비해 마디 사이가 짧고, 죽순이 빨리 난다. 제보자는 분죽으로 부채를 만들지 않는다. 성질이 세서, 부챗살을 묶을 구멍(비비구멍)을 뚫으면 대가 쪼개져 버린다.『표준국어대사전』에서는 '솜대'를 기본 표제어로 삼고 있으나 전남 담양지역에서는 '분죽'으로만 불린다.

(3) 맹종죽

크기가 직경 15cm 정도로 굵고, 왕대에 비해 마디 사이가 아주 짧다. 목질이 단단해서 대의자나 주걱, 효자손, 붓통 등을 만들기에 적합하다.『표준국어대사전』에서는 '죽순대'를 기본 표제어로 삼고 있으나 전남 담양지역에서는 '맹종죽'으로만 불린다.

(4) 오죽

겉 표면이 검은색이어서 '오죽(烏竹)'이라 한다. 다음 사진은 오죽과 왕대로 만든 죽부인으로, 검은 댓살 부분이 오죽이다.

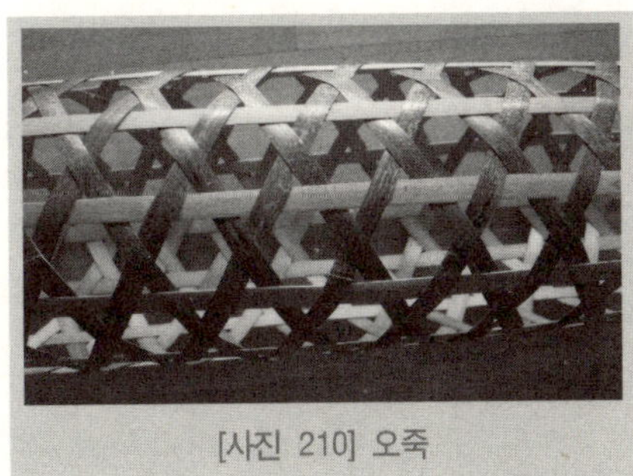

[사진 210] 오죽

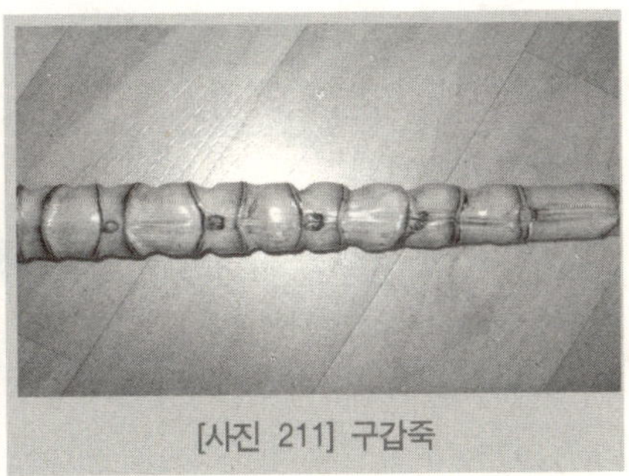

[사진 211] 구갑죽

(5) 구갑죽

마디 사이가 매우 짧고 형태가 규칙적이지 않아 마디 모양이 거북이의 등껍질 같이 생겨서 '구갑죽(龜甲竹)'이라 부른다. 위의 사진은 구갑죽으로 만든 지휘봉이다.

(6) 신우대

줄기가 회초리처럼 가늘고 연하며, 마디 사이는 길다. 가공하기가 쉬워서, 활대나 조리 등을 만든다. 산에서 자란다고 해서 '산죽(山竹)'이라 부르기도 한다. 『표준국어대사전』에는 산죽과 신우대의 뜻을 다르게 풀이하고 있으나, 제보자는 신우대와 산죽을 동의어로 알고 있다.

2) 구성

(1) 밑동

줄기를 세 부분으로 나누었을 때, 지면에 닿아 있는 부분을 이른다. 지상에서 1m 정도(3~4마디)이며, 줄기가 굵고 성질이 세다. 부채의 변대를 만든다.

(2) 중통

줄기를 세 부분으로 나누었을 때, 가운데 부분을 이른다. 밑동 위에서부터 약 10~15 마디 정도이다. 부챗살을 만든다. 『표준국어대사전』에서는 중통을 "크기가 중간 정도 되는, 쪼개지 아니한 대나무 토막."으로 풀이하고 있어, 여기서 말하는 중통과는 뜻이 다르다.

(3) 끝죽

줄기를 세 부분으로 나누었을 때, 가장 윗부분을 이른다. 대나무의 길이가 일정하지 않기 때문에 끝죽의 길이도 다르다. 굵은 부분으로는 변대를 만들고, 가는 부분은 버린다. '끝대'라 부르기도 한다.

(4) 피죽

초지를 뜨는 과정에서 처음으로 뜬 겉대를 이른다. 부챗살은 대통을 쪼개고, 초지를 뜨고 깎아서 만든다. 초지를 뜨는 과정은 너비가 2~3cm인 대나무 조각을 1㎜ 정도 되게 뜨는 것으로, 한 조각에서 세 번 뜬다. 이때 겉대에서 처음 뜬 대를 '피죽'이라 한다. 겉대에 가깝기 때문에 푸르스름한 기운이 남아 있으며, 단단하여 부채를 만들어 놓아도 부챗살이 짱짱하다. '피대'라 부르기도 한다.

(5) 비금

초지 뜨는 과정에서 두 번째 뜬 대를 이른다. 피죽에 비해 연하기 때문에, 부채를 만들어 놓으면 부챗살이 부드러우면서도 윤기가 난다.

(6) 내죽

초지 뜨는 과정에서 세 번째 뜬 대를 이른다. 비금에 비해 물러서 부채를 만들어 놓으면 부챗살에 힘이 없다. 외부 사람들이 왔을 때는 그들이 알기 쉽게 '속대'라 말한다.

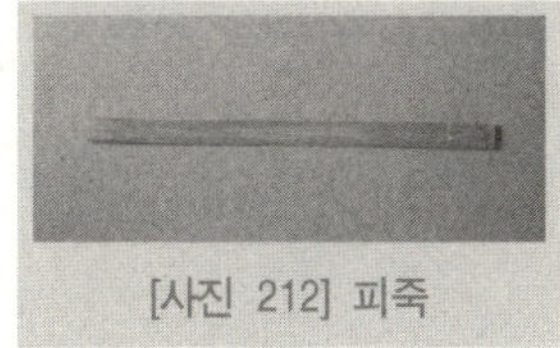

[사진 212] 피죽

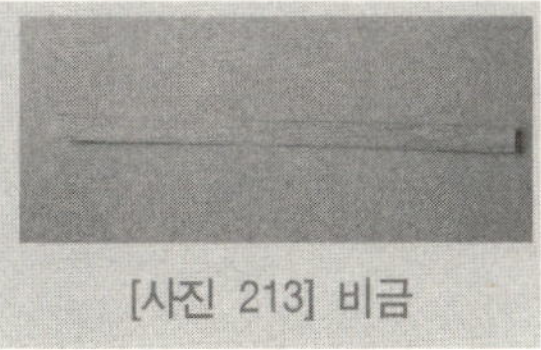

[사진 213] 비금

[사진 214] 내죽

2.2.2. 한지

우리나라 고유의 제조법으로 만든 종이이다.(『표준국어대사전』) 부채의 선면은 한지로 붙인다. 요즘에는 사용하는 용도에 따라 제작되기 때문에, 1장당 그램 수로 구분한다. 제보자는 순지 2합지 중 6~6.4그램을 사용한다. 그리고 한지를 오방색(검정, 흰색, 파랑, 빨강, 노랑)으로 염색하기도 하는데, 이것을 '오색한지'라 한다.

1) 순지

순수하게 닥나무만을 넣어서 만든 한지이다.

[사진 215]· 오색한지

[사진 216] 순지

2.2.3. 천

1) 다우다

광택이 있는 얇은 평직 견직물로(『표준국어대사전』), 부채의 선면에 실크 인쇄를 할 때에 사용한다. 실크 인쇄를 하면, 부채의 뒷면에도 그림이 선명하게 나타난다.

2) 통사

나일론 망사 원단이다. 가격이 저렴해서 어린이들 매스게임용 부채를
만들 때에 사용한다.

3) 공단

두껍고, 무늬는 없지만 윤기가 도는 비단이다.(『표준국어대사전』) 남사당
패의 어름(줄타는 묘기를 부리는 사람)이 균형을 잡기위해 사용하는 줄 타는
부채나 무용선을 만들 때에 사용한다.

2.2.4. 사북

접선의 손잡이 부분에 박아 부챗
살을 고정시키는 못으로, 고리·기둥
·따까래로 구성된다.

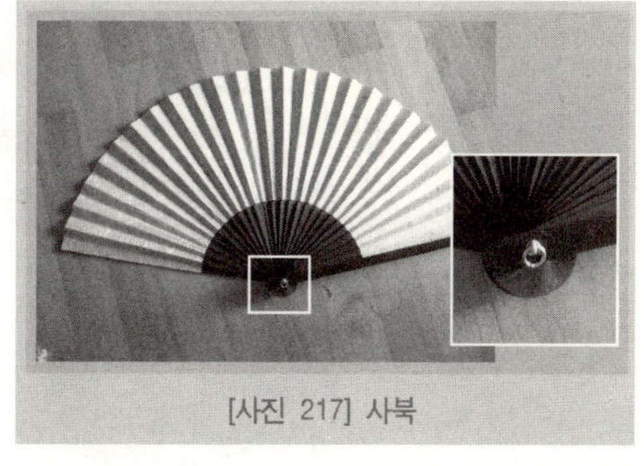

[사진 217] 사북

1) 기둥

부챗살을 고정시키는 철사이다. 한
쪽은 둥그렇게 말아서 비비구멍에
고정시키고, 뾰족한 부분을 구멍에 끼운다. 맞은편에서는 망치로 두드려
서 고정시킨다.

2) 따까래

목살과 기둥 사이에 끼는 도구로, 원형이며, 가운데에 구멍이 뚫려 있

다. 목살에 고리가 닿아 상하는 것을 막는 역할을 한다.

3) 고리

철사를 구부려서 양 끝을 맞붙여 둥글게 만든 물건으로, 사북 기둥의

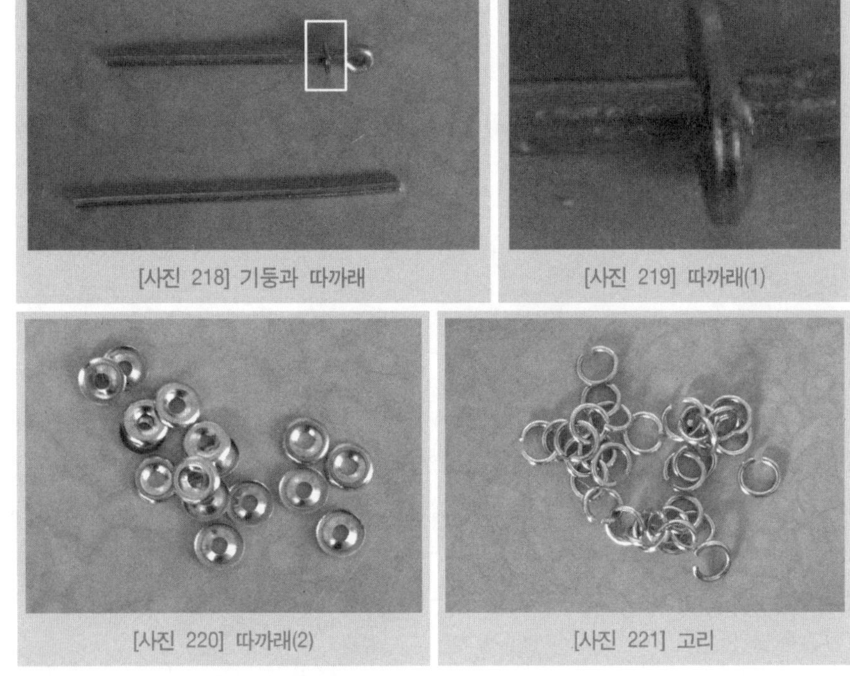

[사진 218] 기둥과 따까래

[사진 219] 따까래(1)

[사진 220] 따까래(2)

[사진 221] 고리

둥그런 부분에 끼운다. 여기에 선추를 달아 부채를 장식한다.

4) 고리사북

기둥에 고리를 끼운 사북이다.

[사진 222] 고리사북

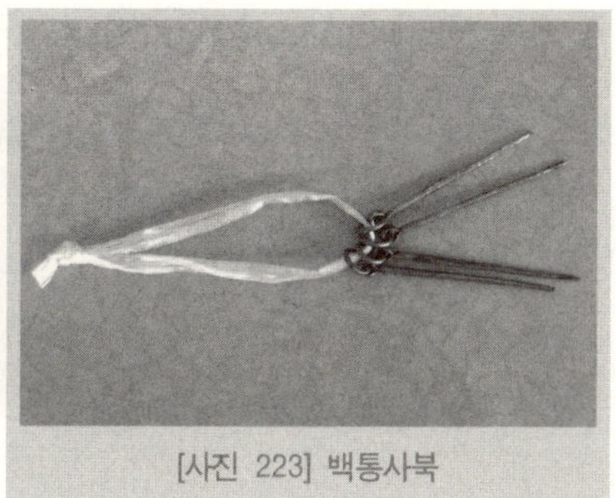

[사진 223] 백통사북

5) 백통사북

백통으로 만든 사북이다.

6) 춤 출 때 쓰는 (부채의) 사북

무용선을 만들 때에 쓰는 사북이다. 일반적으로 사북의 기둥은 한 개이며, 한쪽은 둥글게 말고 반대쪽은 망치로 두드려서 고정한다. 그런데 무용선의 사북은 기둥이 두 개로, 비비구멍을 통과한 긴 기둥의 끝도 둥글게 말아서 고정한다. 양쪽 모두를 고리 모양으로 고정시키기 때문에 춤을 출 때에도 부채가 쉽게 망가지지 않는다.

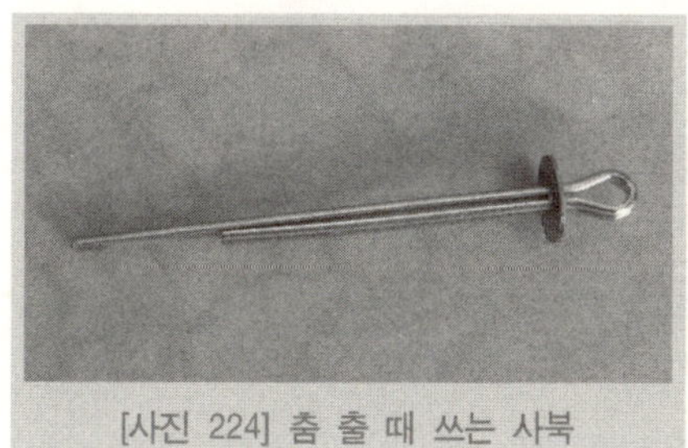

[사진 224] 춤 출 때 쓰는 사북

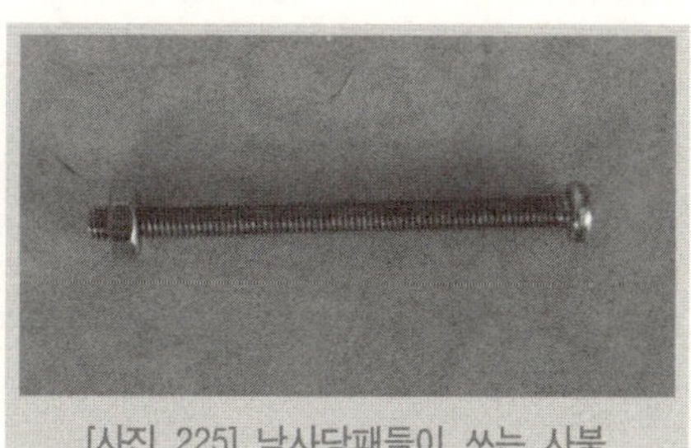

[사진 225] 남사당패들이 쓰는 사북

7) 남사당패들이 쓰는 (부채의) 사북

줄 타는 부채를 만들 때에 쓰는 사북이다. 쇠로 만들며, 볼트와 너트로 이루어져 있다. 어름이 줄 위에서 균형을 잡는 동작은 급하고 과격하므로, 이때 사용하는 부채는 튼튼해야 한다. 그래서 줄 타는 부채의 사북은 볼트와 너트로 만들어, 부챗살을 단단히 고정시킨다.

8) 합죽선에 박는 사북

합죽선을 만들 때에 쓰는 사북이다. 도금한 것으로, 고급 부채를 만들 때 사용한다.

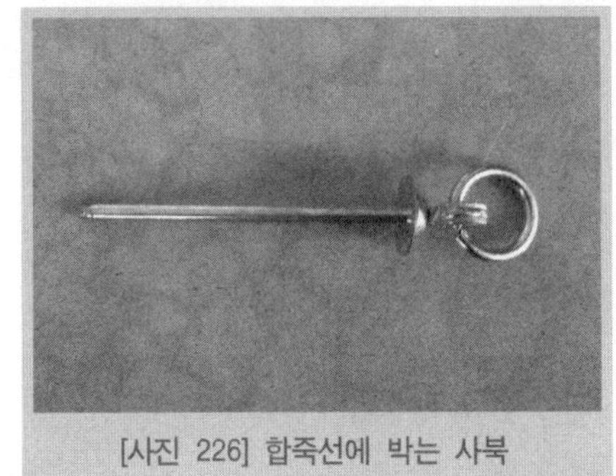

[사진 226] 합죽선에 박는 사북

2.2.5. 풀

부챗살에 종이를 바를 때에 쓰는 끈끈한 물질을 이른다. 멥쌀을 1주일간 물에 불려, 가루가 되도록 곱게 빻는다. 이것을 물과 혼합하여 끓이는데, 쌀가루와 물의 비율은 1:3이다. 이렇게 만든 자연풀이어야 부챗살에 종이가 잘 붙는다.

2.3. 구성

2.3.1. 선면

부채의 거죽을 이른다.(『표준국어대사전』) 부챗살이 보이지 않는 면이 앞이며, 부챗살이 보이는 면이 뒤다. 선면(扇面)은 "부채의 얼굴"이란 뜻의 한자어이다.

[사진 227] 선면과 선목

2.3.2. 선목(끝)

선면의 가장자리로, 제작 과정에서는 선목 대신 끝이란 말을 사용한다. 선목(扇目)은 "부채의 눈"이란 뜻의 한자어이다.

2.3.3. 부챗살

부채의 뼈대를 이루는 대오리를 이른다.(『표준국어대사전』) 부챗살은 종이를 바르는 속살과 바르지 않는 목살로 구분한다.

[사진 228] 부챗살

1) 속살

종이를 바르는 부챗살 부분을 이른다. 종이를 바르지 않는 목살에 비해 가늘다. 『표준국어대사전』에서는 속살을 "쥘부채의 겉살과 겉살 사이의 많은 살."로 설명하고 있으나, 제보자는 뜻을 더 세분화하여 속살과 목살로 구분한다.

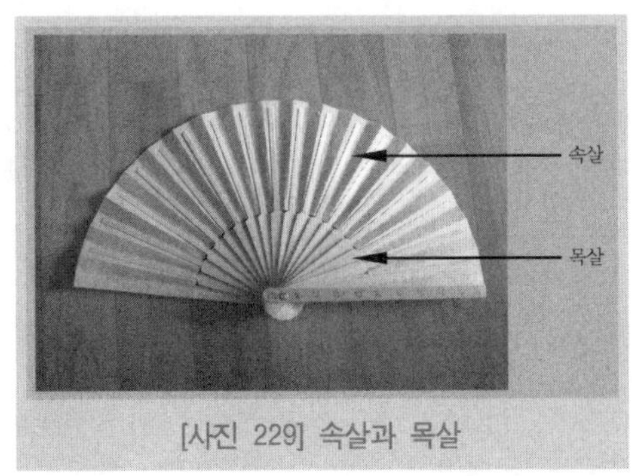

[사진 229] 속살과 목살

2) 목살

종이를 바르지 않는 부챗살 부분을 이른다. 종이를 바르는 속살에 비해 굵고, 아랫부분에는 사북을 박아 부챗살을 고정한다.

2.3.4. 머리

부채의 손잡이 부분을 이른다. 부채를 폈을 때 비둘기 꽁지처럼 펴지는 곳을 말하며, 임금님의 눈을 닮았다고 해서 '군안(君眼)'이라 부르기도 한다.

2.3.5. 변대

부챗살의 가장자리에 대는

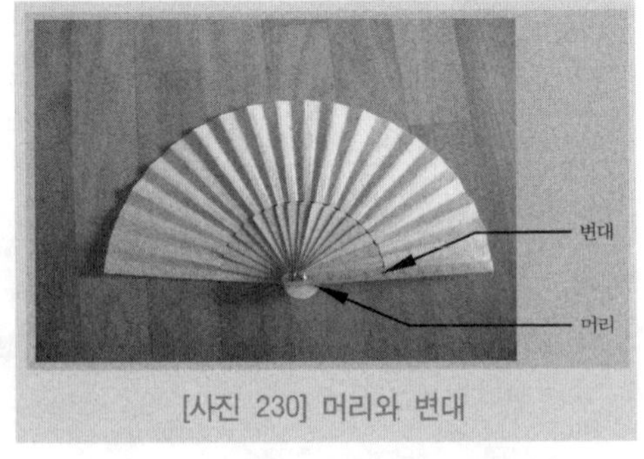

[사진 230] 머리와 변대

대나무 조각을 이른다. 부채의 길이와 같으며, 두께는 부챗살보다 훨씬 두껍다. 변대는 낙죽(대나무에 인두로 그림을 그리는 일)으로 장식한다. '변죽'이라 부르기도 한다.

2.3.6. 선추

사북의 고리에 매다는 장식용 매듭이다. 선추는 부채의 중심을 잡기 위해 매단다.(금복현, 『전통 부채』, 대원사, 1990)

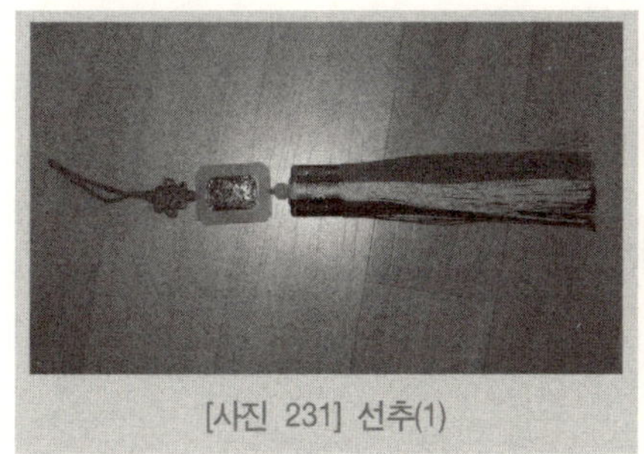

[사진 231] 선추(1)

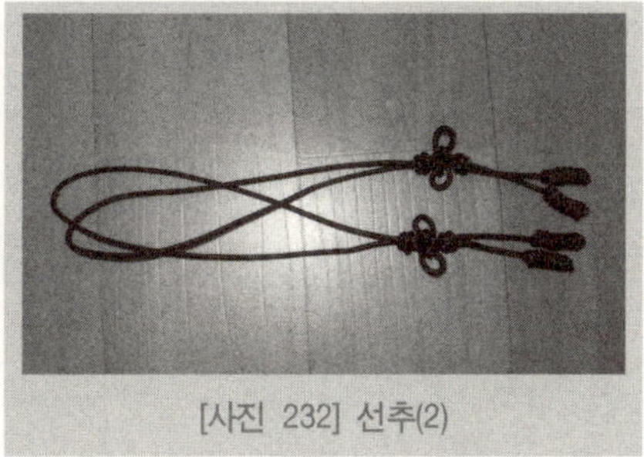

[사진 232] 선추(2)

2.3.7. 살

부챗살을 세는 단위이다. 50살 부채면 부챗살의 수는 50개이다. 제보자는 살로 부챗살을 세는데, 관련 서적에서는 '세(歲)'를 쓴다.

2.3.8. 첩

종이가 접히는 부분을 세는 단위이다. 종이가 접히는 부분은 부챗살의 두 배가 된다. 50살 부채는 100첩이 된다. 보통은 100첩 부채와 같이 첩의 수를 세지만, 제보자는 50살과 같이 살의 수를 센다.

2.3.9. 기장

부채의 길이로, 변대의 길이와 같다. 부채는 크기에 따라 소선·중선·대선으로 구분하는데, 소선의 길이는 24cm, 중선은 27cm, 대선은 30cm이다.

2.3.10. 자리

부채를 세는 단위로, 표준어는 자루이다.

2.4. 도구

2.4.1. 대톱

대를 써는 톱으로, 쓰임에 따라 모양이 다르다. 대톱(1)은 큰 대를 썰 때 사용하며, 100년 전의 것으로 현재 구할 수 없다. 대톱(2)은 가는 대를 썰 때 사용하며, 주문하면 제작자가 만들어 준다.

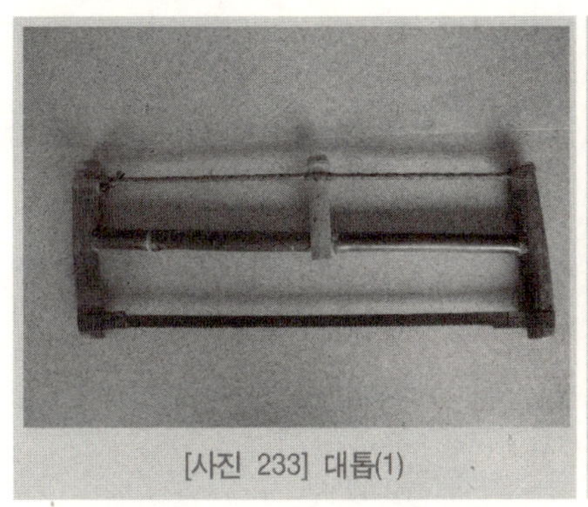

[사진 233] 대톱(1)

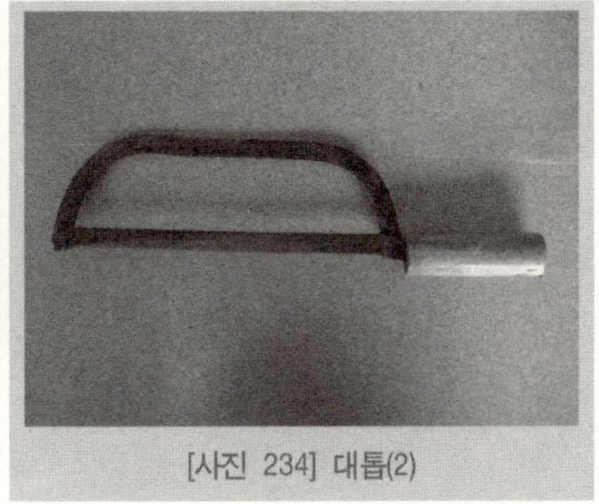

[사진 234] 대톱(2)

2.4.2. 자작칼

대통을 쪼갤 때에 쓰는 칼이다. 대통을 쪼개기 때문에 칼날이 두껍고, 칼끝이 날카롭지 않다.

2.4.3. 초지칼

초지를 뜨고, 깎을 때에 쓰는 칼이다.

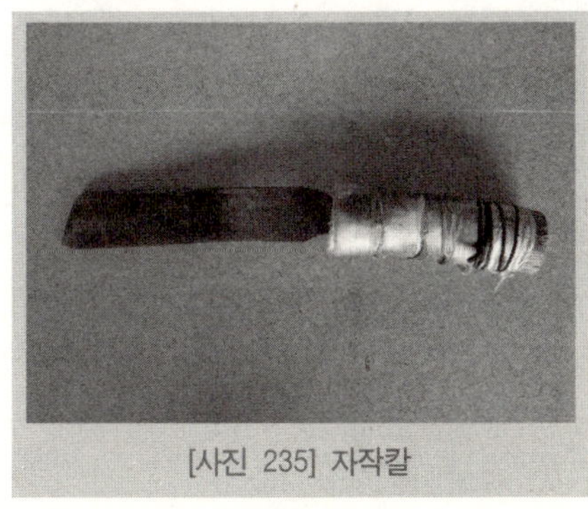

[사진 235] 자작칼

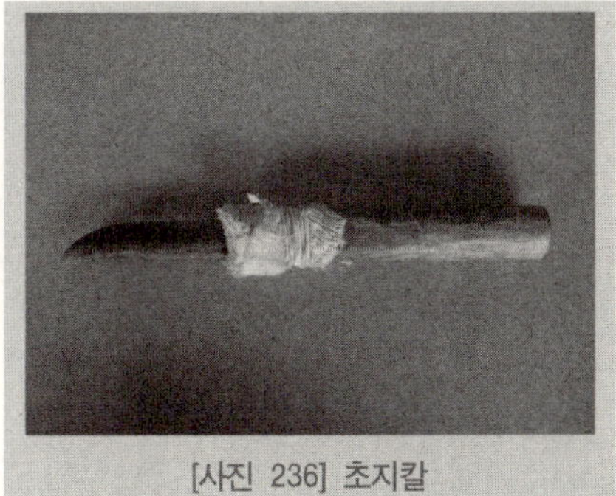

[사진 236] 초지칼

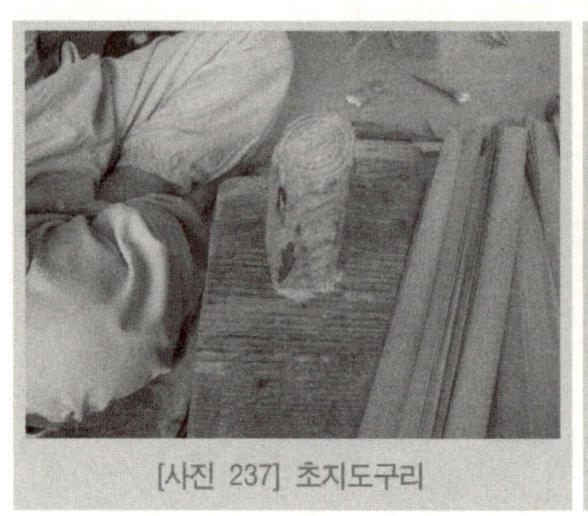

[사진 237] 초지도구리

[사진 238] 방목

2.4.4. 초지도구리

초지를 깎을 때에 쓰는 나무 받침이다. 쪼개 놓은 대를 초지도구리 위에 얹고, 초지칼로 깎는다. 초지도구리는 방목의 구멍에 끼워서 사용한다.

2.4.5. 방목

초지를 깎고, 비비구멍을 뚫고, 추리할 때에 쓰는 작업대이다. 가로 50cm, 세로 30cm정도의 직사각형의 상(床)이다. 양쪽에 사각형의 구멍이 있어, 작업하는 과정에 맞는 도구리(목살도구리, 앞나리도구리 등)를 끼울 수 있다. 한쪽 모서리에는 비비를 고정시키는 구멍이 뚫려 있다.

2.4.6. 비비

사북 박을 구멍을 뚫을 때에 쓰는 도구이다. 10㎝ 정도의 원형 막대로,

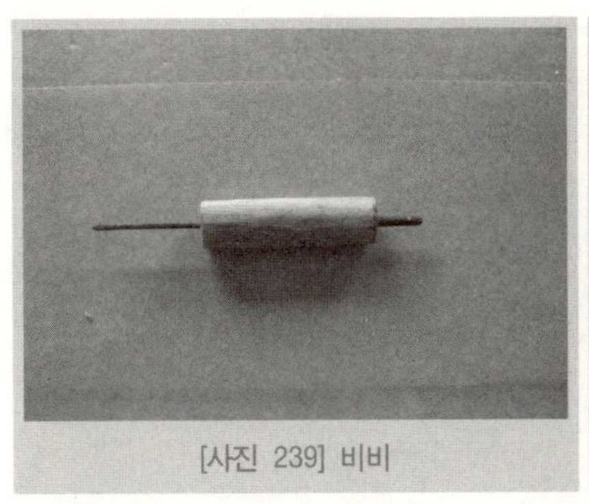

[사진 239] 비비

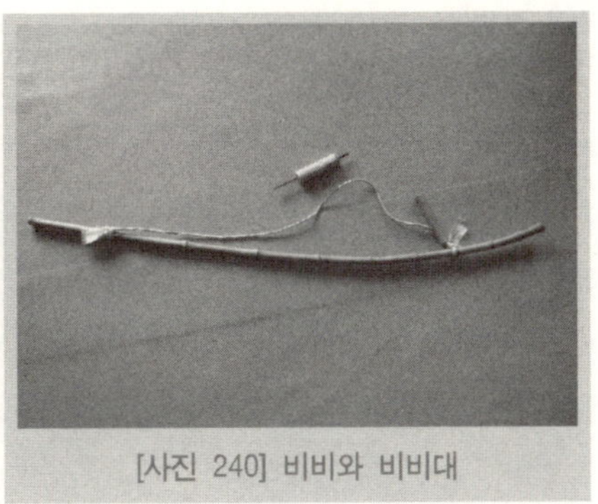

[사진 240] 비비와 비비대

양쪽에 못이 있다. 짧은 쪽 못은 방목의 구멍에 끼우고, 긴 쪽은 부챗살의
아랫 부분(사북 박을 부분)에 댄다. 그리고 나무 부분에 줄을 감아, 비비대를
당겼다 밀기를 반복하면, 부챗살에 구멍이 뚫린다.

2.4.7. 비비대[비비때]

비비를 고정시키고, 비비를 돌리는 도구이다. 비비와 비비대는 제보자
가 향토 무형문화재가 되면서 재현한 것이다. 요즘에는 전기 드릴을 이용
하여, 구멍을 뚫는다.

2.4.8. 중주칼

변대를 초지의 양쪽에 고정시키
기 위해 끈으로 묶을 때에 쓰는
칼이다.

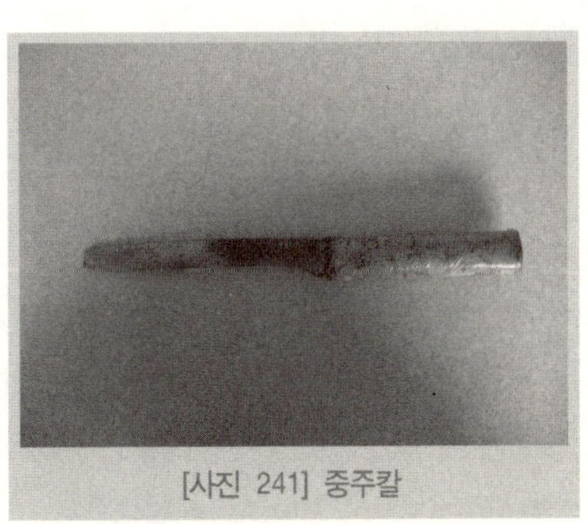

[사진 241] 중주칼

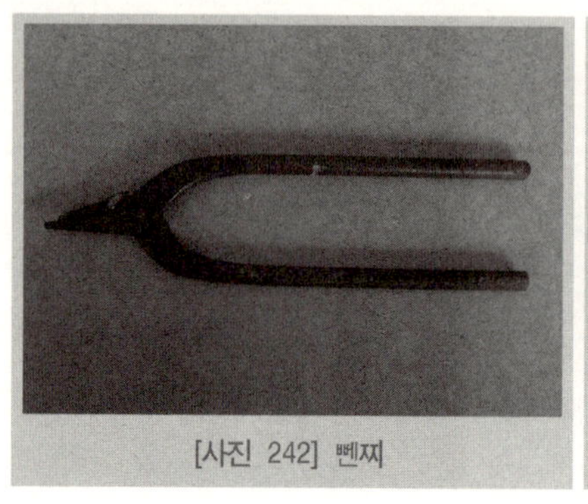
[사진 242] 뻰찌

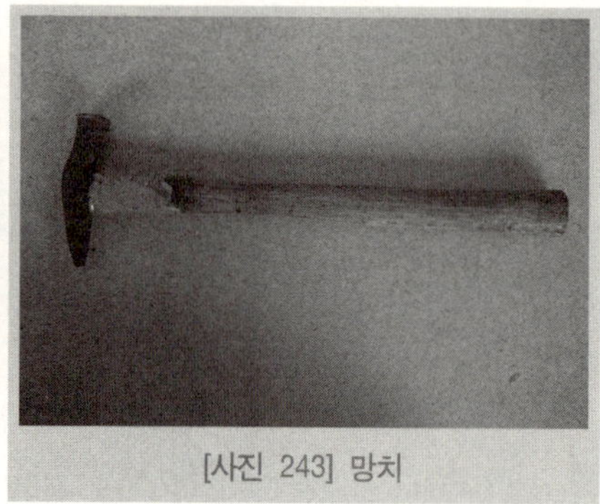
[사진 243] 망치

2.4.9. 사북연장

사북을 만들 때에 쓰는 연장을 통틀어 이른다.

1) 뻰찌

기둥의 한쪽을 동그랗게 말 때에 쓰는 도구이다. 기둥을 구부리기 때문에, 뻰찌의 안쪽이 우둘투둘하지 않고 매끄럽다. 펜치가 순화어이다.

2) 망치

사북을 박고, 기둥의 끝 부분을 두드릴 때에 쓰는 도구이다. 과거에는 사북칼로 박았으나 요즘에는 망치를 쓴다.

3) 망치받침대

망치로 사북을 박을 때 쓰는 쇠 받침대이다. 구멍 뚫린 부분에 기둥의 동그란 부분을 대고, 반대쪽을 망치로 두드린다.

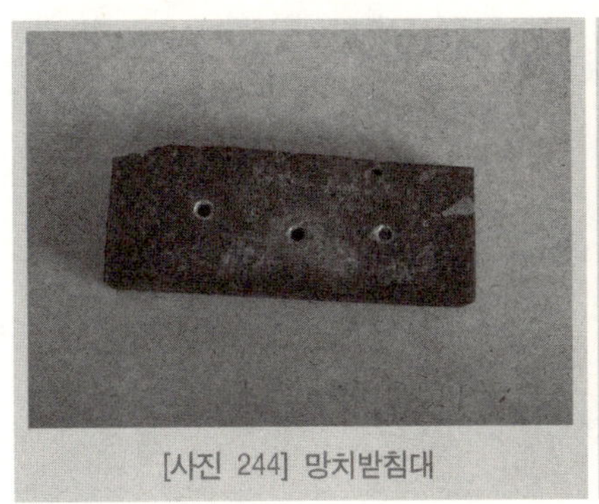

[사진 244] 망치받침대

[사진 244] 망치와 망치받침대

4) 사북칼

사북을 박을 때에 쓰는 칼로, 칼날이 톱니 모양으로 생겼다. 기둥의 끝

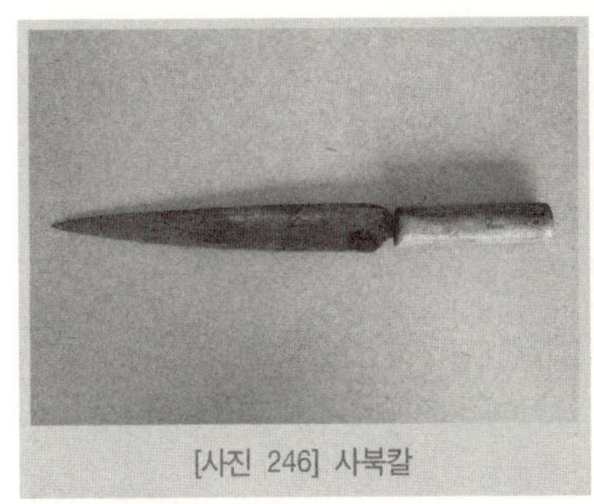

[사진 246] 사북칼

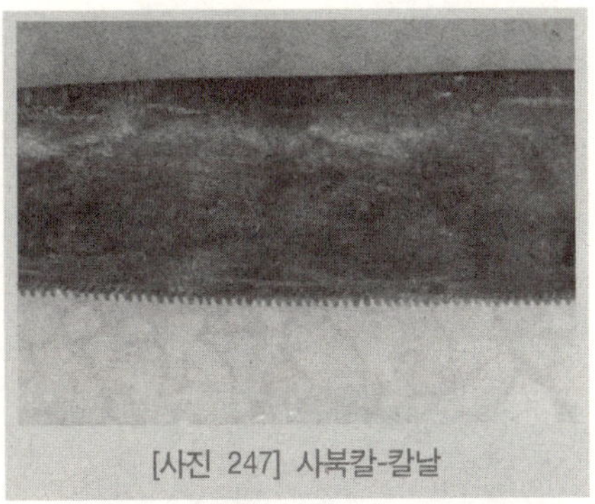

[사진 247] 사북칼-칼날

을 톱날로 갈아 사북을 고정시킨다. 요즘에는 망치로 대신한다.

5) 고리 감는 기구

고리를 감을 때에 쓰는 도구이다. 고리 감는 기구의 구멍에 철사를 고
정시키고, 기둥에 철사를 둘둘 만다. 용수철처럼 말아진 철사를 꺼내서 가

위로 하나씩 자르면 고리가 완성된다. 제보자가 직접 고안한 것이다.

2.4.10. 앞나리

앞내릴 때에 쓰는 칼이다. 변대를 훑을 때에는 앞나리도구리와 받침대를 함께 쓰며, 부챗살을 다듬을 때에는 앞받침을 사용한다. 칼의 모양이 반달이어서 '반달칼'이라 부르기도 한다.

2.4.11. 앞나리도구리

앞나리로 변대를 훑을 때에 쓰는 나무 받침이다. 변대를 도구리 위에 얹고, 앞나리를 당겨서 변대를 훑는다. 앞나리도구리도 방목의 구멍에 끼워서 사용한다.

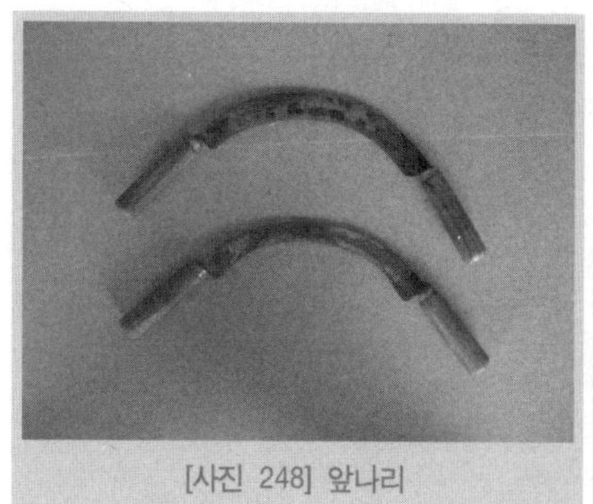

[사진 248] 앞나리

[사진 249] 앞나리도구리

[사진 250] 앞나릴 때 받침대

[사진 251] 앞나리도구리와 받침대

2.4.12. 앞나릴 때 받침대

앞나리도구리와 함께 쓰는 나무 받침대이다.

2.4.13. 앞받침

부챗살과 변대를 다듬을 때에 쓰는 대나무 통이다. 제작자의 배가 아프지 않도록, 배에 대는 천 뭉치와 함께 사용한다. 천 뭉치의 명칭은 없다.

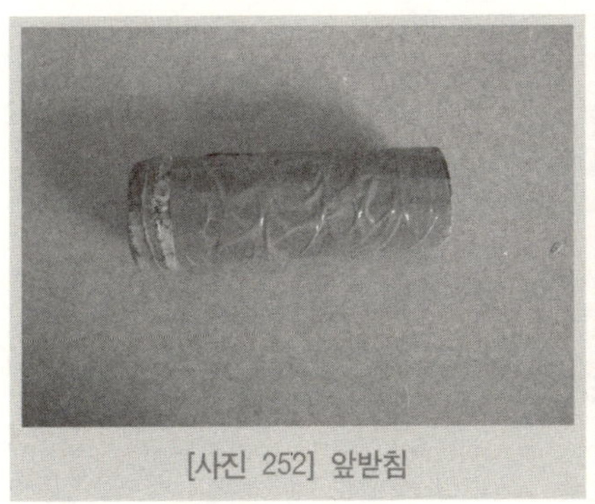

[사진 252] 앞받침

[사진 253] 앞받침과 천 뭉치

2.4.14. 머리죽이는칼

머리(손잡이 끝)를 둥글게 깎을 때에 사용하는 칼이다.

2.4.15. 구중(구:중)

머리를 매끄럽게 다듬는 도구이다. 반달 모양의 긴 쇠막대로, 표면에는 작은 마름모 무늬가 우둘투둘하게 있다. 구중의 평평한 부분으로 부채의 머리를 문지르면, 머리가 매끄럽게 된다.

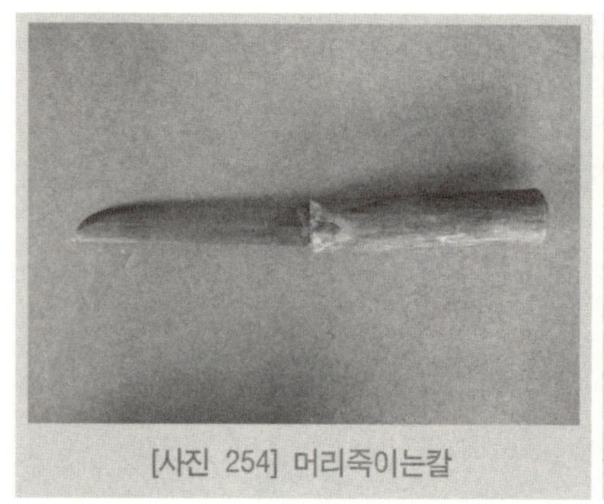

[사진 254] 머리죽이는칼

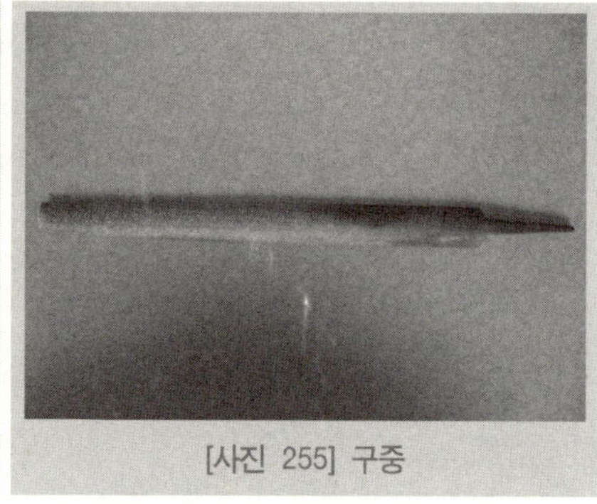

[사진 255] 구중

2.4.16. 목자

부챗살의 본이다. 부채마다 속살·목살의 길이가 다르기 때문에, 목자를 대고 부챗살의 모양을 그린다. 목자(1)은 특수한 용도의 부채를 만들 때에 사용하며, 목자(2)는 전통적인 소·중·대선을 제작할 때 사용한다.

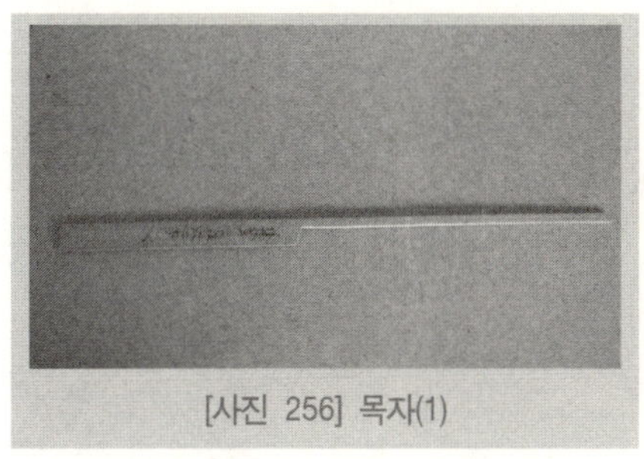

[사진 256] 목자(1)

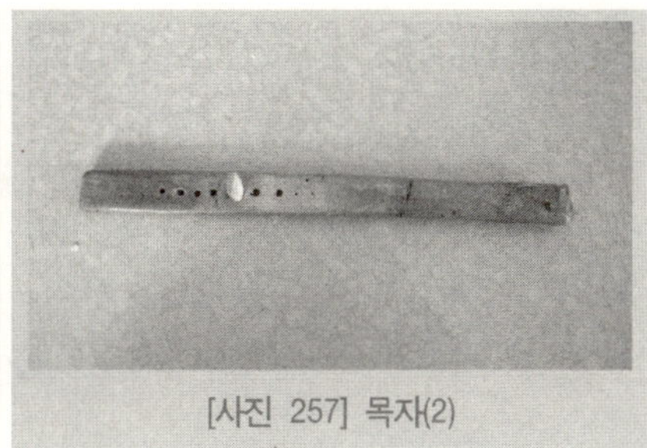

[사진 257] 목자(2)

2.4.17. 목살칼

목살지를 때에 쓰는 칼이다. 종이를 바르는 속살을 가늘게 만들 때에 사용한다.

2.4.18. 목살도구리

목살지를 때에 쓰는 나무 받침이다.

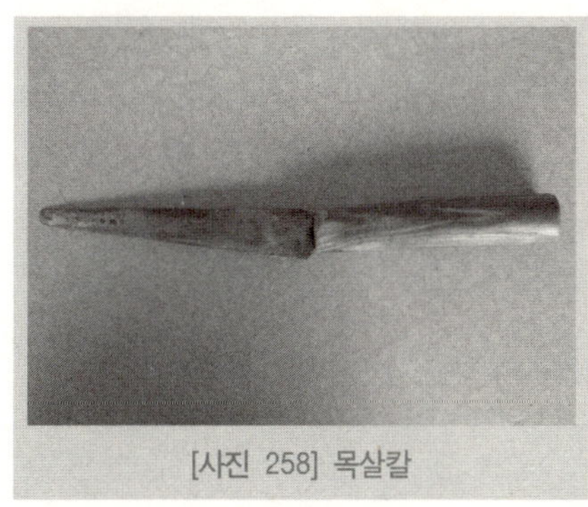

[사진 258] 목살칼

[사진 259] 목살도구리

[사진 260] 본지

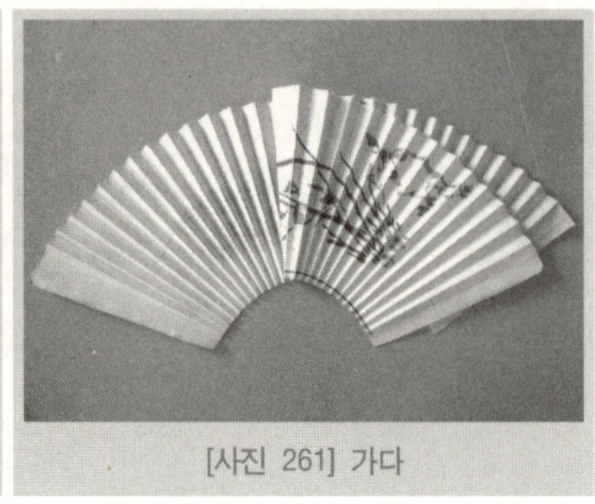

[사진 261] 가다

2.4.19. 본지[뽄지]

부채에 바를 종이를 재단할 때에 쓰는 본으로, 부채꼴 모양이다. 본지
는 부채의 종류와 크기에 따라 다르다.

2.4.20. 가다

잘라 놓은 종이를 접는 도구이다. 두 겹으로 되어 있으며, 두 겹 사이에
잘라 놓은 종이를 넣고 밀어서 접는다. 가다는 부채의 크기와 살 수에 따
라 다르다.

2.4.21. 디절칼

디절할 때에 쓰는 칼이다. 접어 놓은 종이를 되배판에 대고, 종이의 양
쪽 끝부분을 반듯하게 자를 때에 사용한다.

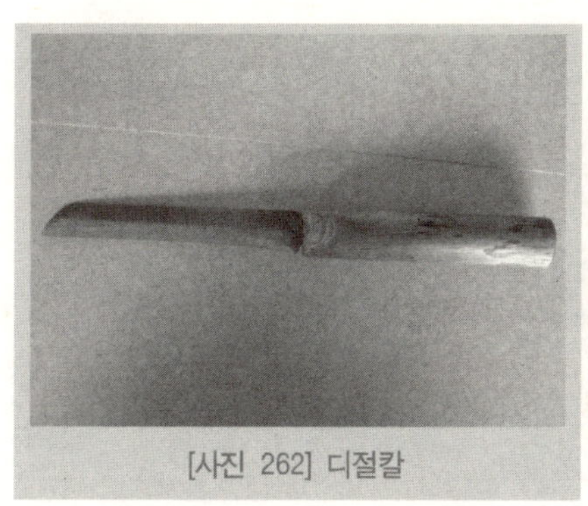

[사진 262] 디절칼

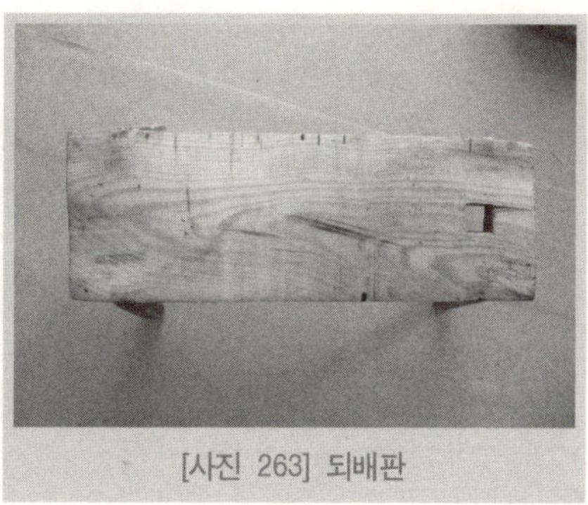

[사진 263] 되배판

2.4.22. 되배판[대배판]

되배할 때에 쓰는 작업대로, 방목과 비슷하게 생겼으나 크기가 작다. 되배판은 디절할 때에도 쓰는데, 그때는 '디절판'이라 부른다.

2.4.23. 전심칼

종이를 바르고 말린 후에, 변대를 지나서 남아 있는 종이 부분을 자르는 칼이다.

2.4.24. 변머리가위

변대의 양쪽 끝을 부채의 길이에 맞게 자를 때에 쓰는 가위이다. 제보자가 전지가위의 날을 갈아 개량한 것이다.

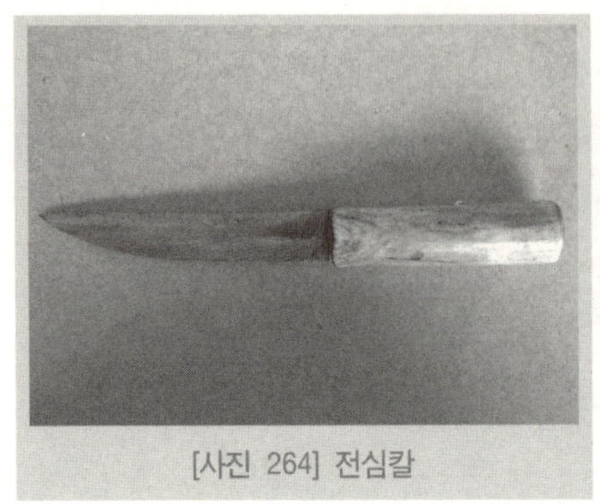

[사진 264] 전심칼

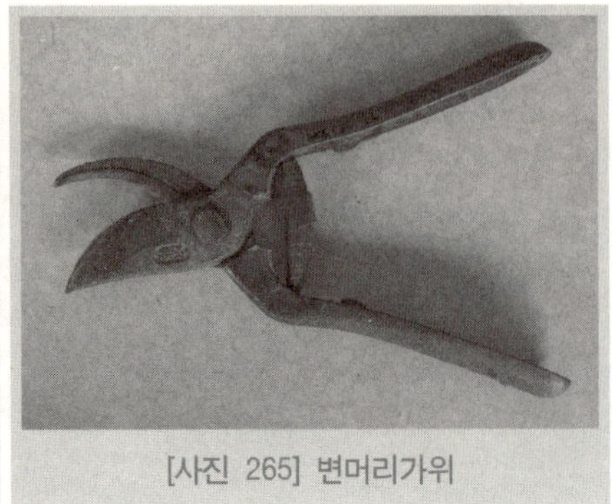

[사진 265] 변머리가위

2.4.25. 화반할 때에 쓰는 도구리[화반헐 때게 쓰는 도구리]

화반할 때에 쓰는 나무 받침이다. 속살 부분에 해당하는 변대를 깎을 때에 방목의 구멍에 끼워서 사용한다.

2.4.26. 다듬이칼

변대를 다듬을 때에 쓰는 칼이다.

[사진 266] 화반할 때에 쓰는 도구리

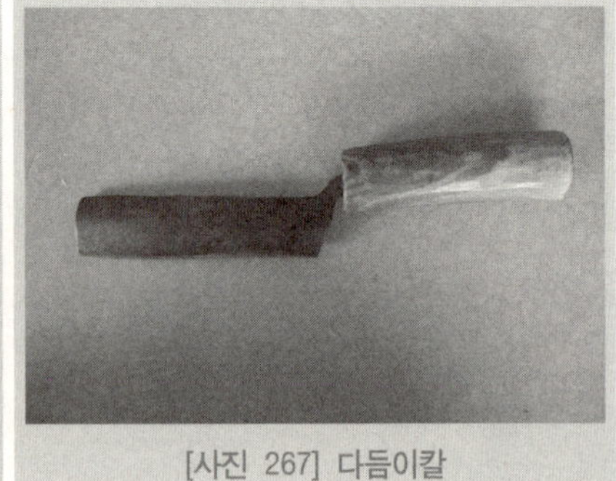

[사진 267] 다듬이칼

2.4.27. 디절판

되배판의 다른 명칭으로, 종이를 디절할 때는 디절판이라 부른다.

2.4.28. 풀침

풀을 바르는 나무 받침대이다.

2.4.29. 구중도구리[구:중도구리]

구중으로 머리를 다듬을 때에 쓰는 나무 받침이다. 방목의 구멍에 끼워서 사용한다.

[사진 268] 풀침

[사진 269] 구중도구리

2.4.30. 판화

종이에 그림을 찍는 도구이다. 일반 부채에는 산수화를, 무용선에는 꽃을, 무당선에는 부처나 탑 등을 찍는다.

[사진 270] 판화-산수화(앞)

[사진 271] 판화-산수화(뒤)

2.5. 행위

부채는 크게 5~6단계의 과정을 거쳐 제작되는데, 각각의 과정마다 장인이 따로 있다. 장인이 하는 일에 방(房)을 붙여 '초지방, 정년방, 사북방, 환방, 되배방'이라 부른다. 제보자가 어렸을 때만 해도 마을에 오방이 존재했다고 한다. 그러나 현재는 장인들이 없어, 부채를 제작하는 모든 과정을 제보자 혼자 하고 있다.

2.5.1. 초지방

부채를 만드는 첫 번째 과정의 집으로, 초지와 변대를 만든다. '2.5.1. 1) 대를 썰다(1)~2.5.1. 6) 초지말리다'는 초지를 만드는 과정이며, '2.5.1. 7) 대를 썰다(2)~2.5.1. 13) 꼭지변잡다'는 변대를 만드는 과정이다.

1) 대를 썰다(1)
대나무의 중통을 부챗살의 길이에 맞게 썬다. 썰어 놓은 대를 '대통'이

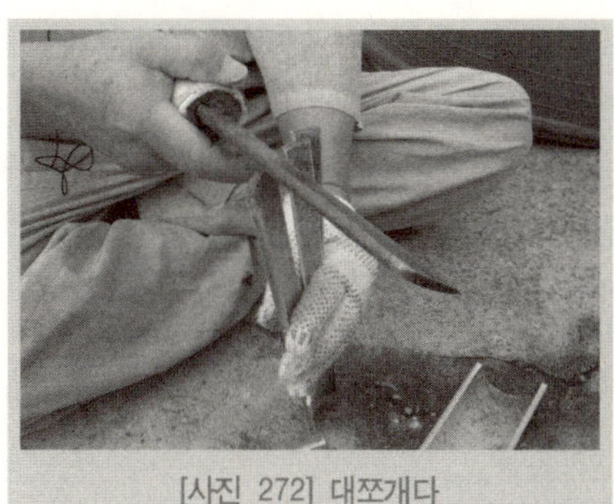
[사진 272] 대쪼개다

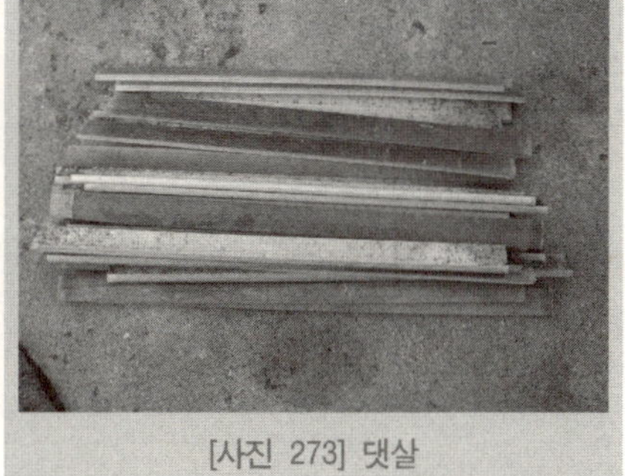
[사진 273] 댓살

라 한다.

2) 대쪼개다

대통을 2~3cm 너비의 댓살로 쪼개다. 부채의 종류에 따라 너비가 다르며, 대통 하나에 10조각씩 나온다. 이렇게 쪼개 놓은 댓조각을 '댓살'이라 한다.

3) 물에 담가 놓다[물에 담가 노타]

초지를 잘 뜨기 위해서, 댓살을 하루나 이틀 정도 물에 담그다. 그 이상 담그면 대에서 냄새가 난다.

4) 초지깎다

댓살의 껍질을 벗기고, 초지를 뜨고, 깎다. 세 과정을 통틀어 '초지깎다'라고 한다.

(1) (초지를) 뜨다

초지를 뜨다. 댓살에 1mm 두께로 칼집을 넣은 후, 벌어진 댓살을 입으로 잡아 당겨 뜬다. 겉대 쪽에서 처음으로 뜬 댓살을 '피죽'이라 하며, 다음 것을 '비금', 그 다음 것을 '내죽'이라 한다.

(2) (초지를) 깎다

입으로 뜬 초지를 깎다. 초지도구리 위에 초지를 올리고 초지칼로 깎는다. 종이를 바르는 부분은 바르지 않는 부분에 비해 절반 정도 얇게 깎는다. 그래야만 부채를 완성한 후에 종이를 바른 부분이 두껍지 않게 된다.

[사진 274] (초지를) 뜨다

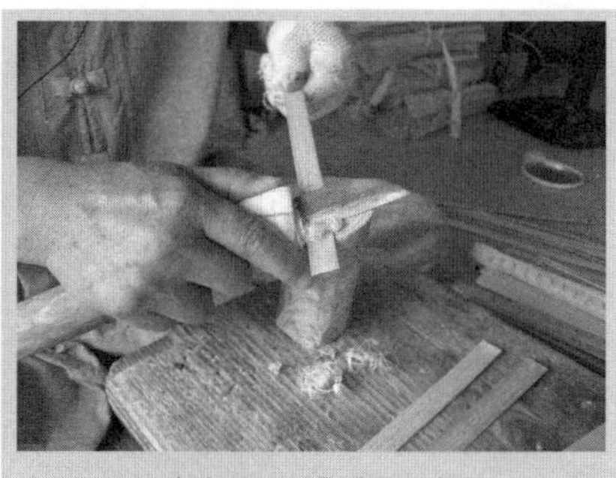

[사진 275] (초지를) 깎다

(3) 초지

피죽, 비금, 내죽을 이르며, 후에 부챗살이 된다.

5) 추리[추:리]

초지를 묶는 일이다. 깎아 놓은 초지를 되배판 위에 올리고, 좁은 것은 끝에 넓은 것은 가운데에 붙인다. 그리고 얇게 깎은 부분을 잡고, 끈으로 돌려 묶는다. 대개 소선은 25살, 중선은 27살, 대선은 30살인데, 여기에는 변대 두 개가 더해진 살 수이다. 따라서 초지를 추리할 때에는 소선은 23개, 중선은 25개, 대선은 28개씩 묶는다. 이때에 쓰는 되배판을 '추리한 판

[사진 276] 추리(1)

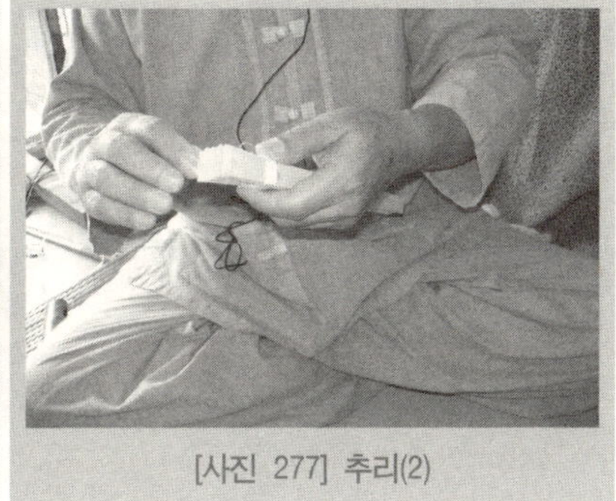

[사진 277] 추리(2)

때기'라 부른다.

6) 초지말리다

추리한 초지를 두 갈래로 나눠서, 줄에 걸어 양달에 10일 정도 말리다. 눈이나 비를 맞아도 상관없다.

(1) 오살

겨울에 눈이 올 때에 대를 떠서, 말려 놓은 초지를 이른다. 여름에는 댓살을 만들지 않는다. 여름 살은 좀이 슬고, 살이 물러서 부채를 만들어 놓아도 오그라지기 때문이다.

7) 대를 썰다(2)

대나무의 끝죽을 변대의 길이(30~40cm)에 맞게 썰다.

8) 땀빼다

썰어 놓은 대통을 양잿물에 삶다. 삶은 후에는 이물질을 제거하고, 깨끗하게 닦는다.

9) 변대바래다

　땀뺀 대통을 햇빛에 말리다. 밑에 까래목을 놓고, 햇빛에 2주일 정도 말린다. 1일 주일 정도 말린 후에는 대통을 뒤집어, 고르게 말린다. 햇빛이 닿지 않은 부분은 녹색이며, 햇빛에 바랜 부분은 누런색을 띤다.

10) 변대쪼개다

　대통을 변대의 너비인 2~3cm로 쪼개다.

11) 변훑다

　앞나리로 변대의 안쪽 부분을 훑다. 초지를 깎는 방법과 같이, 변대의 머리 부분은 두껍게 끝 부분은 얇게 훑는다. 변훑는 작업은 두 사람이 함께 하는데, 한 사람은 변대를 잡고 다른 사람은 변을 훑는다.

사진 278] 변훑다　　　　　　[사진 279] 낙죽그리다

12) 낙죽그리다

　변대의 겉쪽에 인두로 그림을 그리다. 예전에는 인두를 사용했으나, 요

[사진 280] 꼭지변잡다(1)

[사진 281] 꼭지변잡다(2)

즘에는 전기 인두를 사용한다. '낙죽지지다, 낙그리다'라고 말하기도 한다.

13) 꼭지변잡다

변대를 활처럼 휘게 만들다. 변대를 불 위에 올려 익힌 후에, 둥그렇게 휘어서 모양을 잡는다. 꼭지변을 잡지 않으면, 부채를 완성했을 때 부채 끝이 오므라지지 않고 벌어진다.

2.5.2. 정년방

부채를 만드는 두 번째 과정의 집으로, 부채의 몸통을 만든다.

1) 중주물다

초지와 변대를 합쳐서 끈으로 묶다. 초지와 변대를 입으로 물고, 끈을 돌려 감기 때문에 '물다'라고 한다. 옛날에는 짚으로 묶었으나 요즘에는 노끈을 사용한다.

[사진 282] 중주물다(1)

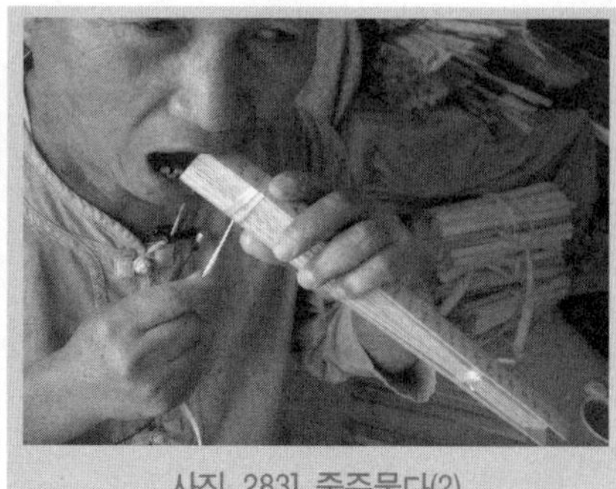

사진 283] 중주물다(2)

2) 비비구멍 뚫다

사북을 박기 위해 비비구멍을 뚫다. 비비를 써서, 부채의 손잡이 부분에 구멍을 뚫는다. 옛날에는 비비로 구멍을 뚫었으나 요즘에는 전기 드릴을 사용한다. 비비구멍은 중주문 후, 3일 이내에 뚫어야 한다. 3일 이상 지나면 끈이 느슨해져서, 구멍 뚫기가 어렵다. 제보자는 중주문 직후에 구멍을 뚫는다.

비비구멍을 뚫은 후, 부채의 몸통은 사북방으로 보내진다. 그곳에서 사북을 박아 다시 정년방으로 가져온다.

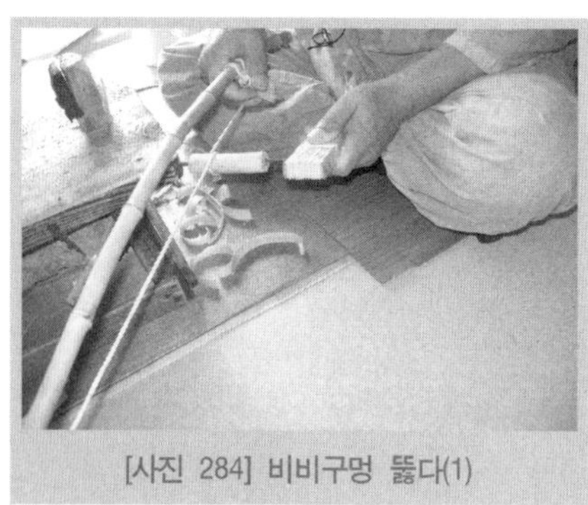

[사진 284] 비비구멍 뚫다(1)

[사진 285] 비비구멍 뚫다(2)

3) 앞내리다

부채의 아랫부분(머리에서 목살)을 앞나리로 매끄럽게 다듬다. 머리는 넓게, 목살은 더 얇게 다듬는다. 앞내릴 때에는 사북을 기준점으로 삼아야 한다. 사북을 가운데로 해서, 양쪽 변대의 넓이가 같아야 하기 때문이다.

4) 머리죽이다

부채의 머리를 둥글게 깎다. 머리 죽이는 칼로 부채의 머리를 둥글게 깎는다. 주문자의 요구에 따라 다른 모양으로 깎기도 한다.

[사진 286] 앞내리다

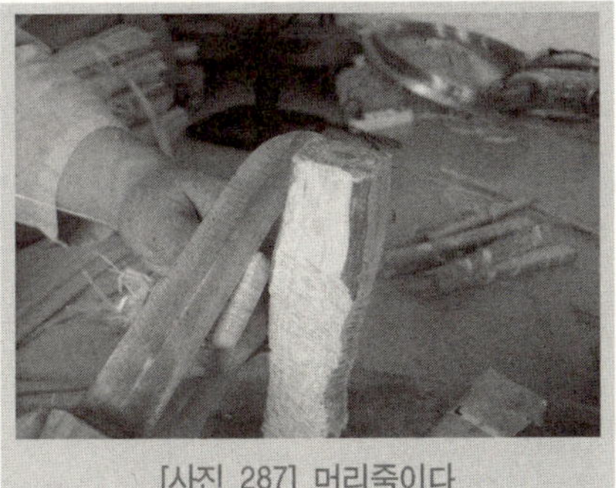

[사진 287] 머리죽이다

5) 구중질[구:중질]

머리죽인 부분을 구중으로 다듬는 일이다.

6) 사포질

구중질한 머리를 사포로 문질러 다듬는 일이다.

[사진 288] 구중질

[사진 289] 사포질

7) 목자그리다

부챗살에 목자를 대고, 목살과 속살의 모양을 그리다.

8) 목살뜨다

목살(목살과 속살을 통칭함)을 썰고, 뜨고, 다듬다. 세 과정을 통틀어 '목살뜨다'라고 한다.

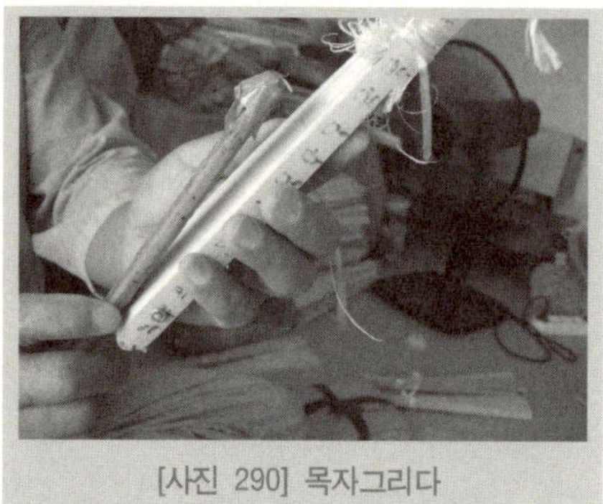

[사진 290] 목자그리다

(1) (목살) 썰다

쓸모없는 속살 부분을 톱으로 썰다. 2cm인 부챗살 중에서, 속살의 너비인 5mm만 남기고, 나머지 부분은 톱으로 썬다.

(2) (목살) 뜨다

썰어 놓은 속살을 목살칼로 뜨다.

[사진 291] (목살) 썰다

[사진 292] (목살) 뜨다

(3) (목살) 다듬다

목살과 속살의 경계를 깨끗하게 다듬다.

9) 변목지르다

변대의 모양을 반듯하게 깎다. 목살을 뜬 후에, 목살칼로 변대의 양 변을 반듯하게 다듬는다.

[사진 293] (목살) 다듬다

[사진 294] 변목지르다

10) 화반내리다

속살에 해당하는 변대를 좁게 깎다. 속살은 목살에 비해 얇다. 변대도 그에 맞춰, 속살에 해당하는 변대 부분을 1mm 정도 얇게 깎는다. 화반은 앞나리로 내린다.

11) 모서리긁다

변대의 양 변을 긁다. 화반내린 변대의 양 모서리를 다듬이칼로 긁어서 다듬는다.

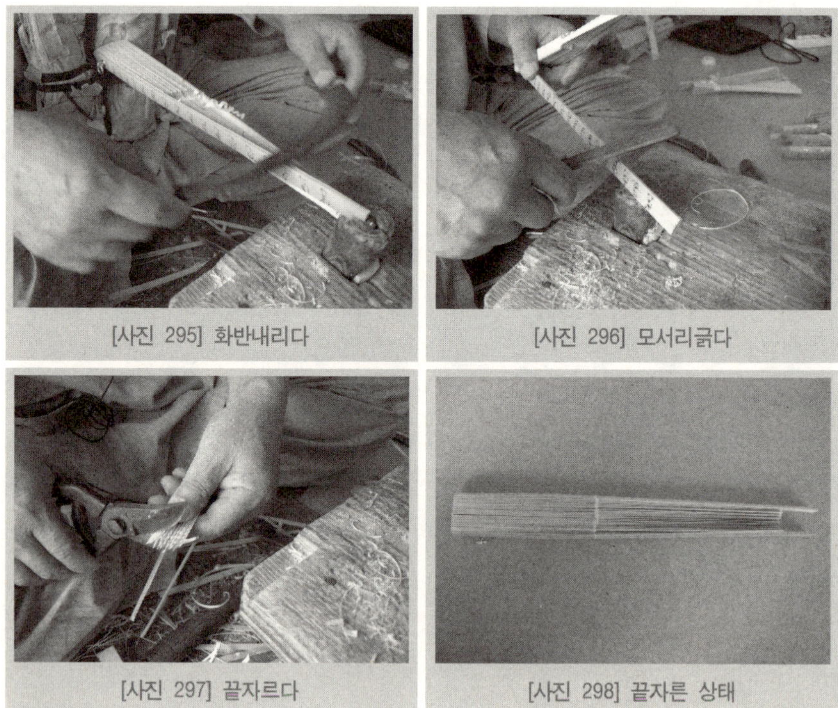

[사진 295] 화반내리다

[사진 296] 모서리긁다

[사진 297] 끝자르다

[사진 298] 끝자른 상태

12) 끝자르다

속살의 끝 부분을 가지런하게 자르다.

13) 변잡다

변대 끝을 활처럼 휘게 만들다. 끝을 자른 부채를 불 위에 올려놓고, 변대가 익으면 활처럼 휜다. 변을 잡아야, 부채를 완성한 후에 끝이 안으로 모아진다. 이때 불 위에 놓아 둔 변대가 말랑말랑 해진 상태를 '익는다'라고 말한다.

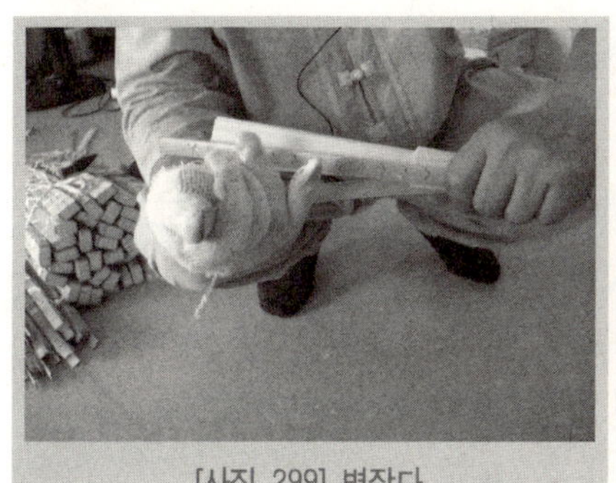
[사진 299] 변잡다

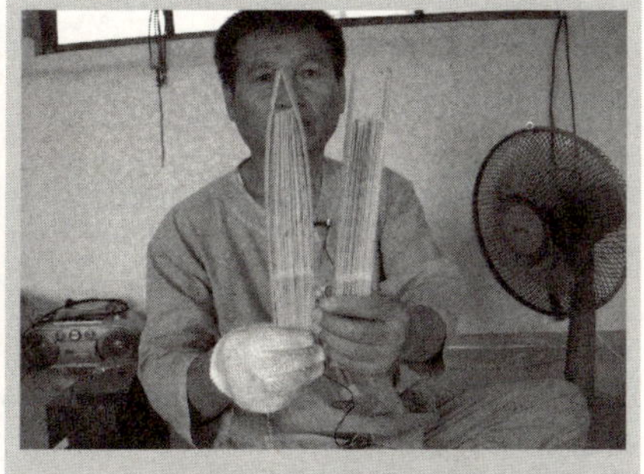
[사진 300] 변잡은 상태

14) 목을 파다

목을 둥글게 파다. 부채를 모양내는 방법으로 손잡이 부분의 변대와 목살에 구중(둥근 부분)을 문지르면, 그 부분이 닳으면서 둥근 모양으로 파인다.

2.5.3. 사북방

부채를 만드는 세 번째 과정의 집으로, 기둥·고리·따까래를 만들고,

부채 몸통에 사북을 박는다.

1) 기둥만들다

부채 머리에 끼울 사북의 기둥을 만들다. 철사를 일정한 길이로 자르고, 철사의 한 쪽 끝을 뻰찌로 둥글게 만다. 기둥의 길이와 굵기는 부채의 크기에 따라 다르다.

2) 고리만들다

사북 기둥에 끼울 고리를 만들다. 철사 끝을 고리 감는 기구의 한 면에 고정시키고, 원통을 따라 철사를 감는다. 용수철 모양으로 감긴 것을 기구

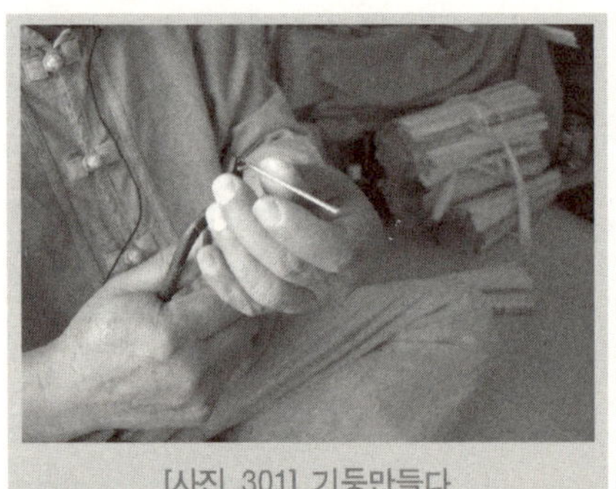

[사진 301] 기둥만들다

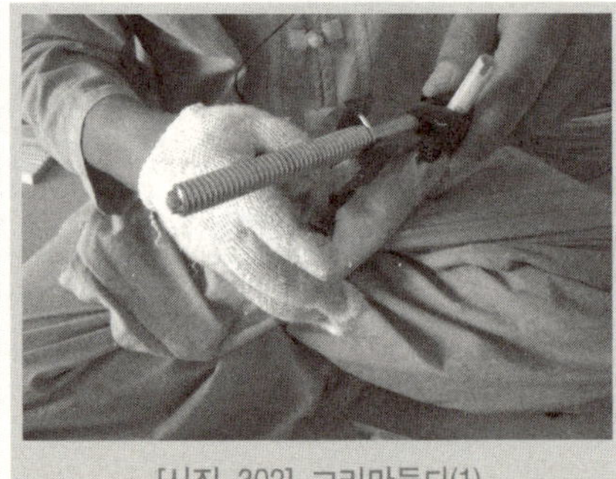

[사진 302] 고리만들다(1)

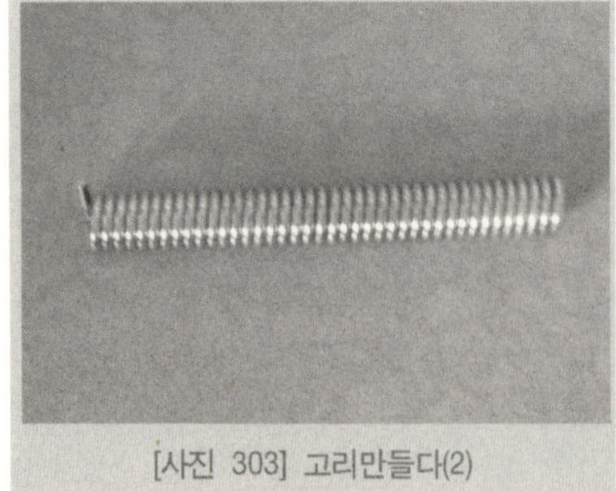

[사진 303] 고리만들다(2)

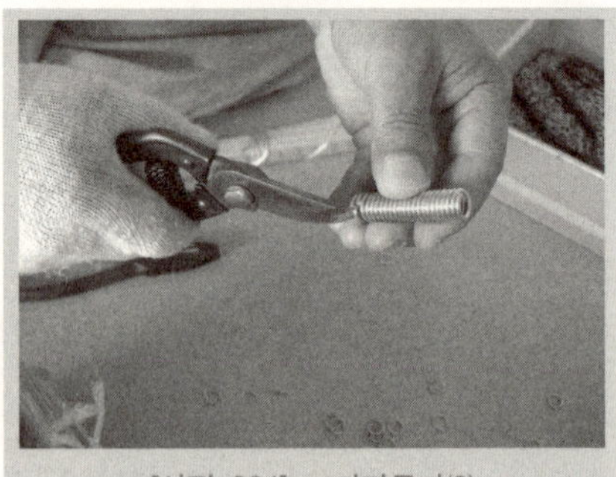

[사진 304] 고리만들다(3)

에서 떼어 낸 후, 원형으로 말린 부분을 가위로 하나씩 자른다. 그러면 낱
개의 고리가 완성된다.

3) 따까래뜨다

따까래를 만들다. 따까래 뜨는 기계 위에 양철을 올리고 기계를 누르면,
양철이 따까래 모양으로 눌리면서 따까래가 완성된다. 기계를 한 번 누르
면, 따까래가 50개씩 만들어진다.

4) 사북박다

사북을 박다. 둥그렇게 말린 기둥에 따까래를 끼우고, 그것을 비비구멍
에 끼운다. 그 위에 다시 따까래를 끼우고, 기둥의 남은 철사를 끊어 낸다.
그리고 기둥의 끝 부분을 망치로 두드려서 고정시킨다. 사북을 박은 후에,
기둥의 둥근 부분에 고리를 끼운다.

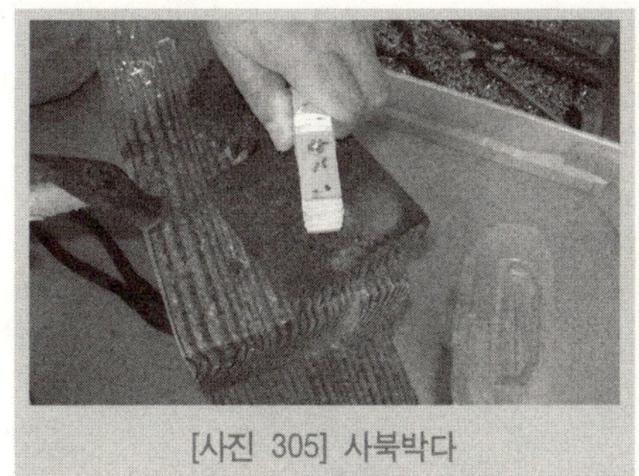

[사진 305] 사북박다

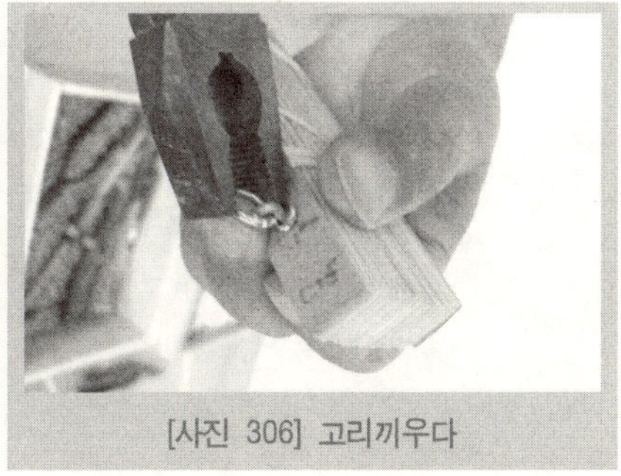

[사진 306] 고리끼우다

2.5.4. 환방

부채를 만드는 네 번째 과정의 집으로, 종이를 뜨고, 접고, 그림을 그리
고, 판을 찍는다.

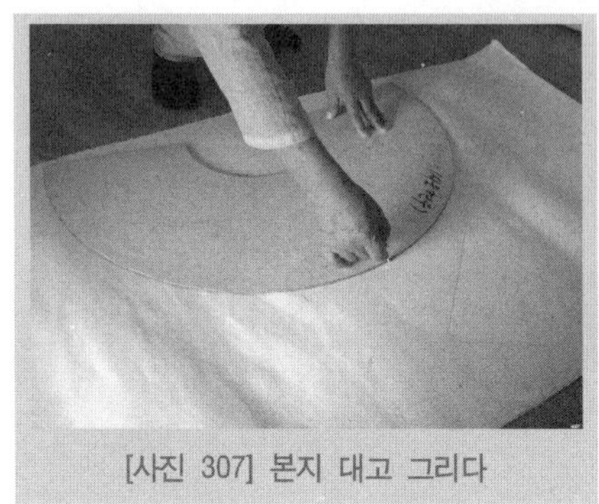

[사진 307] 본지 대고 그리다

[사진 308] 원장종이

1) 본지 대고 그리다[뽄지 대고 기리다]

본지를 '원장종이'에 대고 그린다. 아무 것도 그리지 않은 원래의 종이를 원장종이라 한다.

2) 종이뜨다

원장종이에 그린 본을 가위로 오리다. 열장씩 묶어 놓고, 한 번에 오린다. 그래야 장수(張數)를 파악하기 쉽다.

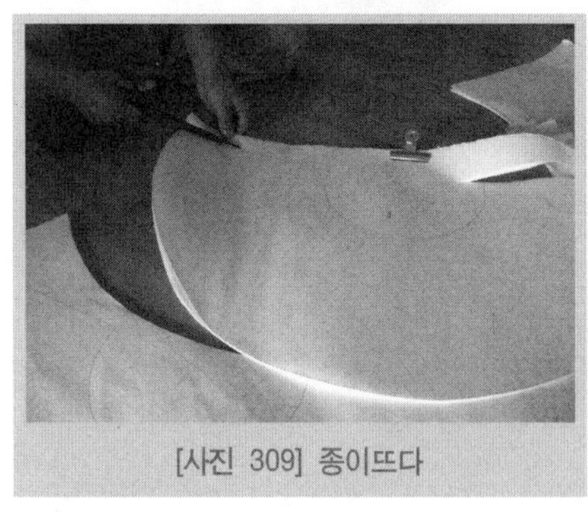

[사진 309] 종이뜨다

[사진 310] 떠 놓은 종이

3) 종이접다

대간 치고, 종이를 밀고, 뽑다. 세 과정을 통틀어 '종이접다'라고 한다.

(1) 대간치다

종이를 절반으로 접다. 전심(변대를 지나서 남아 있는 종이 부분) 폭 만큼을 제외하고, 종이를 절반으로 접는다.

(2) (종이) 밀다

대간친 부분을 가다의 중앙에 넣고, 종이를 가다에 맞춰서 밀다.

(3) (종이) 뽑다

가다에서 꺼 낸 종이를 굽이 서게 접다.

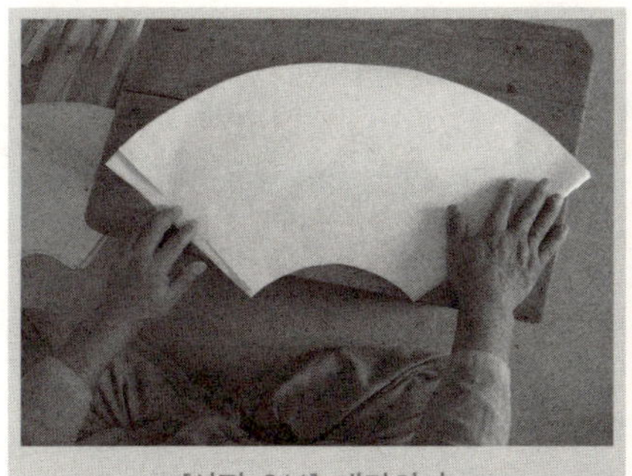

[사진 311] 대간치다

[사진 312] (종이) 밀다-가다에 종이 넣기

[사진 313] (종이) 밀다

[사진 314] (종이) 뽑다

(4) 굽이 서다[굽이 스다]

종이를 접은 부분이 날카롭다. 종이를 접은 부분을 굽이라 하고, 이것이 날카롭게 되어 있는 상태를 '굽이 서다'라고 한다. '올이 서다'라고 말하기도 한다.

4) 디절하다[디절허다]

접은 종이의 끝 부분을 반듯하게 자르다. 접은 종이를 디절판 위에 놓고, 디절칼로 종이 끝을 반듯하게 자른다.

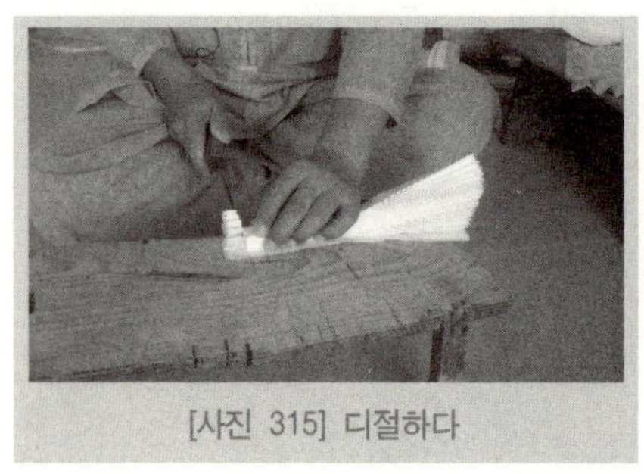

[사진 315] 디절하다

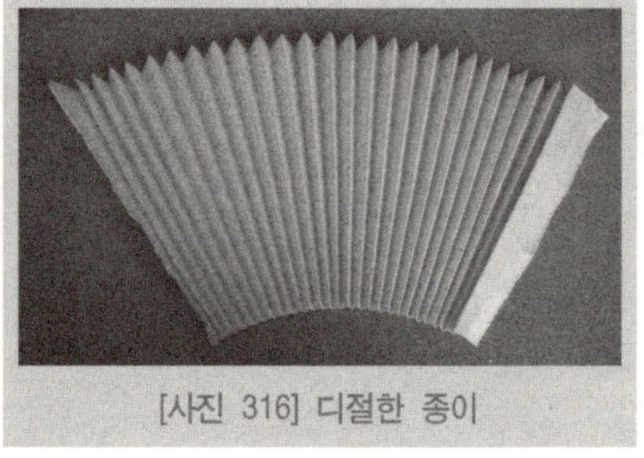

[사진 316] 디절한 종이

2.5.5. 되배방[대배뺑]

부채를 만드는 다섯 번째 과정의 집으로, 종이를 부챗살에 바른다.

1) 되배하다[대배허다]

풀을 깔고, 치고, 종이를 바르다. 세 과정을 통틀어 '되배하다'라고 한다.

(1) 풀깔다

풀침에 풀을 바르다.

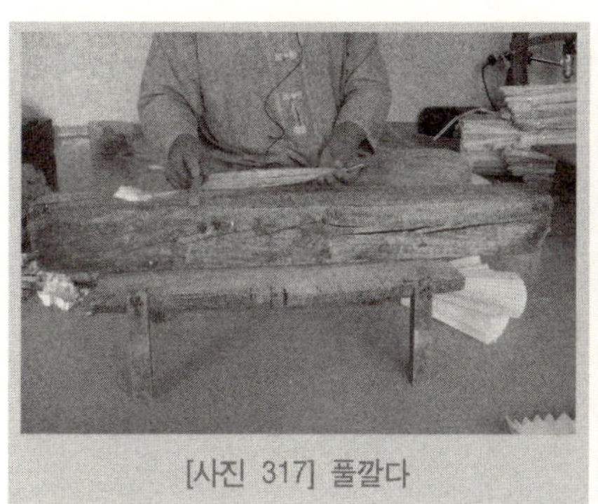

[사진 317] 풀깔다

[사진 318] 풀치다

(2) 풀치다

부챗살에 풀을 묻히다. 풀을 바른 풀침에 부챗살을 쳐서, 부챗살에 풀을 묻힌다.

(3) (종이) 바르다

부챗살에 종이를 바르다.

2) 전심새리다

전심칼로 전심을 자르다. 전심이란 종이를 부채에 바른 후에, 변대를 지나서 남아 있는 종이 부분을 말한다.

[사진 319] (종이) 바르다

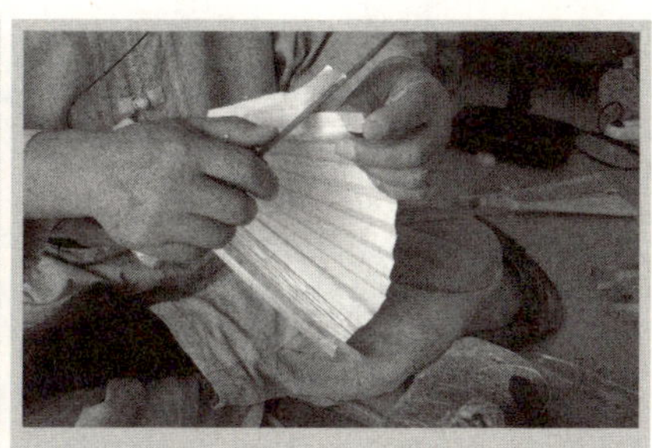

[사진 320] 전심새리다

[사진 321] 변머리하다

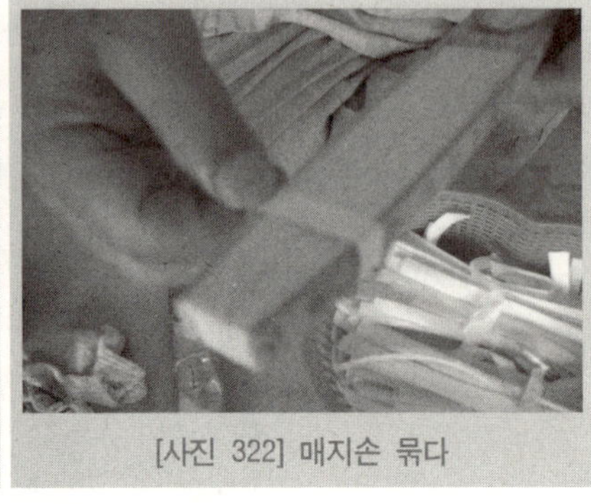

[사진 322] 매지손 묶다

3) 변머리하다

변대의 끝을 부채의 길이에 맞춰서 자르다.

4) 매지손 묶다

매지손을 부채의 끝 부분에 묶다. 매지손이란 한지를 잘라서 만든 끈으로, 부채의 끝이 벌어지지 않게 고정시키는 역할을 한다.

2.5.6. 물들이다

부챗살을 염색하다. 검정색 물감을 물에 풀어서 부챗살을 넣고, 한 시간 정도 끓인다. 끓인 후에 부챗살을 씻어서 말린다.

2.5.7. 들기름먹이다

종이에 들기름을 먹이다. 들기름과 등유를 4:6으로 섞어서, 부채(접은 상태) 끝에 기름을 찍어서 세워 놓는다. 등유가 촉매제가 되어, 기름이 종이 끝을 타고 내려간다. 기름먹인 부채(편 상태)를 한 나절 말리면, 등유는 모두 증발하고 기름만 남는다. 기름먹인 부채를 바람이 통하지 않게 밀봉하여 두면, 종이가 노랗게 변한다. 종이에 기름을 먹이면, 종이가 질겨질 뿐만 아니라 물에도 잘 젖지 않는다.

2.6. 제작품

부채는 크기에 따라 대선·중선·소선으로 나누며, 쓰임새에 따라 무용선·무당선·줄 타는 부채·대륜선·장식용 부채로, 공법에 따라 유지선·꿰지부채로, 선면의 그림에 따라 접선 태극선·흑선·백선 등으로 구분한다.

2.6.1. 크기

1) 소선

전통적인 부채 중에서 가장 작은 크기의 부채이다. 전통적인 부채는 크기에 따라 대·중·소로 나누는데, 그 중에서 가장 작은 부채를 말한다. 소선의 길이는 24cm이다.

2) 중선

전통적인 부채 중에서 가운데 크기의 부채로, 길이는 27cm이다.

[사진 323] 소선

[사진 324] 중선

[사진 325] 대선

[사진 326] 대선, 중선, 소선

3) 대선

전통적인 부채 중에서 가장 큰 크기의 부채로, 길이는 30cm이다.

2.6.2. 쓰임새

1) 무용선

전문 무용수들이 춤을 출 때에 사용하는 부채이다.

[사진 327] 무용선(1)

[사진 328] 무용선(2)

[사진 329] 무당선(1)

[사진 330] 무당선(2)

2) 무당선

무당이 굿을 할 때에 사용하는 부채이다.

3) 줄 타는 부채

남사당패의 어름(줄 타는 묘기를 부리는 사람)이 줄을 탈 때, 균형을 잡기 위해 사용하는 부채이다. 어름이 균형을 잡기 위해서는 동작이 격해진다. 그래서 부채에 공단을 바르고, 사북도 볼트와 너트로 해서 고정시킨다.

[사진 331] 줄 타는 부채

[사진 332] 대륜선

[사진 333] 장식용 부채

[사진 334] 중선과 장식용 부채

4) 대륜선[대:륜선]

햇빛을 가리는 데에 사용하는 부채이다. 대륜선은 햇빛을 가릴 목적으로 만들어졌기 때문에 부채가 360도로 펴진다.

5) 장식용 부채

장식을 목적으로 만든 부채이다. 부채 길이가 48cm로 가장 크며, 선면에 그리는 그림도 화려하다.

[사진 335] 유지선

[사진 336] 뀌지부채

2.6.3. 공법

1) 유지선

종이에 기름을 먹인 부채로, 종이가 노랗고, 물에 젖어도 잘 찢어지지 않는다.

2) 뀌지부채

일본에서 제작한 부채로, 살수가 10개 이내이며, 살대가 가늘다. 일본산 부채는 대부분 손 놀잇감용이다. 곧 바람을 일으키는 목적이 아니라 손 놀이를 위해서 쓴다. 그리고 부챗살을 중심으로 양쪽에 종이를 바르기 때문에, 살대가 보이지 않는 것이 특징이다. 사진의 부채에는 기보(棋譜)가 적혀 있다.

2.6.4. 선면의 그림

1) 접선 태극선

태극 문양을 그린 쥘부채이다.

2) 흑선

부챗살과 종이가 검은색인 부채
이다.

[사진 337] 접선 태극선

3) 백선

선면에 그림을 그리지 않거나 글씨를 쓰지 않은 부채이다.

[사진 338] 흑선

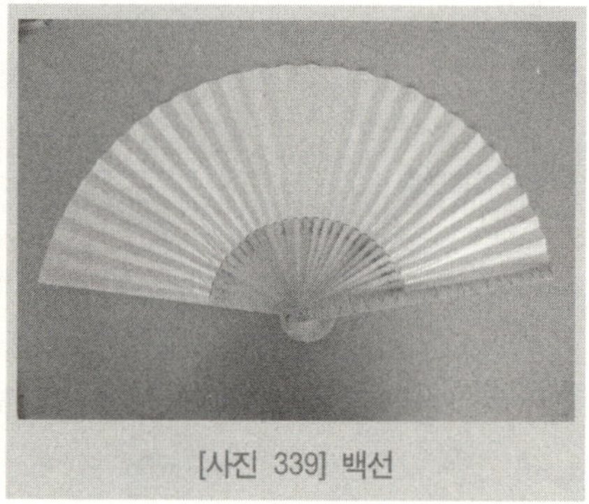

[사진 339] 백선

제6장 채상장의 말

1. 세상에 다시 나타난 채상

1.1. 채상장 전시관

문 여기는 채상장 전시관인데, 무엇을 하는 곳입니까?

답 요거이{이것이} 인자{이제} 내 개인 것이 아닙니다. 이건 인자{이제} 작
년 4월 22일날 개관을 했습니다. 이건 약 4년 전에 문화청에다가 신청을
했어요. 그래서 문화청에서 4년 전에 2억이 나왔습니다. 이렇게 전시관
을 지어라. 근디{그런데} 고놈 단독으로만 지은 것이 아니라, 문화청에
서 허는 소리는 담양군을 말하자면 100% 합해서 전시관을 지어라 이렇
게 명령을 내린 거입니다. 그래서 군에 예산이 없으니까, 4년을, 작년에
사 이것이 완공이 되었습니다. 3년만에 완공이 되었어요 이것이 대지가
한 100여 평 된디{되는데}, 건평은 이거이 두 동입니다. 전시관 요것이
30평, 살림집이 있습니다. 살림집이 20평, 하배서{합해서} 50평이여요

채상장 전시관이여 이게.

문 어르신 사시던 곳은 어디입니까?

답 담양읍 양강리입니다. 319번지. 그냥 319번지로 해 노세요{놓으세요}.

문 어디에서 태어나셨습니까?

답 담양읍 만성리 2구, 번지가 119번지여. 본적.

문 만성리 2구면 여기 근처겠네요?

답 얼마 안 됩니다. 이웃 마을입니다.

문 만성리 2구는 채상을 만드는 사람들이 많습니까?

답 아니요. 채상이란 것은 만드는 사람들이 없습니다. 옛날부터 없습니다. 섬세허기 때문에 어려우니까, 말하자면 판로(販路) 문제도, 말하자면 다른 물건과 틀려서 이것이 기냥{그냥} 하루에 하나 만든다든지 두 벌 만든다든지 그런 것이 아니거든요. 판로도 갑시가{값이} 높을 것 아닙니까? 그러고 또 사용처도, 물론 고급으로 만드니까 서민층에서는 갑시가{값이} 높으니까 잘 사용을 안 해요. 알다시피 시방{지금} 한지를 두 번 보르고{바르고} 있습니다. 초벌 이렇게 보르고, 두벌 차{째} 들어갑니다. 겹입니다. 우에{위에} 보시지만, 넓은 거 죽석같이 넓은 데로 안에 이렇게 겹입니다. 그랬기{그러기} 때문에 날짜가 많이 걸리고, 삼베로 염색을 해서 싸고 그러니까. 채상이란 것은 지금 우리나라에서도 한 짝, 다른 사람은 일절 할 수가 없어. 못 만들아요 그전에 내 선생님, 그분한테 배우지는 않았지만 한 분 있었어요 연세가 높아서 돌아가셨는데, 80 넘어서 돌아가셨는데, 지금 살아 계신다고 하면 90 훨씬 넘습니다. 그 양반이 하고 있다가, 돌아가시니까 내가 인자{이제}. 그분한테 배운 것은 아니어요

그러니까 만성리 아까 본적지에서, 거그는{거기는} 뭣을 허냐면, 아마 젊은 양반이라 죽석을 잘 모를 것입니다. 방자립니다. 저기 깔아진 거이. 죽석 시워진{세워진} 놈 있습니다. 맨들아진{만들어진} 놈. 우리도 죽석

은 다 몰라요. 없어져 부렀어요{버렸어요}. 그전에는 일반 서민 중에서 깔았는디, 지금은 젤로 고급, 돈 있는 사람이 죽석을 깝니다. 갑시가{값이} 젤 높습니다. 요새같이 하나 둘 납니까. 옛날에 난대로 나제. 많이 난 사람은 열 명도 납니다. 오줌 똥 싸고, 이리저리 농촌에서 머심{머슴} 방에 간 거요. 창호지는 장판 종우로{종이로} 볼르믄{바르면} 수정 못해요. 오줌 똥 싼디 금방 떨어져. 또 머심방이 멍석 저렇게, 겨울에 새끼 꼬고 그런디 전뎌{견뎌} 나졌어요. 그러니까 죽석을 깐 겁니다.

만성리 2구가 100호 되는데, 80호가 죽석, 삿갓 아세요? 그런 종류를 만들었어요. 거기서 말하자면 채상이. 채상이란 건 일절 만들지 않고, 채상 이름도 그전에는 몰랐습니다. 중간에사 그렇게 했제.

1.2. 살아온 이야기

문 태어나셔서 지금까지 살아오신 내력을 이야기해 주십시오

문 태생지는 어디입니까?

답 아까 만성리 2구가 탯자립니다. 319번지. 거가 탯자리.

문 연세는 어떻게 됩니까?

답 30년생인께. 우리 나이로는 78. 만으로는 77.

문 무슨 띠입니까?

답 말띱니다. 경오생.

문 직업은 무엇입니까?

답 내 직업이 뭣이냐? 아니 지금 채상장이지 뭐여.

문 채상장하고 적을게요

문 결혼은 언제 하였습니까?

답 결혼을 오래 되았수다. 햇수가 1950…… 50년도가 맞아요. 6·25전쟁이

났은께. 55년.

편 55년?, 그러면 어르신 스물 여섯에 결혼했습니까?

답 예. 55년.

편 자녀분은 어떻게 두셨습니까?

답 딸만 일곱 뒀소 나 유명헌 놈이요 잡지사고 신문사고 그 뭐냐 방송국이고 서한규 칠공주라고 유명헌 놈이요 나도 옛날에 지금 같으면 뭐더게 {무엇하게} 날꺼요? 옛날에는 이제 아들이 뭐신고 나도 행여나 하고 딸을 여섯까지 낳고, 여섯째 낳고 뚝 떨어졌어. 막둥이 하고 칠년 차이가 되아. 유제서{이웃에서} 것 집으라고 말이여. 뭔 놈의 삼신할미, 지금도 딸 날 것이냐고 그런께 나라고 근디 이렇게 딸 나 불었어.

편 어르신 형제들은 어떻게 됩니까?

답 나 형제? 내가 4남매에서 3형제여. 3형제에다가 여동생 하나 있는데, 내가 차남.

편 여동생 하나 해서 차남입니까?

답 남매에서 위에 형님 돌아가시고, 밑에 남동생 가고 여동생하고 단둘이 있어 지금.

편 사모님 고향은 어디입니까?

답 담양군 월산면.

편 중매 결혼했습니까?

답 응? 응. 중매 결혼했지

1.3. 채상장으로 인정받기까지

편 어르신 채상을 만들기 시작하신 게 몇 년도 입니까?

답 몇 년도쯤 됐냐고? 75년도 때였습니다.

문 75년? 채상을 만드신 계기가 무엇입니까?

답 저기 있어요

문 아! 외할머니 채상을 말하는 겁니까?

답 지금도 있어요. 이합. 하나는 죽물 박물관에 기증하고, 겉짝{겉상자} 가지고 있습니다.

문 겉짝은 가지고 계십니까?

답 속짝{속상자}은 죽물 박물관에 기증하고

문 중요 문화재 53호로 지정 받으셨는데 정확한 날짜는 언제입니까?

답 날짜는 서기 1987년 1월 5일짜.

문 어르신의 선생님 얘기 좀 해 주십시오

답 존함? 김동련씨. 동녘 동자, 련할 련자.

문 이 어르신께서도 채상으로 중요 무형문화재였습니까?

답 네. 그 냥반은{양반은} 된 지 오래 되지요. 나는 87년. 처음에 인간문화재를 만든 것은 박정희 전대통령부텁니다. 그때 우리 옛날 문화, 전통을 잇기 위해서, 그 몬야는{전에는} 없었습니다. 박정희 전대통령께서 거시기를 맨들았제. 옛날 것을 전통을 글안하면{그렇게 안하면} 없어지니까. 그래서 그분들이 인간문화재 지정을 해서 오늘날 이어나가고 있는 거입니다{것입니다}.

문 김동련씨는 대대로 채상을 만드는 분이셨습니까?

답 모르죠 잘 몰라요 어서 배왔는지. 살아 있으믄 100세 남짓 됩니다. 그분 얼굴도 잘 몰라요

문 채상을 어떤 계기로 알게 되었습니까?

답 그러니까 나는 지금 여가 있지만. 내 외할머니 것이 있어요 채상 2합입니다. 시집올 때 가져온 것이. 근디{그런데} 내 추측으로서는 약 110년전 되지 않았냐 이렇게. 외할머니 연세를 따지고 볼 때게{때에} 지금 살아 계신다고 하면 행정상은 117살입니다. 그분이 시집올 때게, 옛날에

는 20살 이짝 저짝이면 시집오지요. 전에는 17,8살 오면 시집오지 않습니까? 그 예산헐 때게{그렇게 계산을 해보면} 시집올 때 가져오신 그릇이기 따문에{때문에} 추측을 110년, 1890년도 이짝{이쪽}. 110년 전이 되지 않았냐 추측이 있어요. 그 놈보고 만든 거여.

문 그럼 혼자 연구하셔서 만든 것입니까?

답 네. 지금도 그 사이스가 똑같은데, 2합인데 3합으로 개종을 했습니다. 개발했어요. 그래서 속짝은 담양 죽물 박물관에다 기증을 허고, 내가 겉짝을 갖고 있어요. 여가{여기에} 진열해 갖고 있습니다.

문 채상을 만들게 된 내력을 이야기를 해 주십시오

답 내가 지금 죽물한 지가 환갑이 넘었습니다. 62년차. 16살 묵어서{먹어서} 했어요. 78인게, 62년 안 됐습니까? 초등학교 졸업해 갖고 이듬해. 44년에 해방되기 전에 초등학교를 나왔습니다. 우리 학교 다닐 때부터 여자는 초등학교는 안 갈치고{가르치고}, 또 남자도 우리 또래도 웬만헌 집은 초등학교 보내도 안했습니다. 서당에나 좀 댕기고 왜놈들이 거센다고{거세다고} 보내도 안 했어요. 그러니까 그전에 초등학교 나와서, 중학교를 갈라면은 농사 열댓 마지기 지어서 어렵습니다. 지금은 있으나 없으나, 촌이나 농촌이나 고등학교 이상은 나온디. 그전에는 초등학교 나온 사람도 드물고 내가 삼형젠데, 내가 차남인데, 형님은 대학까지 나왔지만. 일정 때 44년에 졸업허고, 이듬해 해방 되었는디 둘을 아버지께서 가르칠 수가 없어, 농사 열댓 마지기 짓지만은. 그러니까 초등학교 나오고, 형님은 대학교까지 올라서 고등학교 교사 일 허다가 고인이 되었습니다마는, 나는 초등학교 밖에 못 나왔어요
그래서 뭔{무슨} 할 일은! 60~85호가 죽석, 삿갓을 만드니까, 그저 거기 가서 칼 가지고 대 뜬 것을 노느니 가서 끄적끄적. 동네 한 85가구가 일을 하고 있으니까. 이집 가서 도와주고 죽물 일 하지, 저 집 가서 일하지 하니까 눈으로 보고 칼로 놈{남} 어르신네들 헌거 보고 그런 것이 대를

뜨게 되었지요 그런 거지 배우고 그런 것도 아닙니다. 그러니까 이 채상은 내가 중년(中年)에사 내가 채상한 지는 35년 밖에 안 됩니다. 내가 죽세 죽물 헌지는 62년인데 중간에사 했어요 난 채상 이름도 모르고 어쩌다 보니까 할머니 것이 농{장롱} 속에 어떻게 채상이 있단 말이요 그래서 보니까 하도 죽물을 해도 섬세하기 때문에 이것 좀 알아둬 봐야겄다. 이래서 내 팔라는{팔려는} 목적도 아니고, 하도 고우니까. 그저 문양을 똑같애. 문양이 하도 좋응게, 이거 알아두고 봐야겄다. 그래서 이걸 보고 내가 만든 거여. 그래서 이거랑 똑같애. 이합인디 삼합으로 개발해 갖고{가지고} 내가 거시기 했제. 그러니까 중년에사. 이거 팔라는{팔려는} 문제가 아니라, 누가 채상 이름들도 모르고, 누가 또 그 담양 대한민국에서 유명한 죽물을 만들고 대를 다 했지만 시장에 나오도 안 해요 누가 만든 사람이 없으니까. 시중에 나온다고 해도 팔도 못했어요

문 바구리{바구니}까지만 나오고 다른 것은 나오지 않습니다.

답 그러니까 이런 건 구경도 못 허고 그래서 내가 보고 만든 것이 팔라고 헌 것도 아니고, 사가도 않고, 모르고 그래서 만든 것이 이렇게 되아서, 오늘날에 채상을 인제 참 국가 지정을 받아서 이렇게 87년부터 한 20년 전 되았습니다만 1월 5일적에 내가 받았는데.

그러고 보니까 내가 이것을, 내가 죽물을 하면서 거의 62년차라고 했는디. 중간에 다 집을 팔고 나서 만성리 탯자리에서 집을 팔고 이사를 서울이나 부산이나 어디 대도시나 가서 담양 바닥을 떠나야만이 이 죽물을 면(免)하겄다 이런 생각을 가지고 읍에 좀 형편에 못해서 학교도 가지 못했고 초등학교 나와서 어디 가서 이거 머{뭐} 허지도 못하고, 그래서 인자{이제} 이걸 하고 있는디. 담양서 그전에 그랬습니다. 대죽(竹)자가 아니라 죽죽(鬻)자라고 말했습니다. 대죽자가 이거 죽죽자. 왜 그냐. 대 이놈은 밥은 못 묵어도{먹어도} 죽이라도 묵는다고 그랬습니다. 이래서 그 보통 말이 대일 헌 사람은 그 대죽자가 아니라 죽죽자 죽이라도 묵는

다 이런 격입니다. 굶지 않고 죽이라도 먹는다 이것이여. 밥은 못 먹어도 이게 대죽자를 죽죽자로. 대일 헌 사람을. 그런 말이 있었습니다. 그러니까 하도 이것을 별 거시기도 없고 벌이도 못하고 해서 담양을 떠날라고 집을 몇 번이나 이사를 하고………. 팔자가 팔고 났으므는 갈라고 보믄 머시 요상스럽게………. 그때사 해방되아 가지고 수출대고 어쩌고 죽물도 대바구리도{대바구니도} 해외로 수출이 되고 이리저리 하니까, 회사가 생기고 이런단 말씀이여. 그러니게 죽석 삿갓하고는 내가 인자{이제} 남이 보기에 손재주가 있다고 봅니다. 남이 옆에서 본디, 보면 만들어 내고 만들어 내고 허니까. 와서 또 그때 이사하고 어쩌고 한 달인가 두 달인가 있는디. 겨울에 인자{이제} 이렇게 거석{거시기}하니까 설이나 쇠고 해 되면 서울이나 부산에서 친척이 있어서 오란 사람이 있는 것도 아니고, 아무 친척도 없고, 그냥 뜬 걸로 가는 거입니다. 그 때 돈이 많이 있는 것도 아니고, 설이나 쇠고 좀 날이나 해동되면 가야지 하고 지금인게 방이면 세도 주고 어쩌고 그러지만 그전에 촌에서 그렇지 않습니까? 방 빼서 방 좀 달라고 허면, 아랫방이고 작은방에고 어디서 어째 조께{조금} 살고 돈도 안 받고 그랍니다. 지금인게 어디서 세를 받고 하제. 옛날엔 그랬습니다. 임시로 조께 아는데 가서 설을 쇠고 그러고 20일을 가까이. 수출 그런데서 와서 쪼께{조금} 일 좀 어쩌고 하자고 그러요 하고 인자{이제} 죽물에 신물이 나고 월급 대줄게 하자. 가서 이래저래 하고 그렇게 헌 것이 담양 바닥을 떠나지를 못했습니다. 못 떠나고 거기서 가서 대바구리{대바구니} 이런 것을 실으러 댕겨{다녀}. 이런 걸 실으러 어떻게 부락마다 틀립니다. 그 만드는 가격이. 여기 한 부락에서 죽물도 여러 가집니다. 그래서 죽물을 만들믄 아까 죽석 삿갓을 만들었으면은 다른 데선 바구리는 못 만드라. 고것뿐이 못 만드라. 또 마찬가지로 쌀가마니 칭이{키}를 만드는 사람은 죽석도 못 하고 삿갓도 못 한 거여. 다른 바구니를 못해요 그와 같이 부락마다 틀립니다, 그 전공이. 그러니까 여러 가지 것이 주문이 옵니다. 그러면 어디 동네 어디 면에 어디가 무슨 마을에 가면 삿갓을 하고, 어디가면 큰 동근 바구리, 대바구리를 만든다, 어디가면 쌀가마니 칭이{키}를 만든다, 이걸 다 알아 부러요 고런데{그곳에} 가서 주문에 해서 맺기고{맡기고} 그러고 다닙니다. 댕기고 거석한데{다니면서 그렇게 하고 있는데}. 그러면 인자{이제} 어디 가서 일본이나 그런데서 수출회사에서, 본사는 서울가 있고 그러면 요상스런 것이 와. 일본이고 죽물에서 좋은 것이 와요 그러면 갔다가 요 좀 재주 있는 사람한테 맡길라고 허면 만든 사람이 없습니다. 그러면 할 수 없이 읍에서 집에 웃사람이 '자네는 촌에 나가지 말고 수출방에서 견본이나 만드소' 그러면 겨울에 춥기는 허지, 요새같이 차가 데리고 다니나 자전거 타고 요리 댕긴다고 그럼 춥긴 허고 앉아서 따순{따뜻한} 방에서 앉아서 수출방에서 견본이나 만드라고 하면 참 그렇습니다. 얼씨구 좋다 허재. 글면{그러면} 생산지에다 맽기다{맡기다} 맽기다 못 맽기면 그 만들 사람이 없으면 내가 인자{이제} 만들아. 그놈을 연구해서 만들아 내서 그렇게 하고 하면은 그놈이 어차게{어떻게} 돼서 서울다 보내면 그놈이 주문이 오게 됩니다. 주문이 오게 되면 내가 만들었는디 만들 사람이 없으믄 어떻게 몇 개 해달란디 해줄 수가 없어요 그러니까 주문을 맡아 놨으니 본사에서 난리가 났제. 그러니까 뭔 수가 있냐믄 그것을 갔다가 회사에서 사람을 동원시켜서 갈쳐서{가르쳐서} 이것을 맨듭니다 그려. 요런 식이 됩니다.

또 그러고 허고 있슨게 그 비니루{비닐} 제품이 안 나왔습니까. 플라스틱 제품이. 만날 서울서 어찌 드름드름 알고, 손재주가 있다고 서울서 나를 찾으러 왔어요 와서 머라 그러냐믄 "여서 얼매{얼마} 돈을 받고 있으면은 어쩌케{어떻게} 되냐고 서울로 올라갑시다. 월급도 더 줄 것이고" 이것이 공일(空日)도 뭣도 없거든요, 개인적으로 허는 게 아니라 공일도 뭣도 없고 공휴일 날을 쉬어주고 이러니까 머이냐 월급도 더 주고,

대우를 잘 해 준다고 허는데 이거 슬며시 귀가 또 안 땡기오{당기오}? 내가 수년간을 다녀도 결근을 안 한 놈이여. 열심히 남 일을 내 일같이 봐 준 사람이여. 그러기 따문에{때문에} 웃사람도 나라므는{나라면은} 거석{거시기}허지. 나는 결근을 헐래야 헐 일이 없어. 몸이나 아프나. 몸도 안 아프지 그러니까. 웃사람한테 이만저만 말은 않고 특별허니 한 사흘을 좀 결근을 허겠다고 말이여. 생전 첨{처음}으로 거석허니께 승낙 안해 줄 수가 없지. 갔다 오소 갔지 않았어? 암암리에 그런 줄 알고, 모르게 거짓말 허고 특별한 볼 일이 있다고 글지. 어쩌 가란디{안 그러면 어떻게 가라고 하겠어}? 올라가서 보니께 서울 용산구에 가서 플라스틱 공장이 있단 말이여. 허씬디, 그 분이 가만히 생각해 본께 이놈을 대바구니처럼 만들아서 팔면 더 낳지 않냐. 물건을 만들어서 팔면 서울 바닥에서 좋지 않냐. 이런 생각을 그 양반이 했다 이 말이거든. 허술이고먼 허술씨. 그 양반이 동대문 가서 점포도 있고 그런단 말이거든. 그러면 공장이 어디였냐. 그런 그 양반이 용산 가서 용산구에 가서 플라스틱 공장이 있고, 또 인자{이제} 신도림 가서 부자고 그런게, 그 때 신도림 가서 머시냐{무엇이냐} 요즘 서울 가서 머시냐 길이 꽉 차고 그지만, 옛날에 저 뭐시냐 미원 공장이라고 들판입니다. 호박이나 심고 서울에 인분들 갖다가 호박 심은데 갖다가 찌끌고{뿌리고} 이른디. 거 가서 그 양반 창고 계시는 분도 있고 집도 있고 있단 말이여. 거다 플라스틱 공장을 요리히서 광고를 붙여 노니께 사람이 한 50~60명 기양{그냥} 모집된단 말이여. 내가 여그서 또 물건 실으러 댕김서 촌에를 댕김서{다니면서} 아가씨고 머다 한 이십 살, 한 열팔구십 먹은 놈들 모다 또 간 놈은 따라오는 놈들이 있고, 그러면 뎄고{데리고}. 그때 서울 세운상가를 첨에 상가를 진 판이요 미도파시 신세계 없고 미도파 백화점 그런데 가면, 뭐 있으믄 고놈 모방해서 만들아 내. 만들아 내서 갈켜요 그릇을 만들아. 그러고 있은께 웃사람이 전화가 없고 편지로서, 야이 사람아 세상에 너무나 한다고 그럴수가 있냐고 말이여. 말로만 거시기 했제. 이만이만 해서 시방 이러콤 허고 있다고 말이여. 긍께{그러니까} 인자{이제} 아주 그만 둔 줄 알고 있고 한 번은 편지가 와서 너무한다고 사장이, 그 사장이 말여 북한 황해도 출신인디. 이춘백이라고 황해도 사람인디, 이북사람인디, 세 상에 너무한다고 한 번 오라고 한디, 안 간다고 그래서 하루는 지나감서 택시에서 내려서 찾아갔지. 강께{가니까} 반가해 허드만요 인자{이제} 물어 보드만요 어쩌고 저쩌고 허냐고 앞만 받고 있고 가족까정 안 오고 나 혼차{혼자}만 올라왔다고 사정을 합니다. 내려가서 우리 일을 좀 해 줍시다 허고 그 당시에 사람이 많고 회사를 못들어 가서 눈이 그런디. 나같은 사람을 또 다시 내려가서 일을 좀 해달라고 헌디, 탁 띠들{떼어 내지를} 못허고 그만침 내가 회사를 일을 잘 봐놔서 또 내가 기술이 좋 고, 손재주가 죽물에서는, 염색도 잘한 놈이여, 대바구리 염색을 또 잘한 다고 다른 하고 많은 사람들 말고 또 부디 와서 내려가서 해달라고 사 정을 합니다 그려. 탁 잡아 못 띠고, 대체나 나 혼차 올라왔제. 가족들도 올라오덜 못 허고 애기 둘만 있는디. 거서 승낙을 해달라고 혀. 생각해 봅시다. 이달 언제 월급을, 월말에 월급이 탄다고 했더니. 그러믄 타고, 그 안에 한 번 더 들리시오 그러더라고, 사장이. 한참 술도 좋아허고 직원 들끼리 윷도 놀리고 갔다 와서 놀기도 허고 그런 생각이 간절해요 거기 서 갈 데가 없응게 인천이나 가고 그 재미가 무(無)재미여. 내 또래가 있는 게 아니고 맻{몇} 놈 열팔구십, 한 이십살씩 묵은 놈들만 있은게. 그래 참. 꿩이라면 꿈을 그려도 콩밭에 꿈을 뀐다고 항상 거기서 재미는 있어도 여기 생활보다 담양 생각이 나요 이댁이 좋으니까 그런 것도 있고

그래서 허사장한테 열흘 앞두고 말을 했더니 깜짝 놀래요 그래서 난리 가 났어요 돈 쪼깨{조금} 덜 받아도 그렇고 그때는 젊고 그래서 안 내 려왔습니까. 그러니까 영 못 거석허고 이렇게 허다가 그랬는디, 어디를 못 갔소 거기서 근무를 허다가 그 자리서 미국 제품, 죽제 제품. 죽제 제

품 아세요? 대나무 껍질 너서{넣어서} 속에다 짚을 너서 만들기도 허고 망태기도 있고 지금 잘 안 나오지. 짚을 감아서 그릇을 망태기도 만들고 왕골 망태기듯기{망태기같이}. 왕골 망태기 말 쓰죠? 고로{그것으로} 새롭게 만들아. 곱게도 만들고 대나무 죽순 껍질로 감아서 짚을 너서 나락 볏짚. 미국따 그것을 수출해서 그것을 거석한께 좋다고 미국 사람들이 현관에다 이걸 갔다 두고 말이여. 봄에 따땃헌게 이화명충 있잖어. 짚속에서 고리 버러지{벌레}가 나와서, 기어 댕긴게 미국 사람들 깜짝 놀라불제. 이것이 수입한 것인디 이거 벌레가 있으니까 균이 나쁜 것이 아니냐. 미국 상공부에서 아니 뭐냐 그 농림성에서 말허자믄, 한국 상공부에다가 전화를 해서. 어찌서 이게 벌레가 나오는 것이 뭐시냐. 한국 사람들 캐보니까 이화명충이거든, 짚벌레. 그거 나쁜 균은 아니고 사람들한테 병은 아닌디. 기어다닌게 좋을 것이여? 그래서 황을 피워서.

문 황을 피웁니까?

답 것 여장{방법}이 있습니다. 연탄 하리{화로}를 열 때, (벌레가) 몰려 와. 그래서 황을 피니까 죽심 거시기, 황을 피면은 색이 좋게 나와 놀놀허니.

문 대나무가 변합니까?

답 아니 대나무가 아니라 죽심{죽순} 껍데기가 곱게. 누런 황이란 거 아세요? 연탄 하리{화로} 열다섯 개를 그냥 탁 터놓고, 거기따가 이 냄비같은 걸 놓고 그걸 태와. 글면 연기가 나면, 그놈이 인자{이제} 고 고미다락에 꽉 문을 닫아 노면 여기서 노련히 황이 색깔이 나와부러 좋아요. 그러니까 이화명충이 짚속에 뒹군 것이 고놈이 못 이겨서 나와. 나온게 그것을 인자{이제} 알았단 말야. 황을 피우면 나온게, 바닥이 희캐. 고놈을 또 피고 또 다 나올 때까지 씰어{쓸어} 내고 또 피고 그래도 그것이 다 그럴순 없제. 그래 갖고는 결국은 수출은 안 받는다. 그만 두라 이거여. 해서 그런게. 그만 두게 되지 않았습니까.

안 배운 도둑질 모르고 또 인자{이제} 이걸 삼십년 근무를 허고 났은게,

나이도 묵고 애기도 여럿 되고 이런게 돈도 없고 그깟 월급 쪼깨{조금} 받아서야 포도시{겨우} 먹고 살고 그런디. 아 그만 모가지가 달아 났는디 안 배운 도둑질도 못 허고 어쩔꺼여. 불가피 허게 인제 대를 이어야 할꺼 아니여. 대를 이어서 팔아야제. 말허자믄 다른 사람은 만들어서 못 파네 해도, 나는 어찌캐 또 연구를 했냐. 이 재료를 적게 들고 울기{모양}를 곱게 만들어서 갑시를{값을} 많이 받고, 일만 죽겠다 허고 크게 큰 물건을 만들 것이 아니라. 나는 그런 연구를 헌 놈이여. 그런디 또 만들아 놓고 남이 모방해 또 만들아 내요 그럼 갑시가{값이} 떨어져요 기가 막히제. 그런게 오장육부 상허게 특허 못 내고 특허를 낸다고 한들 쪼께만 틀려도 해묵는 것이여. 그러믄 오장 상해서 이렇게 했지. 그러니게 다른 사람은 그래도 겨울이면 이게 대나무 물건이 여름 물건이라서 겨울에는 잘 안 팔립니다. 그 가게에서 그럼 난 넘{남}이 안 만든 물건을 만들아. 나는 이상이 없어. 못 만든 놈을 만들아, 모방을 한게. 나중에는 부애{화}가 나서 이리 연구허고 저리 연구허고 에끼 잡것, 생전 못해 묵게 물건을 어렵게 만들었지.

아! 그러고 허고 있으니게 다른 나라 수출회사인데 중국 사람인데. 때놈 투자자라는 사람이 와서 사정을 해요 와서 일 좀 해 달라고 근디 거서 머이냐, 사람을 오륙십 명을 칠팔십을 데리고 공장장이 있고 일을 시킨디{시키는데}, 말허자믄 기술이 그 플라스틱 요런 것을 대 이런 것을 나야말로 또 잘 안단 말이야. 서울서 해봐서. 그것을 알고 나한테 와서 사정을 해 또, 집에서 일허고 있은게. 돈을 얼만큼 많이 줄 것이니 상여를 헐겁게 줄 것이니. 와서 사정을 허니 갔제. 때놈 밑에가 있응게 또 손꾸락질을 합니다. 그러고 있응게 또 다른 회사에서 손꾸락질을 합니다. 에이 벌어먹을 데가 없어 해필이면{하필이면} 때놈 밑에 가서 벌어먹고 허여간 다 갈켜 주고 있다고 말이여. 이런 소리가 들려.

에이 빌어먹을 그만두고 돌아와서 이리저리 허고 있응게. 거기서 박대순씨라고 직원이 있는디 국립 민속 박물관에 가서 있는디 죽부인이 있는디 옛날 것을 다 진열을 해놓고 있는디 죽부인이 망가지고 없어. 죽부인을 집에 가서 우리나라에서 유일허게 죽부인을 나 혼자뿐이 못 만듭니다, 그 당시에. 여럿이 만든 게 얼마 안 돼, 한 10년 이짝저짝. 내가 안 만들고 이걸 갈켜 줘서 그렇지 하나도 못 만들었어요 죽부인이 망가졌는디, 드름드름 죽부인을 시겨서{시켜서} 갔다 놔야 겄는디 알아본게 만들 사람도 없고 한 것이 인자{이제} 담양을 내려와서 이리저리 염탐을 해본 것이 내 집을 찾아왔어. 그 사람이 와서 뭐이냐 죽부인을 해 달라고 그래요 아 맨들아 드린다고 말이여. 그래서 그랬더니 그 다음에 또 죽석을, 내가 죽석이 전공이거근. 죽석도 귀헌게. 죽석도 망가지고 없응게 죽석도 해달라고 그래서 해 줬제.

박대순씨란 사람이 그때 인간문화재 전시가 있었단 말이여. 이런 좋은 솜씨를 두고, 난 전시란 일절 생전 듣고 못 허고 뭐 근디. 것다 작품을 내면은 상도 받고 내라고 하잖아여. 그럼 어디서 어처케{어떻게} 하냥께{하느내고 물으니까} 갈켜{가르쳐} 주면서 말이여. 그 이듬해 그때가 언제냐면 77년도여. 77년도 긍게 지금 남대문 시장 새로나 백화점에서 전시장이 연다 안 해요 며칠 날 몇 시. 딱 갈캐 줘. 근디 날짜가 없어서 죽석을 한나{하나}를 만들고 채상을 날짜가 없어서 중짝이구마. 중짝이 요 것입니다. 요렇게 생겼습니다. 한 달을 만들어서 죽석을 한 놈을 만들었어. 아 죽석은 못 갖고 가고 그러니까 기냥{그냥} 거시기로 보냈지, 화물로 화물로 보낸디도 쉽게 찾을라면 지금 강남 터미널, 그때는 터미널이 없었어. 그 서울에 장안에 오는 화물 합동으로 있는디 거기서 남대문으로 갈 놈이냐 동대문으로 갈 놈이냐 어디 있냐 영등포로 갈 놈이냐 전국에서 다 온 놈을 어디 구로 갈 놈 그것을 물건을 나나{나눠}. 고리하면 거기서 직접 찾으믄 휙 빠르다 이거여. 그 말을 들었어요 그래서 고리 안 보냈습니까? 고리 보내서, 채상은 갖고 가고 내가 인자{이제} 올라가고 죽석은 지드라니깐{기니까} 아홉잡니다. 두루 아홉자 그걸 이놈을 몰아서{말아서} 갖고 갈 수도 없고, 그래서 화물계를 지금의 택배로 따지면 화물차로서 보내서, 찾았단 말이거든. 아 찾아서 남대문 거기서 새로나 백화점을 갔는데 택시다 갖고 가도 못하고, 어쩔 것이냔 말이여. 찾기는 찾았는데 그날 오후 5시까지 작품을 접수를 해야 한단 말이여, 마감이. 오전에 가서 거석 허니깐, 오후 한 두어시 되었지. 가서 이제 찾아서 갖고 갈란디 어째 택시로 갖고 갈 수도 없꼬 워쩌 인제. 아 그래서 화물계에서 일하는 사람들, 인부들 보고 물어 봤어요 이만저만 해서 남대문 시장까지 가져가야 할 전시품인디, 이것을 택시로도 못 가고, 어떻게 갖고 가야할 재주가 안 난다고 말이여. 긍게 그 사람들이 갈쳐줘요, 그 인부들이. 앞에 도로에 가서 용달차를 잡으라고 그래요 용달차를 잡아서 거따 실코 가라 그래요 대체나 그 말을 듣고, 도로에 와서 그 옆 큰 도로에 와서 용달차가 있소, 어디가? 쉽지 않제. 큰 화물차만 돌아다니지 짐 실은 놈만 다니지 어디가 뭐 갑니까? 빈차를 타야 (죽석을) 앵겨야{안겨야, 실어야} 한디 말이여. 시계를 본게 시간은 뽀똑뽀똑 가지. 큰 걱정이란 말이여. 이거 갈 것도, 전시가 기다리고 뭐시고 이거 인자{이제} 별 생각이 나. 이 잡것 버리고 그냥 그만둬 부러? 아 그래서 5시가 근 다 된 판인디 4시가 넘어서 5시가 다 된 판인디, 화물차 하나가 빈차가 눈에 하나 띄더란 말이여. 온 놈을 그냥 신나게 달려가서 그냥 달아날께비{달아날까봐서} 잡았어요 잡아서 도로가에 몰아서, 주소를 놔 뒀더니 요놈 좀 실코 갑시다. 지드란 허니깐{길이가 기니깐}, 죽석이 뭣도 모르고 지다란 하니깐 마대{싫다고 해}. 기사는 달아날라 그려. 꽉 잡고 그것 좀 실고 갑시다, 남대문 새로나 백화점까지만. 전시, 그거 5시까지 마감이요, 이거 물건이 아니고 전시품이요 작품인게 실고 가쇼 운임 도란대로 준다고 거기서 남대문이 가직허요{가깝소}? 이리저리 여, 신호등 걸리지 차 막히제 이리저리 쉽지 않지. 다시 왔어. 그래서 남대문와서 보니깐 마침 공사중이여. 차가 그러니게 새로나 백화점을 갈 수가 없고, 거기서 공사중인게 갈켜줘. 보니게 새로나 백화점하고 써 있더란 말이여. 아이고 고맙소 이게 개븐{가벼운} 것인게 내가 들고가도 하거든. 그래 갖고 갔더니 시간이 확실히 넘어져 부렀제. 6시가 거의 다 돼았은게. 그래서 이왕 알고 보니깐 지금 그 양반이 인간문화재 김철주라고 그려. 그때 보호재단에 있는 분이여, 근무헌 사람이여. 즈그 아버지가 조각하는데 조각장여서, 즈그 아버지 돌아가신게 김철주가. 그 사람이 받소? 접수받소? 허니게 받는다고 그려. 어디서 왔소? 전라남도 담양서 왔소 이러고 접수를 딱 해. 언제 심사헌다요? 이랬더니 내일 모래 헌다는 것이여. 그래서 물었지. 낼 모래 헌디, 심사를 헌디 낙방된 놈은 모른다 이것이여. 만일에 합격을 된다허면 진열을 허게 된디, 이것이 불합격이 되면 물건을 찾아가제 모릅니다 그려. 그런 말을 들으니 깝깝헌 것이, 그래서 아이고 낼 모래 그러믄 촌놈이 하여간 큰 문제건지{문제거리}여. 내려갔다 올라가도 못 허고, 여기서 자야것다. 그래서 여관을 갔어. 이틀밤 낼 모래 궁께 허고는, 이틀밤을 와서 어찌고 여관에서 잠을 자고는 아침부터 볼일 없이 일찍허니 밥 사묵고는 새로나 백화점을 안 갔습니까? 언제 심사하요? 하고 물어 봤더니만, 오후 1시에 한다 그래요 갈 데도 없고 거기서 있제. 12시 되니깐 싹 가라고 쫓아내. 나 갈 데도 없소 여기서 좀 있어야 겄소 나 갈 데도 없다고 말이여. 갈 데 있던 없던 여기 있을 수가 없다 이것이여. 심사장에 있을 수가 없다 그려. 나와서 이 시간을 언제 지나 이것이 결제가 되냐, 이말이여 심사를 하면은. 오후 5시나 되야지 난다 그려. 그려서 5시나 되야지 와야만이 결과를 알게 생겼는데, 나와서 갈데는 없고 별수 없이 에라 걸어서 남대문이 아니라 남산이나 올라가자. 남산에 가서 올라가니깐 배는 고프고 계단을 올라가다가 보니깬 어떤 노인네가 김밥을 팔고 있어. 그래서 배고픈 게 김밥이나 사묵자 하고 김밥을 하나 사묵고 저 우게{위에} 올라가서 이리저리 시간을 워츠게{어떻게} 인자

{이제} 팔각정을 갔다 요리 갔다 저리 갔다, 시간도 그렇게 안 가더만요 기다린게.

문 기다릴 때는 시간이 잘 안 갑니다.

답 요리한게 위에서 팔각정을 요리 갔다 저리 갔다 내려 왔어 시간만 세고 그래서 내려다보니까 말이 이렇게 지요{길어지오}. 아 그러니깐 중간 마침 내려 오니라고 오니까, 저 중간에 가서 야외에 뭐냐 무대가 있더마요 뭐 노래를 부르고 난리가 났어. 사람이 콱 찼어. 구경꾼도 있고 무대가 있어 가지고 가수가 와서 노래를 부르고 야단이여. 고놈을 보고 시간을 맞출라고 보고 있으니, 실은 시간도 그렇게도 안 갑디다 그려. 그것이 정신이 있어? 그깟 놈의 것 귀에도 들리지도 않고 심사 어치게{어떻게} 되었는가, 그것만 알고 싶지. 낙방되면 갖고 갈 일도 문제고 내려와서, 거 있으면서 경복궁에 가서 박대순한테 말은 해 놨어요 말을 들어본게 심사를 해서 낙방이 되면, 이것을 찾아가야 한디, 내가 갔다 뭣 헐꺼요 요놈(채상)은 낙방되면 문제가 아닌디, 죽석은 저거 밀고 내가 가져가도 못하고 어디다가 화물, 택시라도 못 실고 가고 문제건지께{문제거리이니까} 만일에 낙방되면 여따가{여기에다} 쥐 불라요 담에 박대순씨 당신이 알아서 가져가라고 내가 이러고 해놨어. 아이 거저 준다야 뭐 말할 것도 없지. 돈이 얼마짜린디.

문 저 같아도 얼른 가져 가겠습니다.

답 내가 만일 가져와도 주고 갈라 그런게. 만일 거석허면 이리 갖고 오쇼, 아니 갖고 올 것이 아니라 자기가 찾으러 갈란다 그려.

문 거저 준다는데 찾으러 가야죠

답 그래 갖고 걱정 마시라고 말이여, 알았다고 말이여. 그러고 인자{이제} 그놈이 정챙{채상}이나 낙방되라고 거시기는 인자{이제} 해결이 되났어. 그렇다고 내버리도 못하고, 줄 데가 있응게. 그러고 시간이 되어서 5시나 좀 못 되서 4시 남짓 되어서 왔제. 그런게 아까 그 사람이 있더란 말이여, 그 양반 뭐냐 접수할 때. 나를 보더니 반가히 혀. 이 양반이, 아이구 축하합니다 그려. 아이 손을 꽉 잡어. 그러자 그러기 전에 작품이 2질{길}로 나눠져{나누어져} 갖고 있어요. 근디 보니께 채상이 있는데 허고, 죽석은 여따 있고 따로따로 있어. 아까 전에 접수하던 그 사람한테 안 물어보고, 앞선에 물었어, 사람한데. 어떤 놈은 합격자고 어떤 놈이 불합격이다요? 그랬더니 죽석있는 자리는 그놈이 합격이고 채상은 인자{이제} 불합격됐다 그려. 아따 어찌게 반가울 것이요? 채상은 이거 그냥 내가 들고 가는 것인디, 죽석은 내부리고{내버리고} 그저 뒤에 내버리고 그래야 한디, 그놈이 합격이 됐다 한디 월메나{얼마나} 좋것소 그래서 아까 접수한 양반이 김철주 그 양반이 나를 보더니 깜짝 놀라면서 악수 함서 축하한다 그려. 아이구 큰 상 받으셨소 큰 상 받으셨다 그러요 시상이 앞날{내일}인게 꼭 몇 시까지 오라 그려. 고리 올라면 남대문 새로나 백화점으로 올 것이 아니라 경복궁에 국립 민속 박물관 2층으로 오라 그런거여, 나보고 아따 그냥 죽것소 꼭 틀림없이 오셔야 합니다. 시상 헌게, 특별상이요 어찌 지위로 하자면 최우수상 우수상 특별상인디, 지금으로 말하자면 장관상이여. 지금은 대통령상 국무총리상 장관상 이렇게 안 나갑니까? 지금은 장관상이요 지금 여기서 상장이 저리 있습니다만 79년도

문 어르신, 이제 채상에 관한 이야기를 더 해 주십시오..

답 그래서 79년도에 그래 갖고 그때부터 전승 공예전이라는 것이 있었어요

문 전승공예전에 채상을 출품하셨습니까?

답 예, 전승 공예전. 매년 냈습니다. 작품을 내서 채상도 요로게 낸 것이, 결국은 82년도 5년 후에. 내라 허니겐, 한번 내고 요령을 알고 여서 그니깐, 인제 이것이 대통령상을 하나 받지 않았습니까?

문 채상(채죽상자)을 출품했습니까?

답 아니 다른 거. 저 채상 자리로써.

문 채상 자리를 출품하였습니까?

답 갈개서 자리를 만들어서, 채상 자리를. 그래 대통령상 안 받았소? 꿈에도 생각지 않던 대통령상. 그랬더니 그때부텀 방송국이고 잡지에서 어디 뭐 어디 신문서 할 것 없이 그때 우리한테 취재를, 촬영을 오더라 말이여. 대통령상을 딱 받고 보니까. 인제 정부에서 대통령상을 딱 받고, 청와대 에서 전두환 대통령이 청와대 가서 같이 밥도 먹고, 그때부터 그래갖고 서 이름이 있어 갖고, 그때부터 내가 채상을 그때부터 만들기 시작했습 니다. 그래서 인자{이제} 채상이 그때부터 알아서, 채상을 주문도 허고 이렇게 절케 허고 그래서 5년 후에 인간문화재 지정을 87년 1월 5일자 로 안 받았습니까? 저것입니다.

문 아! 저 것이군요. 이따가 사진을 찍겠습니다.

답 그래서 그때 내가 국가 지정 53호 채상장 지정을 받은 거입니다. 그래서 오늘날 여기 이렇게 있는 거여.

문 내력이 그렇게 되군요!

답 그 내력에 쭉 그렇게 해서, 지금은 딱 하고 보니깐, 내가 죽물을 했던 것 을 후회를 안 했습니다. 이렇게 되고 국가 보유자로, 채상장으로 되고 보 니깐 사실이 대학 교수님도 선생님 말을 내가 호칭을 받고 있고, 대통령 한테도 선생님 말을 듣고, 김대중 전 대통령도 역{여기} 와서 사진도 허 고 악수도 허고 전두환 대통령도 의수 의례야 내가 다 악수 허고 내가 그러고 보니까 그 촬영을 수십 번 수백 번을 했을 거여. 그때부터 근 20년이여. 잡지가 별군데서 다 옵니다. 아 뭐 이냥 그냥 그렇게 해서 그냥 돈은 빼났어요 그때부터 주문도 있고, 이렇게 그때부터 살기가 좀 나서{나아} 지고 또 얼마 되지 않지마는 국가에서 월에 얼마씩 그 냥 전세비가 나오고, 이러니깐 인자{이제}는 후회를 안 해요 내가 이 것을 그만 둘라고, 내가 이제 죽물을, 대쪽 일을 오래허고 보잖게, 별일 이 다 있다.

이 일로 해서 성공했다. 이런 거죠. 인간문화재라는 것이 쉽습니까? 하늘에 별따깁니다. 내가 해본께.

☐ 대학교수 되는 것하고는 수준이 다릅니다.

☐ 이게 쉬운 일이 아니여. 인간문화재라는 것이 쉽지 않아요. 지방 무형문화재가, 국가 지정이 되는 게 쉽지 않습니다. 나이 든 양반도 와서 "선생님", 대학 교수님들도 "선생님, 선생님 그려." 긍게 지금은 내가 그래 후회를 않고, 그래도 오래 허고 보니게 내가 이것이 운이 좋고 재수가 좋았다.

☐ 채상 만드는 일을 전수 받는 사람이 있습니까?

☐ 둘째딸.

☐ 이름은 무엇입니까?

☐ 서신정.

☐ 몇 살 때부터 전수 받았습니까?

☐ 스무살. 그래서 지금 28년째 되았어. 긍게 조교 아녀, 후계자여. 조교는 진작부터 주어 졌어요

2. 조사된 어휘

2.1. 채상이란?

2.1.1. 채상

염색한 대오리로 짠 상자이다. 대나무를 얇게 떠서 대오리를 만들고, 천연 염료를 이용하여 다양한 색깔로 염색한 후, 그것으로 상자를 만든다.

[사진 340] 삼합채상(1)

[사진 341] 삼합채상(2)

[사진 342] 채상 고리짝

채죽상자(彩竹箱子)의 준말이다. 채상을 만드는 일은 시간과 공력이 많이 들어, 전통적으로 2인(人)이 1작(作)을 한다. 채상장 서한규와 전수 조교 서신정이 삼합채상 하나를 완성하기까지 한 달 정도의 시간이 걸린다.

2.2. 재료

2.2.1. 대나무

1) 종류

(1) 왕대

대껍질이 진한 녹색이고, 마디가 길수록 좋은 대이다. 채상은 왕대 3년생으로만 만든다. 주로 대나무를 얇게 떠서 만드는 공예품(죽석, 세죽 삿갓 등)을 만들 때에 사용한다. '왕죽'이라 말하기도 한다.

(2) 맹종죽

일본에서 옮겨 심은 종류로, 대나무 중에서 가장 굵다. 주로 밥주걱, 등

굵개, 구두 주걱 등을 만들 때에 사용한다.

(3) 분죽

대껍질에 하얀 가루가 묻어 있어, 왕대에 비해 색깔이 더 뿌옇다. 채상의 테를 만들기도 한다. 주로 바구니, 죽렴 등을 만들 때에 사용한다.

(4) 오죽

대껍질이 검은색이어서 '오죽(烏竹)'이라 한다. 몇몇 장소에서만 자라는 희귀한 종류이다. 주로 담뱃대의 설대를 만들 때에 사용한다.

(5) 신우대

산죽에 비해 키가 크고, 굵기는 어른의 검지 정도이다. 위로 올라갈수록 얇아지는 다른 종류와 달리 위 · 아래의 굵기가 일정하다.

(6) 산죽

산에서 자란다고 해서 '산죽(山竹)'이라 한다. 굵기가 젓가락 정도이다. 주로 조리를 만들 때에 사용한다.

2) 구성

(1) 똥대

줄기의 아랫부분을 이른다. 보통 지면에서 60cm 정도의 줄기를 말하며, '밑동'이라 부르기도 한다. 채상의 내공대나 테를 만들 때에 사용한다.

(2) 중통

줄기의 가운데 부분을 이른다. 똥대와 끝단을 제외한 나머지 줄기 부분을 말한다. 채상의 겉짝대를 만들 때에 사용한다.

(3) 끝단[끝딴]

줄기의 윗부분을 이른다. 위에서 한 발(약 150cm) 정도이다. 채상의 내공대나 테를 만들 때에 사용한다.

2.2.2. 염료

1) 치자

대오리를 노란색 계열로 염색할 때에 사용하는 천연 염료이다. 매염제의 종류에 따라 노란색, 연한 녹색이 나온다. 치자는 염색하기가 쉬우며, 대오리를 염액에 30분 정도 담가두면 착색된다.

2) 소목

대오리를 붉은색 계열로 염색할 때에 사용하는 천연 염료이다. 매염제의 종류에 따라 붉은색, 밤색이 나온다.

3) 오배자

대오리를 회색 계열로 염색할 때에 사용하는 천염 염료이다. 매염제의 종류에 따라 쥐색, 회색이 나온다.

4) 포도

대오리를 보라색 계열로 염색할 때에 사용하는 천연 염료이다. 매염제의 종류에 따라 자주색, 보라색이 나온다.

5) 양파껍질

대오리를 노란색으로 염색할 때에 사용하는 천연 염료이다.

6) 자초

대오리를 보라색으로 염색할 때에 사용하는 천연 염료이다.

7) 황귀

대오리를 황토색 같은 누런색으로 염색할 때에 사용하는 천연 염료이다.

8) 홍화

대오리를 분홍색 계열로 염색할 때에 사용하는 천연 염료이다. 매염제의 종류에 따라 분홍색, 오렌지색, 갈색이 나온다. 홍화는 염색하는 데에 일주일 정도 걸린다.

9) 인진쑥

대오리를 국방색으로 염색할 때에 사용하는 천연 염료이다.

10) 쪽

대오리를 진한 녹색으로 염색할 때에 사용하는 천연 염료이다.

2.2.3. 매염제

대오리에 색소를 고착시키는 물질이다. 색을 잘 들게 하는 역할과 색이 바래지 않는 역할, 색의 톤을 바꾸는 역할을 한다. 종류로는 명반과 철장제 등이 있다.

1) 명반

떫은맛이 나는 무색투명한 결정이다.(『표준국어대사전』) 염료의 색을 밝은 계열로 착색시킨다. 치자는 노란색, 소목은 붉은색, 포도는 자주색, 홍화는 분홍색·오렌지색으로 착색된다.

2) 철장제

철근을 물에 담가 건져 두고 녹이 슬게 한 후, 이것에 빙초산을 부어 하룻밤 동안 재운 물질이다. 염료의 색을 어두운 계열로 착색시킨다. 치자는 연한 녹색, 소목은 밤색, 포도는 보라색, 홍화는 갈색으로 착색된다.

2.3. 구성

채상은 뚜껑과 밑짝으로 이루어져 있으며, 그 각각은 다시 겉짝과 내공으로 이루어져 있다. 채상은 상자 두 개를 겹쳐서 만든다.

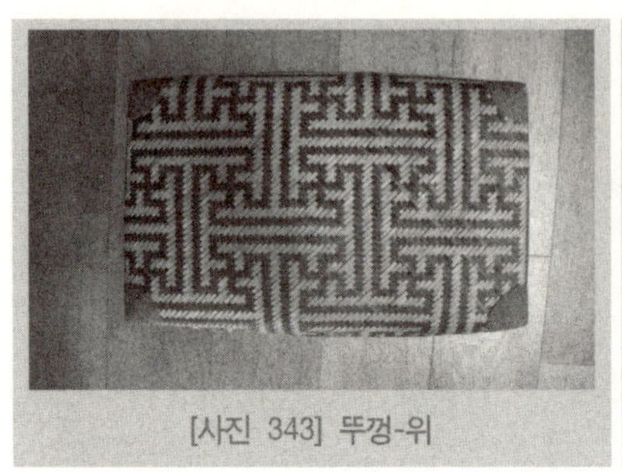

[사진 343] 뚜껑-위

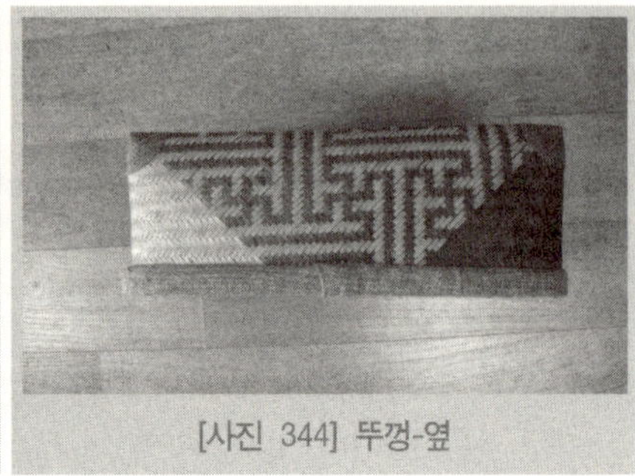

[사진 344] 뚜껑-옆

2.3.1. 뚜껑[뚜껑]

채상의 윗짝으로, 상자를 덮는 부분이다. 염색한 대오리로 문양을 넣어 장식한다.

2.3.2. 밑짝

채상의 아래짝으로, 상자에 물건 따위를 담는 부분이다. 뚜껑과 한 벌로 만들며, 밑짝의 옆면은 뚜껑과 같은 문양으로 장식하지만, 밑면에는 간단한 문양을 넣거나 아예 넣지 않기도 한다.

[사진 345] 뚜껑과 밑짝

[사진 346] 밑짝

2.3.3. 내공

채상의 안쪽 상자로, 뚜껑과 밑짝은 각각 상자 두개를 겹쳐서 만드는데, 이때 안쪽 상자를 '내공'이라 한다. 내공은 염색하지 않은 굵은 대오리(약 7mm)로 짠다. 속에 있는 상자라 해서 '속짝'이라 부르기도 한다.

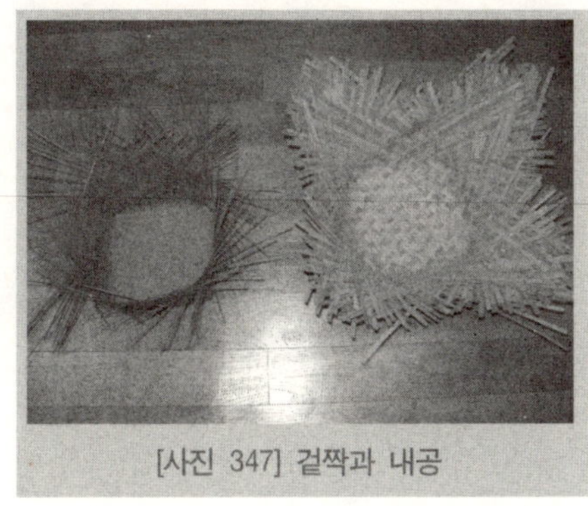

[사진 347] 겉짝과 내공

2.3.4. 겉짝

채상의 바깥쪽 상자로, 뚜껑과 밑짝은 각각 상자 두개를 겹쳐서 만드는데, 이때 바깥쪽 상자를 '겉짝'이라 한다. 겉짝은 염색한 가는 대오리(약 3mm)로 문양을 넣으면서 짠다.

2.3.5. 바닥

채상의 가운데 부분을 이른다. 채상은 대오리를 이용하여 중심에서부터 짜기 시작하는데, 이 부분을 '바닥'이라 한다. 뚜껑의 바닥은 뚜껑의 윗면이 되며, 밑짝의 바닥은 밑짝의 아랫면이 된다.

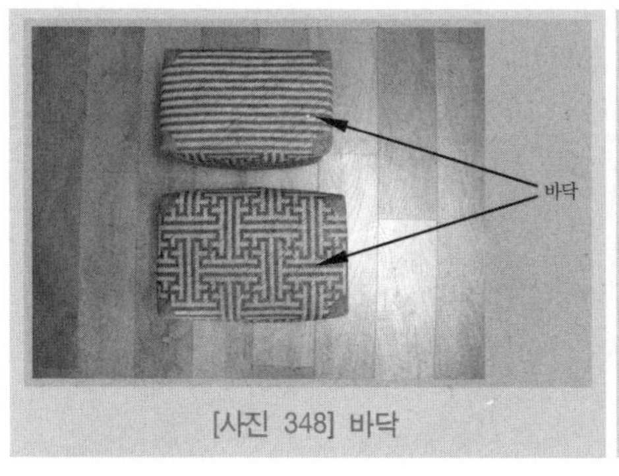

[사진 348] 바닥

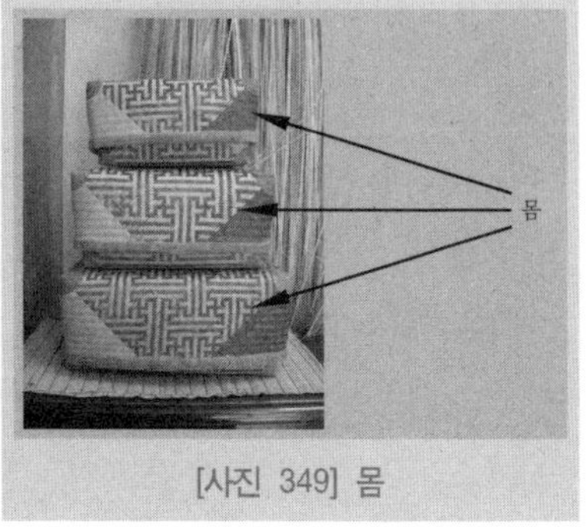

[사진 349] 몸

2.3.6. 몸

채상의 옆 부분을 이른다.

2.3.7. 귀

①채상의 모서리를 이른다. ②채상의 모서리 부분에 대는 천을 이른다. 채상의 모서리가 상하거나 닳지 않게 하기 위해 천을 붙이는데, 이것도 '귀'라 한다.

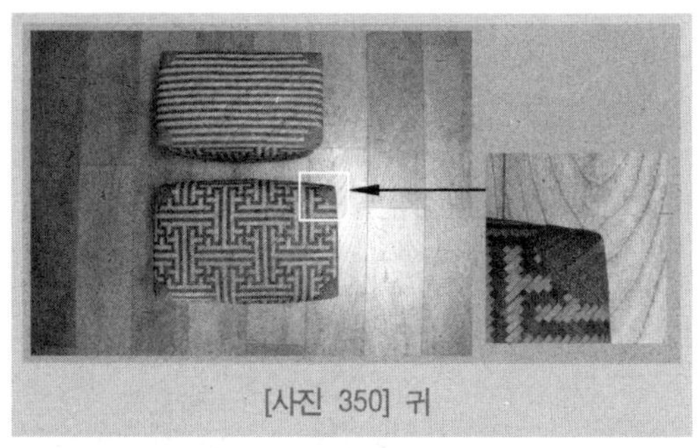
[사진 350] 귀

2.3.8. 테

상자가 어그러지거나 깨지지 아니하도록 몸을 둘러맨 줄을 이른다. 테

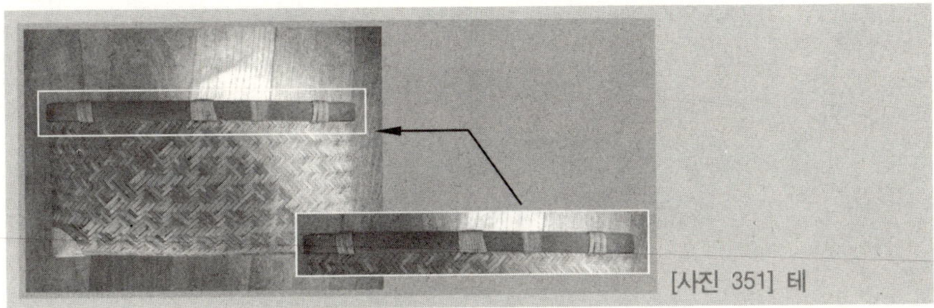

[사진 351] 테

는 두 겹이며, 안테와 바깥테로 이루어져 있다. 철사나 솔뿌리로 매어서
고정시킨다.

2.3.9. 솔뿌리

안테와 바깥테를 맬 때 사용하는 끈으로, 소나무 뿌리를 캐다가 다듬어
서 사용한다.

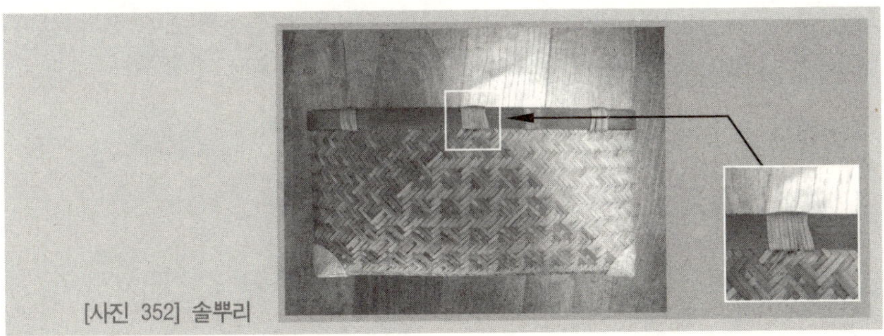

[사진 352] 솔뿌리

2.3.10. 마포

채상의 테와 귀를 감싸는 천을 이른다. 원래는 공단을 사용하였으나, 요즘에는 천연 염색된 마포를 사용한다. 대나무를 천연 염색하기 때문에, 공단보다 염색된 마포가 더 자연스럽게 어울린다. '삼베'라 부르기도 한다.

2.3.11. 한지

내공에 붙이는 종이를 이른다. 겉짝은 염색한 가는 대오리로 짜지만 내공은 굵고 거친 대오리로 짠다. 내공의 굵은 대오리를 감추기 위해, 내공에 한지를 바른다. 가늘고 좋은 대로 짠 내공에는 한지를 바르지 않는다.

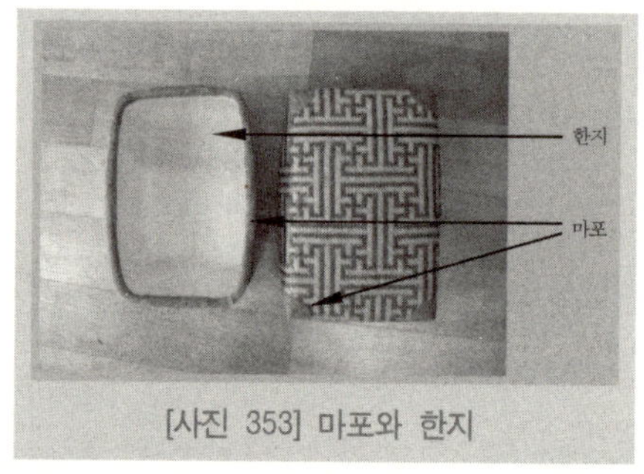

[사진 353] 마포와 한지

2.3.12. 문양

1) 줄무늬
줄로 이루어진 무늬이다.(『표준국어대사전』)

2) 바둑무늬
두 가지 빛깔의 점을 엇바꾸어 놓은 무늬이다.(『표준국어대사전』)

[사진 354] 만자연속문양(1)

[사진 355] 만자연속문양(2)

3) 십자무늬

십(十)자 모양의 무늬이다.

4) 만자연속문양

만(卍)자를 이어 만든 무늬이다. 전통 문양의 하나로, 만자는 막힘이 없어서 형통을 뜻한다.

5) 도투마리

베를 짤 때 날실을 감는 틀을 본 떠 만든 무늬로, 전통 문양의 하나다.

6) 산문양

산(∧) 모양의 무늬이다.

[사진 356] 도투마리

[사진 357] 산문양

7) 마름모문양

마름모 모양의 무늬로, '마름모짝문양'이라 부르기도 한다.

8) 이중마름모문양

마름모가 두 개씩 겹쳐서 나타나는 무늬로, '이중 마름모꼴 문양'이라 부르기도 한다.

[사진 358] 마름모문양

[사진 359] 이중마름모문양

[사진 360] 십자도안화

[사진 361] 미니십자

9) 십자도안화

네모 안에 십자가 들어 있는 무늬이다.

10) 미니십자

대오리 한 올로만 겹쳐서 만든 십자무늬이다.

11) 미니방울

대오리 한 올로만 겹쳐서 만든 방울무늬이다.

[사진 362] 미니방울

[사진 363] 창살문양

[사진 364] 하트문양

[사진 365] 문자 수복강녕-희

12) 창살문양

아(亞)자 모양의 무늬로, 전통 문양의 하나이다.

13) 하트문양

하트(♡) 모양의 무늬이다.

14) 문자 수복강녕

복을 기원하는 글자인 수(壽)·복(福)·축(祝)·희(囍) 등의 무늬이다.

2.3.13. 벌

채상을 세는 단위로, 삼합채상과 같이 덩어리로 된 것을 셀 때는 '삼합채상 한 벌'이라 표현한다.

2.4. 도구

2.4.1. 톱(대톱)

대나무를 베거나 써는 데에 쓰는 톱이다.

2.4.2. 쪼개는칼

대통을 쪼개는 데에 쓰는 칼로, 칼끝이 뭉툭하고 직사각형이다. 대를 쪼갤 때는 힘을 주어서 쪼개야 하므로 칼끝이 날카로우면 다치기 쉽다.

2.4.3. 뜨는칼

대쪽에서 속을 제거하고, 0.2㎜ 정도의 대오리로 뜨는 데에 쓰는 칼이다.

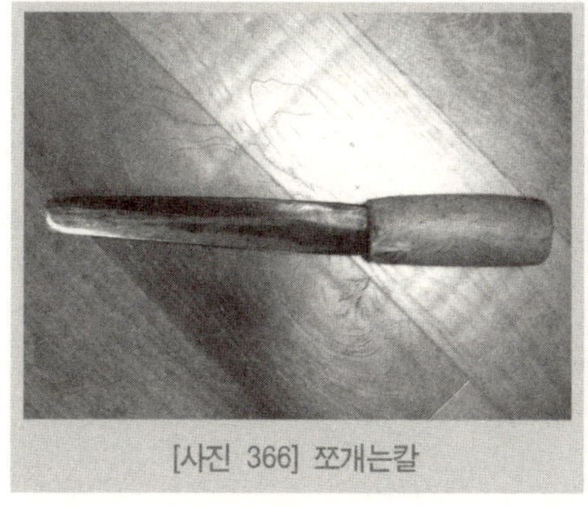

[사진 366] 쪼개는칼

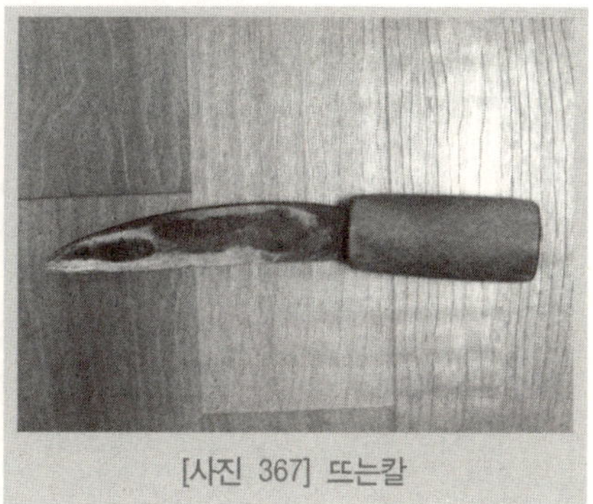

[사진 367] 뜨는칼

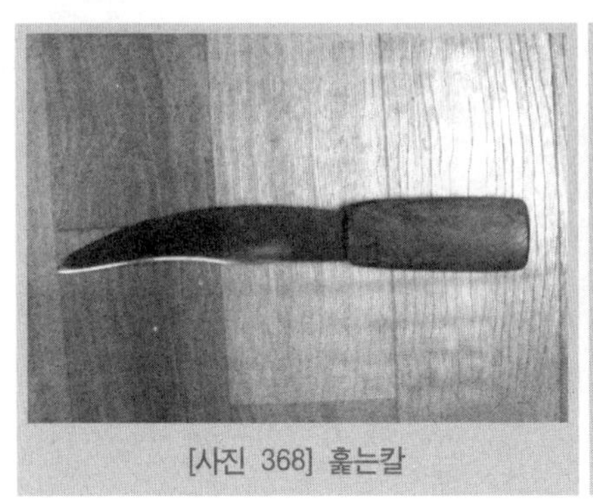

[사진 368] 훑는칼

[사진 369] 훌갖

2.4.4. 훑는칼[훌는캄]

뜬 대오리를 매끈하게 다듬는 데에 쓰는 칼이다. 대오리를 훑을 때는
칼이 무엇보다 잘 들어야 하므로, 숫돌을 옆에 두고 갈면서 사용한다. 훑
는칼은 뜨는칼에 비해 칼이 휘어 있다.

2.4.5. 훌갖

대오리를 훑을 때에 무릎에 대는 가죽 띠이다. 무릎에 훌갖을 대고, 대
오리를 훌갖 위에 놓은 후 칼로 훑는다. 훌갖은 방앗간에서 기계를 돌릴
때에 사용하는 줄(갖줄)로 만든다.

2.4.6. 숫돌[숟똘]

칼이나 낫 따위의 연장을 갈아 날을 세우는 데 쓰는 돌이다.(『표준국어대
사전』)

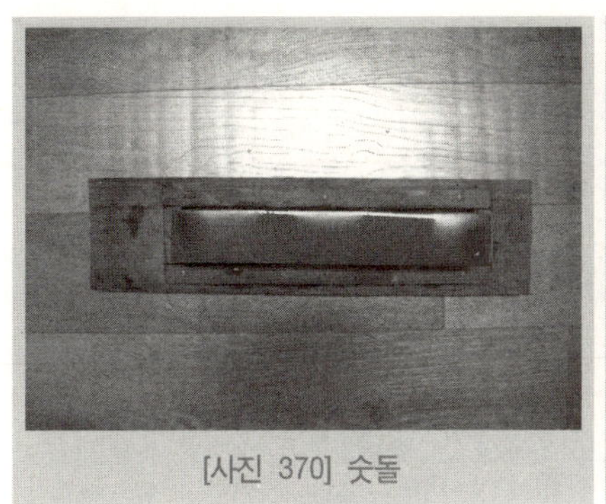

[사진 370] 숫돌

[사진 371] 숫돌과 숫돌집

2.4.7. 숫돌집[숟똘집]

숫돌을 담아 두는 나무 상자이다.

2.4.8. 손칼

테를 맬 때에 쓰는 칼로, 테를
매고 솔뿌리를 끊을 때에 사용한
다. 대못을 깎을 때도 사용한다.

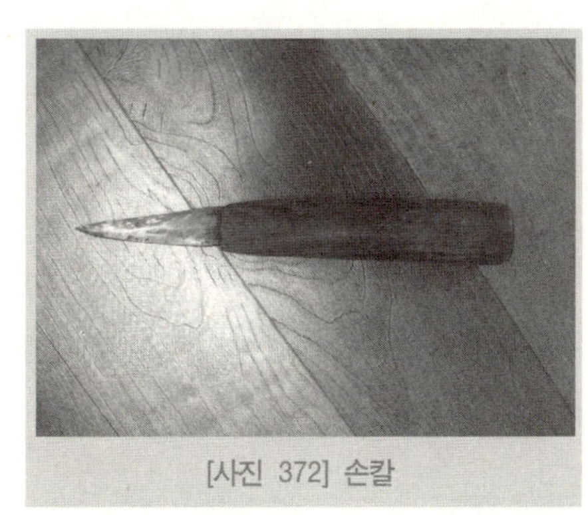

[사진 372] 손칼

2.4.9. 송곳[송긋]

테를 맬 때에 상자에 구멍을 뚫
는 도구이다. 쓰임에 따라 갱기 칠(갱기테를 맬) 때에 쓰는 갱기송곳, 일반적

[사진 373] 갱기송곳

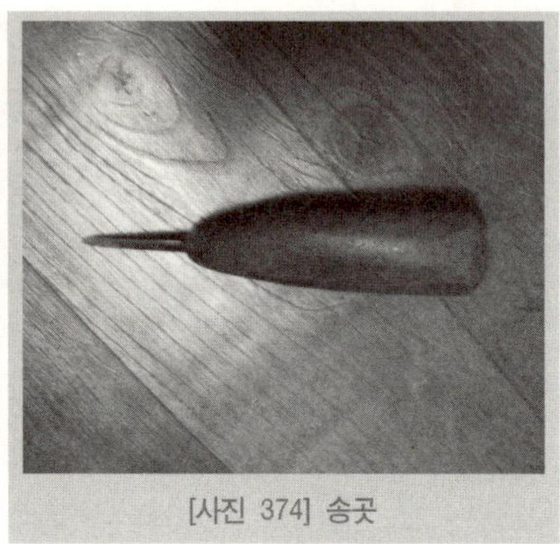

[사진 374] 송곳

으로 사용하는 송곳 등이 있다.

2.4.10. 노미

테를 정사각형 또는 직사각형으로 구부릴 때에, 휠 부분의 댓속을 파내는 끌이다. 노미는 끌의 일본어이다.

2.4.11. 노미집

노미의 칼을 보호하기 위해서 가죽으로 만든 집이다.

2.5. 행위

채상의 제작 과정은 크게 대를 이루는 과정, 대오리를 염색하는 과정,

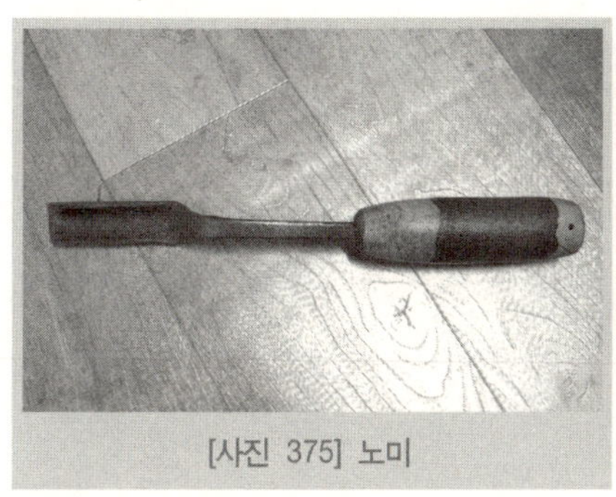
[사진 375] 노미

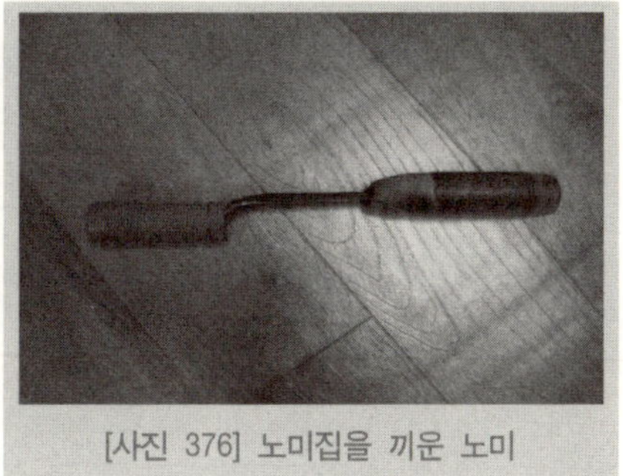
[사진 376] 노미집을 끼운 노미

상자를 짜는 과정, 테를 제작하는 과정, 상자와 테를 조립하는 과정으로
이루어진다.

2.5.1. 대를 이루는 과정

1) 대비다

대밭에서 둘레가 여섯~일곱치 되는 왕대(3~4년생)를 베다. 대톱으로 베
며, 대낫으로 가지를 친다.

(1) 손

대나무를 세는 단위이다.

2) 대두다

베어 온 대나무를 보관하다. 대나무는 비를 맞으면 썩기 쉽고, 햇빛을
받으면 말라서 부러지기 쉽다. 그래서 비가 들이치지 않는 창고에 보관
한다.

3) 대썰다

대나무를 필요한 길이에 맞게 자르다. 대나무에 자를 대고 길이를 측정한 다음, 대톱으로 자른다. 삼합채상(직사각형)의 경우, 대짝은 1m 20cm, 중짝은 1m 5cm, 소짝은 90cm로 자른다. 겉짝을 만들 대오리는 중통에서 자르며, 내공을 만들 대오리는 똥대와 끝단에서 자른다.

4) 대쪼개다

대통을 칼로 쪼개다. 겉짝을 만들 대오리는 2.8~3mm 정도의 폭으로 쪼개고, 내공을 만들 대오리는 3.5~8mm의 폭으로 쪼갠다.

5) 대반치다

대쪽을 반으로 가르고, 겉대에서 속을 제거하다. 속은 물러서 쓸 수 없기 때문에 버리고, 겉만 남긴다. 겉의 두께는 약 1~1.2mm 정도이다.

6) 조름썰다

대쪽의 폭을 일정하게 만들다. 조름칼의 폭을 고정한 후에, 대쪽을 조름칼에 통과시키면 폭이 일정하게 된다.

7) 대뜨다

대반치고, 조름썬 대쪽을 4~6쪽으로 나누다. 뜨는칼로 대쪽을 절반으로 나누고, 겉 부분을 다시 2~3개로 뜨고, 속 부분도 같은 방식으로 뜬다. 이렇게 뜬 대의 두께는 약 0.02mm이다.

(1) 겉대[겉때]

대쪽의 겉 부분에서 처음으로 뜬 대오리를 이른다. 겉쪽이기 때문에 녹색 빛이 남아 있다. '피대'라 부르기도 한다.

(2) 비금

겉대 다음으로 뜬 대오리로, 겉대에 비해 흰색에 가깝다.

(3) 속대[속때]

대쪽의 속 부분에서 뜬 대오리를 이른다.

(4) 겉짝대[겉짝때]

겉짝을 만들기 위해 쪼개 놓은 대오리로, 폭이 2.8~3mm정도이다. 겉짝대는 염색을 하기 때문에 '채상대'라 부르기도 한다.

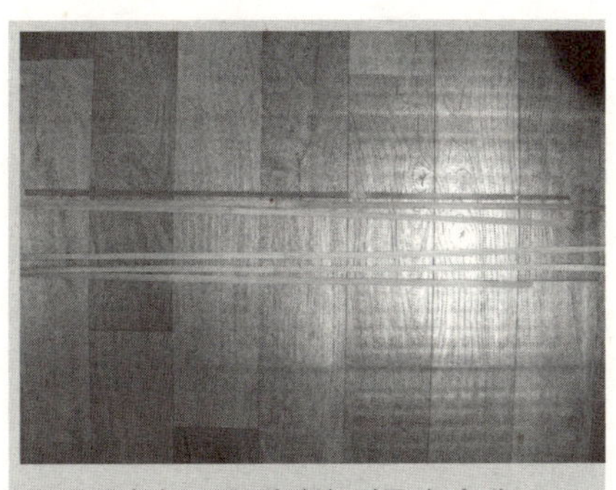

[사진 377] 겉대와 비금과 속대

[사진 378] 겉짝대

[사진 379] 내공대

(5) 내공대[내공때]

내공을 만들기 위해 쪼개 놓은 대오리로, 폭은 3.5~8mm로 다양하다.

8) 물에 불리다

뜬 대오리를 물에 4~6시간 정도 담가 불리다. 물에 불려야 대오리가
부드러워져서, 훑을 때 칼을 잘 받는다. 오래 담가두면 색이 변할 수 있다.

(1) 칼을 잘 받다

대쪽이 물러져서 칼질이 잘 되다

9) 훑다

물에 불린 대오리를 다듬다. 겉대에 있는 대껍질도 벗기고, 겉짝대와
내공대의 두께를 일정하게 고른다. 두께를 고르는 작업은 제보자의 감각
에 의존한다. 겉짝대는 여러 번 훑어 곱게 다듬는데 반해, 내공대는 뒤에
한지를 발라 감추기 때문에 겉짝대에 비해서는 공을 들이지 않는다.

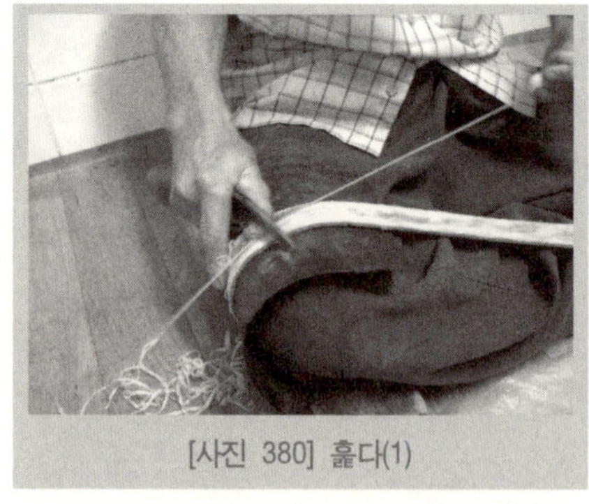

[사진 380] 훑다(1)

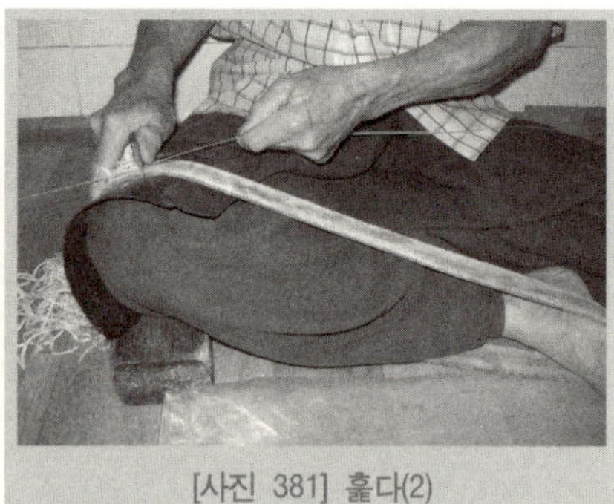

[사진 381] 훑다(2)

2.5.2. 염색 과정

1) 염색하다

대오리에 물을 들이다. 옛날에는 소금물에 끓여 대오리의 색을 진하게 만드는 방법만을 사용했다. 그러나 전수 조교 서신정은 천을 염색하는 방법을 대오리에 적용하여, 다양한 색상으로 염색을 가능하게 만들었다. 채상장 서한규는 '물들이다'라고 말하기도 한다.

2) 물에 담그다

염료를 물에 담가 염액을 빼다. 염료에 따라 담그는 시간은 다르다. 치자는 1시간, 소목은 3~4시간, 인진쑥은 하룻밤 정도 담그며, 홍화는 5일 이상을 담근다.

3) 불에 삶다[부레 쌈따]

염료를 담근 물을 삶아 염액을 우려내다. 염료와 염액을 함께 삶아야 염액이 잘 우러난다.

4) 체에 거르다

우려낸 염료를 체에 걸러 내고, 순수한 염액을 밭치다.

5) (염액에 대올을) 담그다

밭친 염액에 대오리를 담그다. 대오리를 한쪽 끝부터 시작하여 전체를 담가야, 염액이 잘 스며든다. 염액에 대오리를 담그는 시간도 염료에 따라 다르다. 보통 치자는 30분, 소목은 5일, 인진쑥은 5시간 이상, 홍화는 2~3시간 정도 담근다.

6) 매염제를 탄 물에 담가 놓다[매염제를 탄 무레 담궈 노타]

염액에 담근 대오리를 매염제를 탄 물에 옮겨 담그다. 그렇게 해야만 대오리에 착색이 잘 된다. 원하는 색상이 나올 때까지, 염액과 매염제 물에 옮겨 담그기를 반복한다. 반복하는 과정을 통해서 대오리의 색을 조절한다.

7) 물에 헹구다

착색된 대오리를 깨끗한 물에 씻다. 물이 더는 빠지지 않을 만큼 깨끗이 헹군다.

[사진 382]
염색한 대오리

8) 말리다

대오리를 말리다. 신문지를 여러 겹으로 넓게 펼친 후, 대오리를 그늘에서 말린다. 그러면 신문지에 물이 빠지면서 마른다. 햇빛에서 말리면 색이 바래며, 대나무의 수명이 짧아진다.

2.5.3. 짜는 과정

1) 짜다

대오리를 상자로 엮다. 겉짝은 염색한 대오리(겉짝대)로 문양을 넣으면서 세투리로 짠다. 내공은 염색하지 않은 내공대로 짜며, 대가 넓은 것은 두투리로, 좁은 것은 세투리로 짠다. '절다'라고 말하기도 한다.

(1) 두투리

두 올 뜨기로, 대오리 두 개를 누르고 두 개를 뜨는 방식이다.

(2) 세투리[시투리]

세 올 뜨기로, 대오리 세 개를 누르고 세 개를 뜨는 방식이다. 세투리로 짤 때만 문양을 넣을 수 있다.

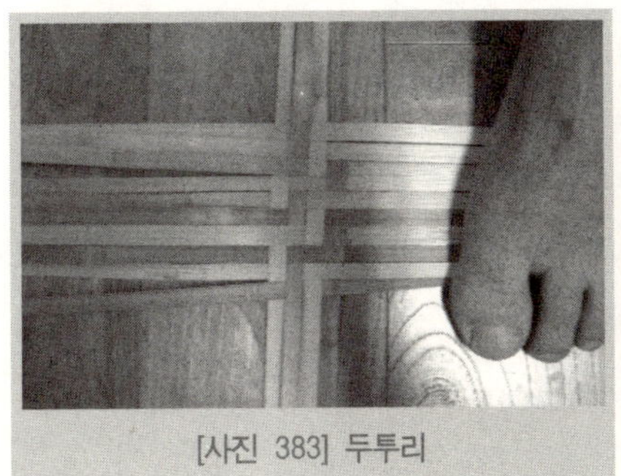

[사진 383] 두투리

[사진 384] 세투리

(3) 씨

상자를 짤 때에 가로로 놓는 대오리이다. 씨줄에 대응하는 말로 추측하여 날 또는 날줄에 대해 물었으나, 제보자는 그런 말을 쓰지 않았다.

(4) 다과지다

대오리의 씨줄에 날줄을 엮어서 촘촘히 당기다. 기본형은 '다구다'이다.

2) 바닥을 짜다

상자의 바닥을 짜다. 여러 개의 대오리를 가로로 펼친 후에, 중심 부분을 왼발로 딛는다. 그리고 또 다른 대오리를 세로로 하여, 두투리 또는 세투리로 짠다. 겉짝은 문양을 생각하며 세투리로 짜고, 내공은 두투리로 짠다.

3) 테를 그리다[테를 기리다]

상자의 바닥을 완성한 후에, 바닥에 테의 모양을 그리다. 테는 문양의 가로선과 세로선이 테의 장·단면과 수평이 되도록 놓고 그려야 한다. 그렇게 해야 완성된 후에 문양이 틀어져 보이지 않는다. 그리고 테를 그리는 것은 몸을 올리는 과정과 관련된다. 테의 안쪽은 상자의 바닥이 되고, 테의 바깥쪽은 상자의 몸(옆면)이 된다.

4) 물을 묻히다

손이나 솔 등으로 테를 그린 바닥에 물을 묻히다. 테의 바깥쪽의 대오리는 휘어서 몸을 올려야 하므로, 대오리를 부드럽게 만들기 위해 물을 묻힌다.

5) 집수

완성된 하나의 문양을 이른다. 겉짝은 세투리로 짜는데, 문양을 넣기 위해서는 1·3·5 올로 짜는 방식을 바꿔야 한다. 그렇게 해서 완성된 하나의 문양이 집수이다. 상자의 몸을 올리기 위해 귀를 잡을 때는 바닥의 문양을 보면서, 집수를 해야 한다. 채상은 항상 집수를 하면서 짠다.

6) 귀를 잡다

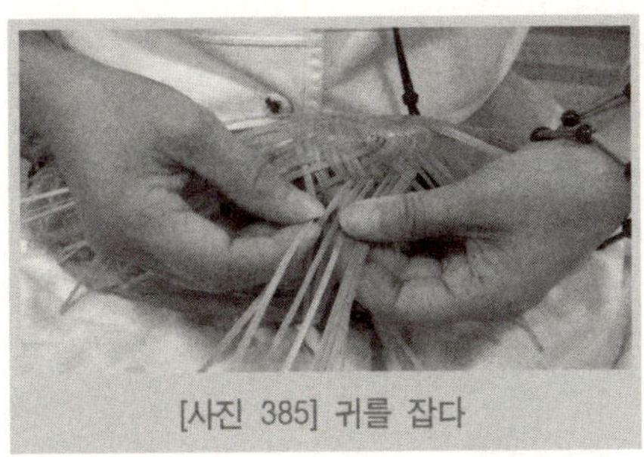

[사진 385] 귀를 잡다

상자의 모서리 부분을 만들다. 상자의 몸을 올리기 위해서는 귀를 잡으면서 짜야 한다. 그러면 귀를 제외한 나머지 부분들은 자연스럽게 바닥과 직각이 된다.

7) 몸을 올리다

상자의 옆면을 짜다. 귀를 잡으면, 상자 옆면의 대오리가 바닥과 직각이 된다. 그러면 상자의 옆면을 짜서 올린다.

2.5.4. 테의 제작 과정

테의 대쪽은 썰고, 쪼개고, 조름하고, 훑어서 만든다. 이 과정은 대를 이루는 과정과 같기 때문에 생략한다. 안테와 바깥테를 만드는 방법은 같다.

1) 귀를 파다

테를 사각형으로 만들기 위해서, 구부릴 부분의 안쪽을 노미로 파다. 이렇게 귀를 파야 테를 구어 구부릴 때에 대가 쪼개지지 않는다.

[사진 386] 귀를 판 테의 모양

2) 대를 굽다

귀를 판 테를 화로나 가스불 위에 올려서 굽다. 테를 불 위에 올려놓으면 대가 익어서 부드러워진다.

3) 귀를 구부리다

구운 테의 귀를 구부리다. 귀를 판 부분을 구부려서 찬 물에 담근다. 그러면 테가 굳어서 사각형의 형태가 고정된다.

4) 묶다

사각형으로 구부린 테의 끝 부분을 겹쳐서 철사로 묶다. 이때 테가 겹치는 부분은 테의 안쪽을 깎아서 얇게 만든다. 그렇게 해야 테끼리 겹치는 부분이 두껍게 보이지 않는다.

2.5.5. 조립 과정

1) (겉짝과 내공을) 끼우다

완성된 겉짝에 내공을 끼우다. 굄목을 이용하여 바닥을 고르게 만든다.

2) 테를 씌우다[테를 씨우다, 테를 씨다]

내공에는 안테를, 겉짝에는 바깥테를 씌우다.

3) 자를 재다

테를 고정시키기 전에, 겉짝과 내공에 씌운 테의 높이를 자로 맞추다.

4) 가위로 자르다[가위로 짜르다]

테를 씌운 후에, 테 위에 남아 있는 대오리 부분을 자르다.

5) 테를 매다

상자와 테를 묶어 고정시키다. 씌운 테의 높이를 자로 다시 확인한 후

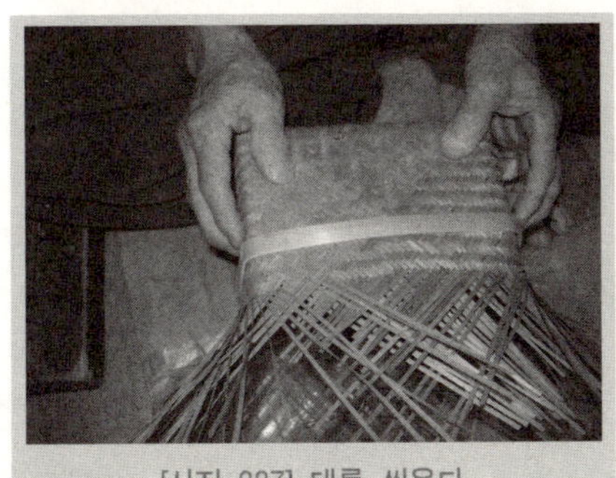

[사진 387] 테를 씌우다

[사진 388] 자를 재다

[사진 389] 가위로 자르다

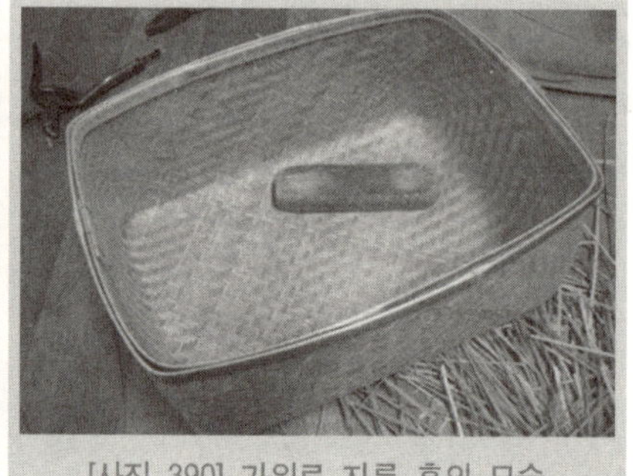

[사진 390] 가위로 자른 후의 모습

에, 솔뿌리 또는 철사로 상자와 테를 묶는다. 테를 마포로 싸는 경우에는 철사로 묶지만, 테를 싸지 않을 경우에는 솔뿌리로 묶는다. 솔뿌리로 묶는 경우에는 테끼리 겹치는 부분도 풀로 고정시킨다.

6) 마포로 싸다

테를 마포로 싸다. 마포의 색은 채상에 맞추어 고른다. 마포로 싸는 과정은 전수조교가 한다.

7) 한지바르다[한지보르다]

내공에 한지를 바르다. 넓은 대오리로 내공을 짠 경우에는 그것을 감추기 위해서 한지를 바른다. 한지는 두 겹으로 바른다.

8) 귀를 바르다[귀를 보르다]

마포를 둥글게 잘라서 상자의 귀(모서리)에 붙이다. 상자의 귀는 닳기 쉽기 때문에 천으로 한 번 더 감싸준다.

2.6. 제작품

채상은 역사적으로 이어져 내려온 크기대로 만든 전통 채상과 이러한 채상 기법을 다른 생활용품에 적용한 개량형 채상이 있다.

2.6.1. 전통 채상

1) 삼합채상

세 개의 상자로 이루어진 채상이다. 크기에 따라 대·중·소로 나누며, '소짝·중짝·대짝'이라 부른다. 채상은 주로 삼합으로 만들며, 주문에 따라 단합에서 이합, 삼합, 오합, 구합까지 만들 수 있다.

[사진 391] 삼합채상(1)

[사진 392] 삼합채상(2)

[사진 393] 이합채상

2) 이합채상

두 개의 상자로 이루어진 채상으로, 크기에 따라 '큰 짝'과 '작은 짝'이라 부른다.

3) 단합채상

하나의 상자로 이루어진 채상이다.

4) 고리짝

대오리로 만든 고리로, '대고리'라 말하기도 한다.

[사진 394] 채상 고리짝

[사진 395] 고리짝

2.6.2. 개량형 채상

1) 반짇고리

바늘, 실, 골무, 헝겊 따위의 바느질 도구를 담는 그릇이다.(『표준국어대사전』) 반짇고리도 밑짝과 뚜껑으로 이루어져 있다. 밑짝은 원형으로 상자 세 개를 겹쳐서 만들고, 뚜껑은 두 개를 겹쳐서 만든다.

[사진 396] 반짇고리

[사진 397] 채상찬합

2) 채상찬합

염색한 대오리로 만든 찬합이다.

3) 다기함

다기(茶器)를 담는 그릇이다.

4) 목베개[목비개]

대오리로 짠 베개이다.

5) 채상선

염색한 대오리로 만든 부채이다. 안내문에는 '채죽선'이라 되어 있지만, 제보자는 '채상선'이라 부른다.

6) 죽석

대오리로 만든 자리이다.

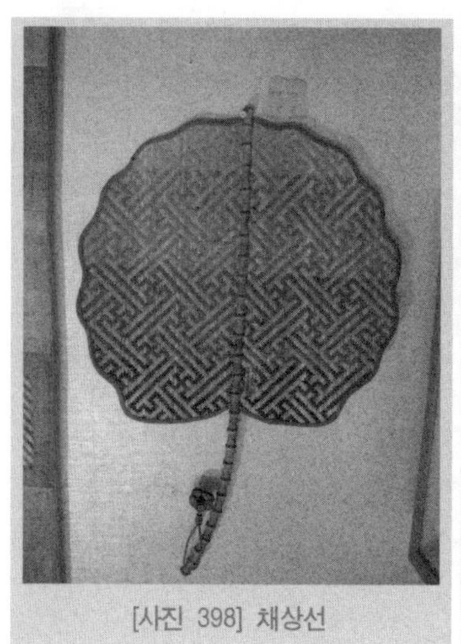

[사진 398] 채상선

[사진 399] 죽석

제7장 악기장의 말

1. 자연스럽게 배운 악기

1.1. 죽제품 체험 교실

問 어르신, 여기는 어디입니까?

答 가까운 담양읍이에요. 천변리요.

問 천변리 몇 번지입니까?

答 122번지입니다. 122번지.

問 천변리란 마을 이름의 유래가 있습니까?

答 예, 천변에 있다고 해서 천변리라고 하는 것 같애요.

問 어르신, 천변리 마을에서는 전반적으로 무슨 일을 합니까?

答 담양에서는 뭐 바구니들, 옛날에는 지금이니까 그렇죠 바구니들을 많이
만들었죠.

問 향교리같은 경우는 참빗이 유명합니다. 이 마을은 무엇으로 유명합니까?

답 천변리에서는 뭐 이제 그 죽부인 만드시는 분도 있었고, 바구니들을 많이 만들었어. 바구니들을.

문 그러면 여기 죽제품 체험 교실을 운영하신지는 얼마나 되셨습니까?

답 이것이 원래 한 7~8년 됐을 거에요 처음에 시작을 해 가지고 처음에 한 6명이 처음에는 했었는데, 그 당시에는 뭐, 국비도 지원이 있었고, 도비도 지원이 있었고 그리 해 가지고 처음에는 6명이 시작을 했었어요 그러다가 인제 한 2년 하다가 예산이 삭감되고 막 그래 가지고 제가 그만 또 뒀죠 그러다가 인제 명인이 돼 가지고 명인들은 해야 된다고 하니까 또 인제 그 뒤로 계속 한 거죠, 명인 되고 나서. 그리고 인제 체험실하다 보면은 한 가지만 해 가지고는 어려워요 품목들이 여러 가지가 있기 때문에 이러한 것들을 다 한꺼번에 소화할 수가 있어야 되거든요 그렇지 않으면, 강사가 뭐 여러 사람이 있어야 되겠죠, 이런 거 할라면은. 다양하게 하지 못하니까. 그러니까 저는 이제 여기있는 17가지 품목들을 다 하고

문 17가지 품목이 무엇 무엇입니까?

답 그 외에도 다 하죠 뭐. 저 위에 있잖아요 저기 체험 내용 있잖아요

1.2. 살아온 이야기

문 담양에서 사신지는 얼마나 됐습니까?

답 평생 살았으니까요 담양에서 태어나 가지고 지금까지, 객지 생활을 한 게 한 6 개월? 하하하. 한 6개월, 1년? 그 정도 살았을 거에요

문 몇 대째 이 마을에 사신지는 모르십니까?

답 저희 아버님은 이제 원래 봉산면에서 사셨고, 가까운 봉산면. 저 전부다 이제 가족들이 쭉 담양에서 살았죠 몇 대 할아버지때부터 쭉 이어서 살

아오셨는데, 시골에 사시다가 아버님이 사업 때문에 읍으로 나오셔가지고, 읍에서 사업을 하셨고

문 태생지는 어디입니까?

답 태생지는 아까 천변리 122번지.

문 어르신 연세는 어떻게 됩니까?

답 저는 이제 54년생.

문 54년생이면 몇 살입니까?

답 54이죠. 만으로 따지면 53이고

문 무슨 띠입니까?

답 말띠죠

문 어르신 말띠입니까? 어르신 말띠같이 안 생기셨습니다!

답 하하하. 뭐 띠하고 상관이 있나요? 하하하

문 학교는 어디까지 나오셨습니까?

답 학교는 제가 많이 못 다녔어요 담양서 다녔고 중학교 다니다가 말아 부렸어요 상황이 어려워 가지고

문 어르신 직업은 무엇입니까? 다른 어르신들은 장인이라는 명칭을 붙이는데, 어르신은 안 붙이시니까 여쭤보는 겁니다.

답 장인 명칭도 가지고 있죠 저희들이 장인 협회가 있어요

문 거기서 장인이라는 명칭을 붙이실 때는 어르신께서는 무슨 장인이라고 붙입니까?

답 뭐 지금은. 이제 죽관악기를 주로 저기 하니까. 그 제가 인제 장인 공예인 협회의 총무로 일하고 있거든요 거기에도 수십년씩 일하시는 대나무 일 하시는 분들이 모여 가지고, 17명 문화재들이.

문 그러니까 여기서 뭐 부채장, 채상장하시는데 어르신은 장자를 붙이면 무엇이라 합니까?

답 뭐 악기장이죠 저는 해금도 많이 만들었거든요 해금도 납품을 많이 했

어요, 국악사에다가.

[문] 어르신 결혼은 언제 하였습니까?

[답] 제가 인제 그 광주사태 났을 때.

[문] 80년도입니까?

[답] 예. 80년도 80년도에 인제 광주사태 나 가지고, 그 때 처음에 음 한 3월 달엔가 처음 결혼 날짜를 잡았었어요 그런데 사정으로 해 가지고 형님이 또 결혼을 늦게 하신다 해 가지고 먼저 하기로 했는데, 갑자기 또 형이 하신다 하니까. 그래서 인제 몇 달을 미루다가 5월달에 인자{이제} 날짜를 잡았죠 5월 24일에 잡았어요 5월 24일에 잡았는데 인제 딱 5·18이 터진 거에요 5·18이 터지니까 20일 넘어가니까 담양이 교통이 완전이 다 통제돼 버렸어요 통제가 돼 가지고 갈 수가 없네. 집사람이 이제 서울에 사는데. 서울서 이제 결혼식 하기로 다 예식장도 다 잡아놓고 그랬는데. 갈수가 없는 거에요 가족들이고 누구고 아무도 못 가죠 근다고 해서 인제 그 때 당시 전화도 잘 안 되고, 완전이 두절 돼 버렸으니까 딱 끊어져 버렸으니까. 그 상태에서 안 가버릴 수도 없고 거기서는 인제 애가 타죠 애가 타고 그래서 인자{이제} 별 수 없이 22일 날인가. 여기서 인제 출발을 해 가지고 저쪽 순창쪽으로 화물차를 얻어 타고 택시를 타고 검문소까지는 가더라구요 검문소에서 내려가지고는 차가 인제 없죠 그래서 검문소 지나 가지고는 전라북도 가 가지고는 그 쪽에서 마침 화물차 안에서 타고 순창으로 가 가지고 순창에서 또 남원으로 가 가지고 또 남원에서 가는 거죠 그래 가지고 가족들은 아무도 못 가고 나 혼자.

[문] 그래서 5월 24일 날 결혼은 하셨습니까?

[답] 그러죠 혼자 가 가지고 저기할 사람이 없으니까. 서울에 사촌 형님이 한 분 살아 가지고, 사촌 형님한테 옆에 부모님 대신 계시라 했습니다. 그래 가지고 결혼을 한 거에요

문 아이고! 진짜 장가 너무 어렵게 가셨습니다. 그래서 더 행복하시죠?

답 그러죠 뭐. 잘 삽니다.

문 아이들이 어떻게 되십니까?

답 아들만 둘이고요 환영이고 진영이.

문 어르신 형제는 어떻게 되십니까?

답 저는 인제 4남 2녀. 누나가 한 분 계시고, 형, 내 우에로{위로} 형 한 분 계시고, 내가 둘째.

문 아들로만 둘째입니까?

답 예, 아들로만 둘째.

문 사모님 고향은 입니니까?

답 집사람은 원래 고향은 정읍. 정읍이고, 나 저기 할 때는 서울에 살았었죠 정읍에서 어려서 인제 서울로 가기 시작해 가지고 서울에서 살아서, 서울에서 결혼을 했죠

문 어르신, 결혼 예물로 무엇을 주고 받았습니까?

답 당시에, 뭐 생활도 안 좋고 그래서 예물도 없죠 뭐.

1.3. 악기장으로 인정받기까지

문 어르신, 대일을 하기 시작한 게 언제입니까?

답 대는 원래 담양에서 산 사람들은 날 때부터 보고 자랐으니까, 대나무에 대해서는 관심이 많이 있었고, 또 저는 이제 좀 타고난 뭐 솜씨가 있다 했을까요? 저희 어머니가 이렇게 손재주가 좀 있으셔요 바느질도 하시고 그러셨는데, 어머니가 뭐 하시는 거 보면은 바느질도 내가 옆에서 좀 도와드리고 재봉틀도 잘 돌리고 그랬거든요? 어렸을 때부터 옆에 주변에 인자{이제} 대나무 하시는 분들도 많고 그렇기 때문에 자연스럽게 인제

배우게 된 거죠

問 어르신 악기는 언제부터 만들었습니까?

答 악기는 인제 한 지는 한 20년. 악기는 담양에서 살다보니까, 재료를 구하러 온 사람들이 많이 있어요 또 옛날에 내가 인제 처음에 조각 배울 때 선생님이 국악기를 상당히 잘 다루시는 분이었거든요 그 분하고 가까이 하다 보니까 자연스럽게 악기에 대해 관심이 많고, 담양에 살다보니까 좋은 재료들이 많잖아요 특히 담양이 사계절이 뚜렷해 가지고 다른 어느 고장에서 나온 것보다도 대나무가 굉장히 질적으로 좋아요 그러다 보니까 자연스럽게 하게 된 거죠

問 그러면 전문적으로 배운 적이 없습니까?

答 예.

問 그러면 어르신은 전반적으로 악기들을 거의 다 만드십니까?...

答 저는 이제 보믄은{보면은} 하여튼 뭐든지 오랫동안 하다 보니까, 조각부터 시작해 가지고 칠, 옻칠까지 다 할 수가 있으니까요 옻칠하고, 대나무도 다루고 그러기 때문에, 거의 공예품이라고 하면 다 하죠 보면은 다 하죠

問 어르신, 그러면 일생 중에서 다른 직업에 종사하신 적이 있으십니까? 악기 만드신 지가 20년이면, 그 전에는 무슨 일을 하셨습니까?

答 인제 거의 조각, 조각품이면 대나무, 대나무하는 거하고 나무 조각하는 거.

問 조각은 몇 살부터 시작했습니까?

答 제가 이제 공예 시작한 지가 19살.

問 19살? 고등학교 졸업하고 시작하셨습니까?

答 그때부터 시작했죠

問 그때 조각으로 시작하셨습니까?

答 조각으로 시작을 해 가지고, 대나무는 어렸을 때부터 계속 했으니까, 타고 났으니까. 어렸을 때 뭐 닭장도 짓고, 토끼장도 짓고, 그런 것은 손수

다 했으니까. 장난감도 만들어서 가지고 놀고 대는 뭐 어렸을 때부터 만지고 산 거. 일상화가 돼 있죠

閏 그러면 조각하신 거는 19살때부터 하셨고, 낙죽이랑은 계속 하신 겁니까?

答 조각을 하니까, 그림같은 것은 예를 들면, 조각 대나무 조각을 하면은 그림 같은 것을 많이 응용을 하잖아요 나전칠기 하면은 자개, 자개 있잖아요. 자개 조각도 했었거든요, 제가. 자개 조각을 인자{이제} 자개 조각도 하고 그러니까, 조각품은 다 했어요 나무도 조각하고 대나무도 조각하고, 자개도 조각하고 그러다보니까 인자{이제} 그림 그리는 것은 안 보고 그리죠 도면도 이제 머릿속에 다 들어있어 가지고, 낙죽하는 것도 어디 책보고 하는 것도 아니고, 머릿속에서 생각나는 대로 그리기 때문에 다 똑같지가 않죠 다 틀리죠 그림들이 다. 악기에다가도 그러니까 응용을 하니까, 악기가 좀 고급스러운 악기가 된 거죠 그냥 밋밋하게 나두는 것보다도 거기다가 낙을 그리고 조각을 하니까, 훨씬 가치가 높아지는 거죠

閏 어르신께서는 지금 담양군 명인 05-3호 지정받으셨는데, 언제 지정받으셨습니까?

答 지금 3년째 되죠

閏 몇 년도입니까?

答 지금 07년도죠? 2005년……. 05년 6월인가 8월인가 되죠

閏 어르신 담양군 조사를 하는데, 중요 무형문화재가 계시고, 도 지정 문화재가 계시고, 향토 문화재가 계시고, 이제 명인이 계시는데, 담양군 명인으로 지정받으실 때 어르신께서는 악기로 지정받으신 겁니까? 어떻게 하면 담양군 명인이 됩니까?

答 그러니까 각 분야별로 해 가지고 사라져 가는 전통적인 맥을 잇기 위해서. 과거에 대나무 제품들이 많이 나왔었는데, 지금은 그런 것들이 많이

하향길에 접어들고 있거든요 그래서 그런 맥을 후계자들을 통해 가지고
계속 잇기 위해서, 각 분야별로 해 가지고 그런 사람들을 선정을 했죠

뭰 어르신 악기 만드는데 전수 받는 사람이 있습니까?

탑 저한테? 제 아들이 지금 후계자로 있죠

뭰 아드님 이름은 무엇입니까?

탑 김환영.

뭰 나이는 어떻게 됩니까?

탑 지금, 28.

뭰 몇 년 전부터 했습니까?

탑 아들이 지금, 한 지는 한 5년 되었죠

뭰 그러면 대일을 배울 때입니까?

탑 아들이요? 아들은 인제 학교 졸업하고, 군대 문제 인제 해결하고, 그러고
나서. 어려서부터 또 인제 내 밑에서 집에서 컸으니까, 보는 것이 있죠

뭰 한 20년 봤는데, 아버지가 도와라 하면 돕기도 했을 것 같습니다.

탑 그러죠 원래 인제 우리 애들은 사실 컴퓨터를 잘 다뤄요 잘 다루는데,
또 솜씨도 좀 타고난 것 같아요 우리 아들 솜씨도

뭰 그러면 이 아드님이 몇 째입니까?

탑 거기 큰아들.

뭰 다른 분에게 전수하는 것보다는 자식에게 전수하는 것이 마음에 놓이십
니까?

탑 근데 인자{이제} 다른 분도 배울라 하는 사람들이 있어요 일단 인자{이
제} 아들이기도 하고, 원하는 분이 사람들한테 해줘야죠. 내가 알고 있
는 것을.

뭰 어르신이 만드신 악기 중에서, 가장 자신 있는 악기는 무엇입니까?

탑 원래 제가 단소를 많이 만들었고요 단소를 대개 많이 만들었고

뭰 어르신이 만든 단소하고 다른 분들이 만든 단소의 차이점은 무엇입니까?

답 여기 체험실에서 근무하면서, 하여튼 뭐, 숫자로 하면 전국에서 단소 숫자로는 제가 제일 많이 만들었을 거에요 그러다보니까 저만의 노하우도 생기고 또 인제 애들이 단소를 불어 보면, 불기가 상당히 좀 쉽다고 그래요 그냥 뭐 문구점에서 사는 것보다는. 그리고 단소, 대나무 자체가 다 틀리잖아요 크기도 굵기도 틀리고, 속에 구멍의 내경도 각기 다르고 애들도 부는 사람도 입이 큰 사람도 있고 적은 사람도 있고 그러잖아요 취구를 거기에 맞춰서 파주니까.

문 체형별로 맞춰주니까 좋아합니까?

답 그러니까 상당히 좋다고 그래요 기계로 파버리면 똑같이 일정히 나오잖아요 근데 그게 아니고, 자유자재로 만들어 주니까.

문 악기 만드는 것은 음감도 정말 타고나야 할텐데, 음감도 타고 나신 겁니까?

답 그러죠 불어 보면은 이것이 음이 조금 낮다 높다 이런 느낌이 오죠 말로 표현하기보다는 딱 느낌으로 인제 아는 거죠 오래하면.

문 자제분들도 그런 음감을 타고 나셨습니까? 악기라는 게 사실은 만드는 사람이 음감이 있어야지, 제대로 된 연주자한테 악기가 갈 수 있다고 들었습니다.

답 아들은 모르긴 해도, 저보다는 앞으로 더 타고나지 않았나. 개는 좀 머리 회전이 빠른 편이에요 그래서 안 가르쳐줘도 하여튼 개도 보면은 다 해요

문 악기 만드는 것을 인생에 비유해 주십시오

답 글쎄요, 뭐. 악기 만드는 거 하면은, 저 인제 과거에는 뭐 다른 조각일도 하고 뭣도 하고 다 해봤는데, 이게 참 제일 흥미가 있는 것 같아요 악기 만드는 게. 그래서 악기를 쫌{좀} 마음이 안 좋을 때도 한 번씩 쪼금 이렇게, 잘은 못 불러도 좀 불면은 기분도 전환이 되고, 상당히 심적인 면에서 안정감을 준다고 그럴까요? 그렇게 말할 수가 있죠 편안함을 주죠, 상당히.

2. 조사된 어휘

2.1. 죽관악기란?

2.1.1. 죽관악기

대나무로 만든 목관 악기이다. 대금·중금·소금과 통소·단소, 세피리·향피리·당피리 등이 이에 속한다. 금(琴)자가 들어가는 대금·중금·소금은 취구가 옆에 있어 가로로 부는 악기이며, 소(簫)자가 들어가는 통소·단소는 취구가 위로 나 있어 세로로 분다. 그리고 세피리·향피리·당피리는 소리를 내는 서와 음정을 맞추는 피리대로 구성되며, 피리대에 서를 끼워 연주한다.

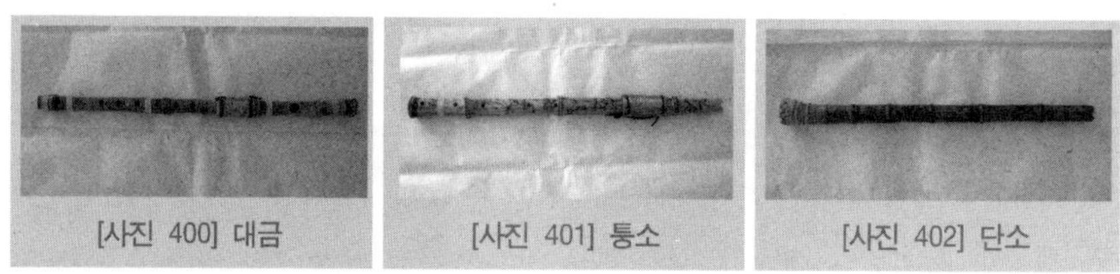

[사진 400] 대금   [사진 401] 통소   [사진 402] 단소

2.2. 재료

2.2.1. 대나무

1) 해죽

바닷가에서 자라는 대나무로, 단단하다. 피리의 서를 제작하기에 알맞다.

2) 신우대

산에서 자라는 대나무이며, 마디의 길이가 길고, 굵기는 손가락 정도로 가늘다. 피리의 서나 피리대(몸통)를 제작할 때에 사용한다. 특히 피리대는 대나무의 한 마디로 만들기 때문에, 마디가 긴 신우대로 제작한다.

3) 황죽

해를 넘기고 오래되어, 대의 표피가 노랗게 된 대나무이다. 대의 종류와는 상관없이 색에 따른 명칭이다. 피리를 제외한 죽관악기를 제작할 때 사용한다.

4) 쌍골죽

줄기의 양쪽에 골이 패인 대나무로, 일종의 병죽(病竹)이다. 쌍골죽은 대나무의 속이 살이 쪄서, 악기의 내공 크기를 자유롭게 조절하여, 음정을 맞출 수 있다.

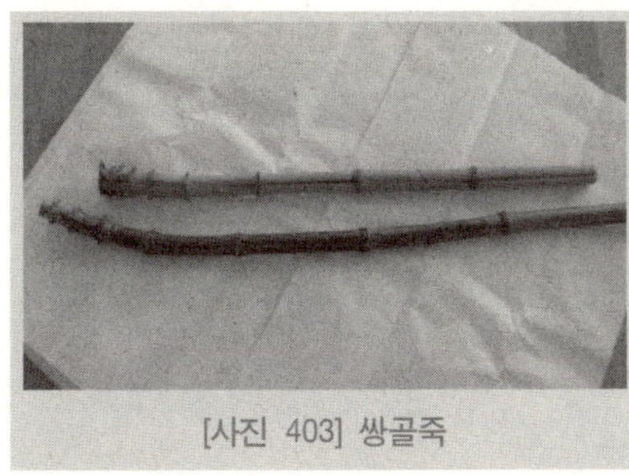

[사진 403] 쌍골죽

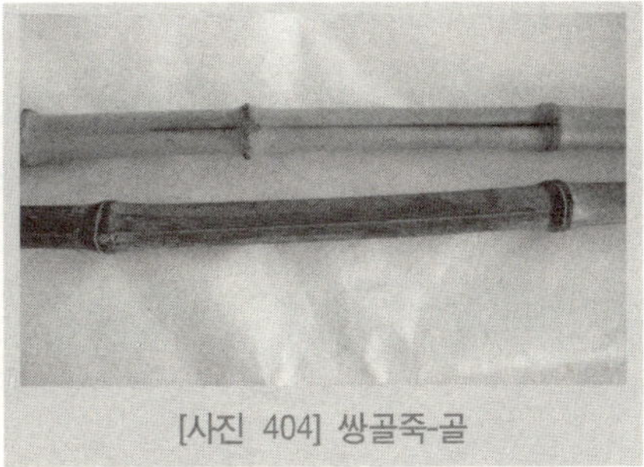

[사진 404] 쌍골죽-골

2.2.2. 청

1) 청

갈대 속의 얇은 막으로, 대금의 청공에 붙여 소리의 울림을 만든다. 갈대의 청이라 해서 '갈대청'이라 부르기도 한다. 청은 단오의 며칠 사이에, 바닷가의 갈대에서 채취한다.

2) 꼭지[꼭찌]

청을 세는 단위이다. 청 열개를 한 묶음으로 하여, '한 꼭지'라 한다.

2.3. 구성

2.3.1. 취구

죽관악기에서 입김을 불어, 소리를 내는 부분을 이른다. 대금·중금·소금과 같이 '금'이 들어 있는 악기는 취구를 옆으로 뚫어 가로로 부는 반면, 퉁소·단소와 같이 '소'가 들어 있는 악기는 취구를 위로 뚫어 세로로 분다.

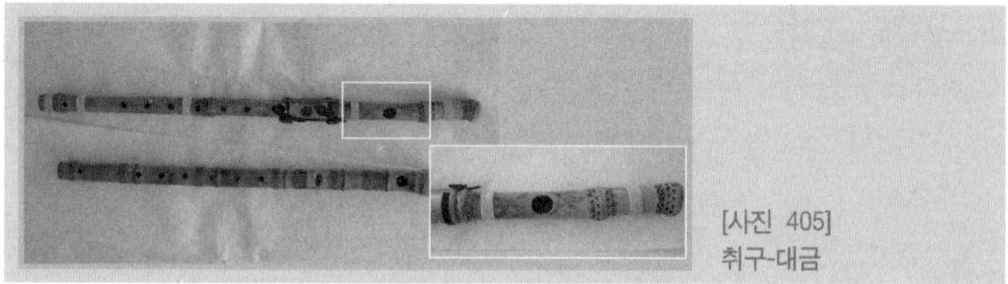

[사진 405]
취구-대금

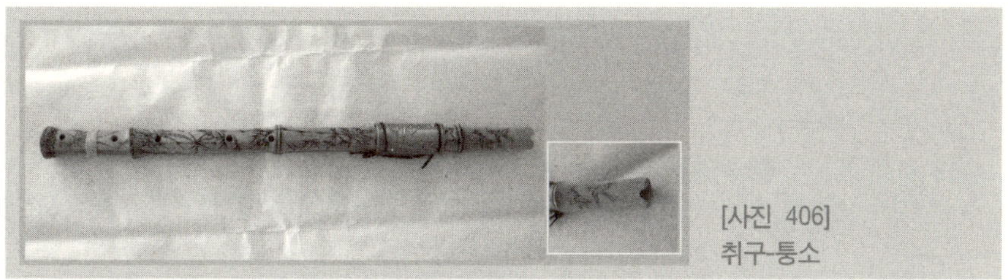

[사진 406]
취구-통소

2.3.2. 청공

취구와 지공 사이에 있는 구멍을 이른다. 갈대의 청을 붙여, 소리의 울림을 만든다. 청공은 대금과 통소에만 있다. 제작자는 '울림통'이라 표현하기도 한다.

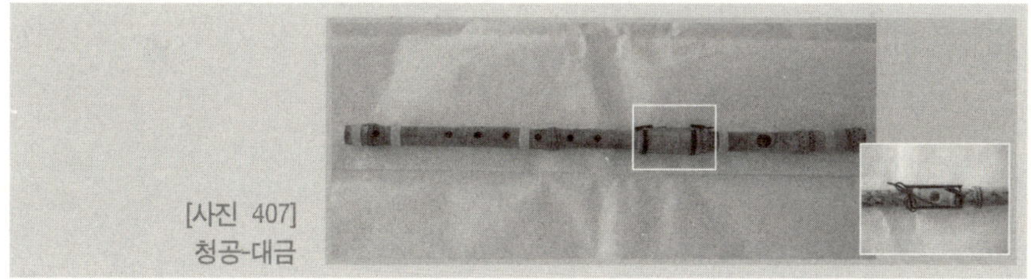

[사진 407]
청공-대금

2.3.3. 지공

음정을 맞추기 위해서, 악기의 몸체에 내는 구멍을 이른다. 손가락으로 구멍을 막거나 열면서 연주하기 때문에 '지공'이라 한다. 악기의 종류에 따라 지공의 수는 다르며, 주문자의 요구에 의해서도 달라질 수 있다.

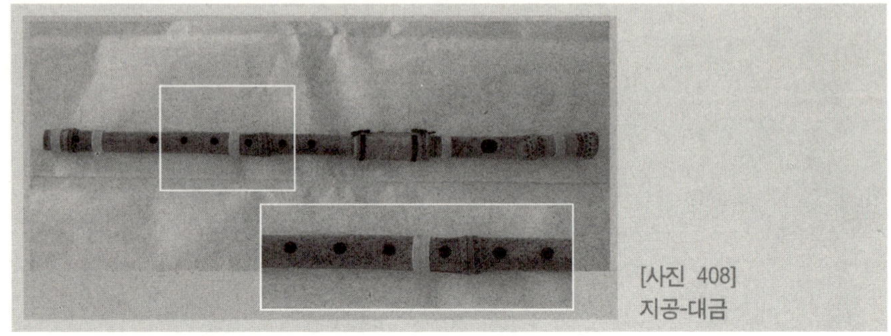

[사진 408]
지공-대금

2.3.4. 칠성꿩[칠썽꿩]

악기의 음을 조절하기 위해서, 몸체의 아랫부분에 내는 구멍을 이른다.
퉁소, 대금, 중금, 소금에 있으며, 크기는 지공과 같다. 악기의 뒤쪽에 뚫
기도 하며, 음이 맞지 않으면 2개 뚫기도 한다. 보통 정악대금은 칠성공을
2개, 산조대금은 1개 뚫는다.

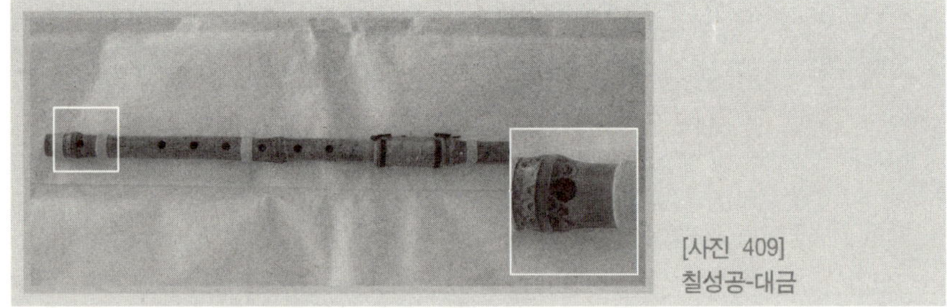

[사진 409]
칠성공-대금

2.3.5. 내공

악기 몸체 내의 구멍을 이른다. 세로로 부는 악기(퉁소, 단소, 피리)는 내

공의 위·아래가 뚫려 있으며, 가로로 부는 악기(대금, 중금, 소금)의 내공은
아래가 막혀 있다. 제작하는 과정에서는 내공 대신 '속'이라 부른다.

2.3.6. 서[서:]

피리에서 소리를 내는 부분을 이른다. 피리의 서는 해죽이나 신우대로
만들며, 제작자는 '혀'라 부르기도 한다.

2.3.7. 피리대[피리때]

피리의 몸체를 이른다. 서가 피리의 소리를 내는 부분이라면, 피리대는
피리의 음정을 맞추는 부분이다.

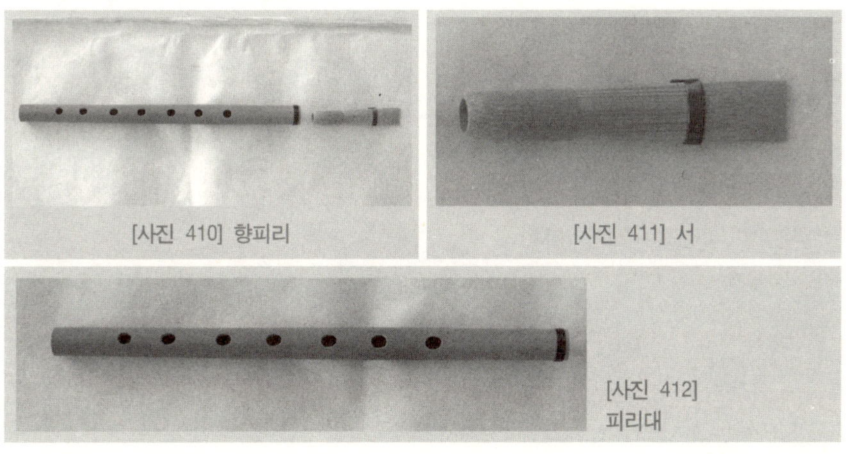

[사진 410] 향피리

[사진 411] 서

[사진 412]
피리대

2.4. 도구

2.4.1. 대톱

대를 자르는 데에 사용하는 톱이다.

2.4.2. 도치램프

대의 진을 빼는 데에 사용하는 도구이다. 부탄가스에 불을 붙여 쓸 수 있게 설계되어 있다. 과거에는 화력이 센 짚불을 사용하였으나, 요즘에는 도치램프를 사용한다.

2.4.3. 드릴바늘

내공을 뚫는 데에 사용하는 도구이다. 과거에는 쇠꼬챙이를 불에 달궈서 사용했으나, 요즘에는 전동드릴을 사용한다.

[사진 413] 도치램프

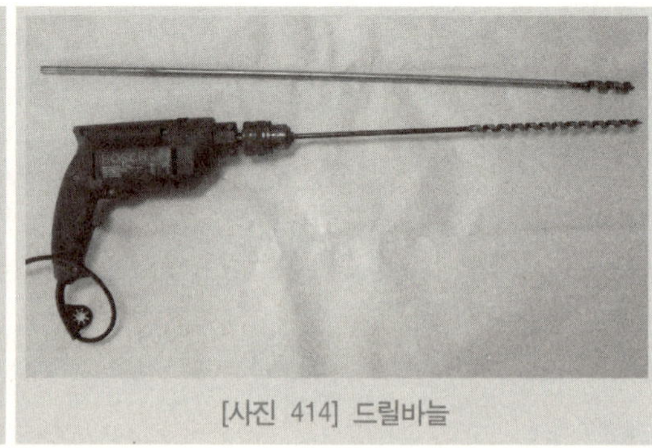

[사진 414] 드릴바늘

2.4.4. 탁상드릴

지공을 뚫는 데에 사용하는 기계이다. 악기의 몸체를 틀(가다)에 올리고, 드릴로 지공을 뚫는다. 제보자가 직접 고안한 기계이다.

2.4.5. 칼

취구를 파는 데에 사용하는 칼이다. 취구를 파기 좋게, 칼끝이 날카롭다.

[사진 415] 탁상드릴   [사진 416] 칼

2.4.6. 가다

악기의 지공, 칠성공을 뚫는 데에 사용하는 기본틀이다. 제보자도 가다가 일본말임을 알고 있어, 설명하는 과정에서 '기본틀'이란 용어로 수정하였다.

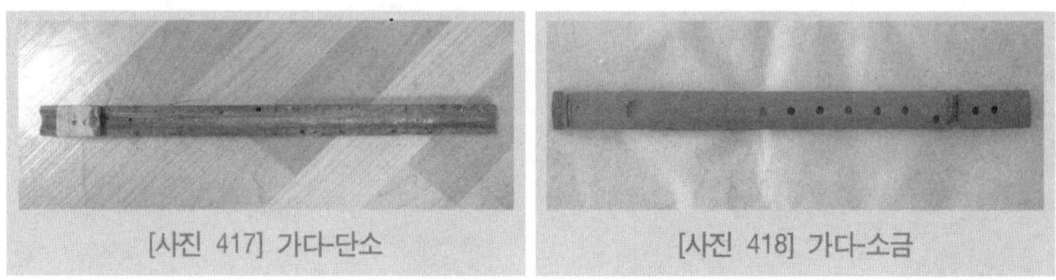

[사진 417] 가다-단소   [사진 418] 가다-소금

2.4.7. 사포

악기의 내공(속)을 청소하는 데에 사용하는 도구이다. 내공을 청소해야 하기 때문에, 긴 막대의 위·아래에 사포가 붙어 있다.

[사진 419] 사포

2.5. 행위

2.5.1. 단소 제작

1) 대비다

단소를 만들 대를 채취하다. 보통 12~1월 사이에, 3년 이상 된 대를 고른다. 대의 길이는 단소의 2배(약 80cm)정도로 베며, 뿌리까지 파서 가져온다.

2) 단소대를 자르다[단소때를 짜르다]

단소를 제작하기에 알맞은 길이로 자르다. 단소의 길이(39.5~41.5cm)보다 약간 길게 자른다.

3) (단소대) 진을 빼다[찐을 빼다]

단소대의 몸체를 불에 구워, 대의 진을 빼다. 대를 불에 구우면, 대가 말랑말랑 해지면서 진이 빠진다. 과거에는 짚불을 썼으나, 요즘에는 도치 램프를 사용한다.

4) 때를 빼다

대의 표피에 묻어 있는 때(얼룩)를 제거하다. 대를 불에 구우면, 대 표피에 묻어 있는 때가 녹는다. 그때 대의 표피에 묻어있는 때를 헝겊으로 닦아 제거한다.

[사진 420] (단소대) 진을 빼다

[사진 421] 때를 빼다

5) 단소대를 펴다[단소때를 펴다]

단소대의 진과 때를 뺀 후, 대가 따뜻한 상태에서 대를 반듯하게 펴다. 지렛대 원리를 이용하여, 단소대의 한 끝을 가다(단소를 펴는 가다)에 걸고, 반대편을 잡고 편다.

[사진 422] 단소대를 펴다

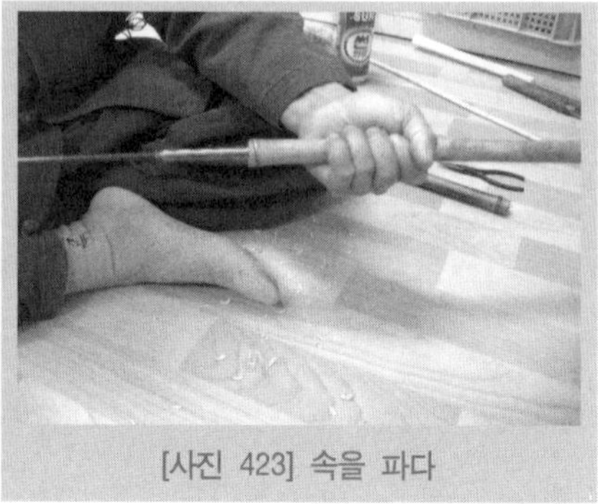

[사진 423] 속을 파다

6) 단소대를 말리다[단소때를 말리다]

단소대를 그늘에 말리다. 대의 종류에 따라 다르지만 6~7개월 정도 말린다.

7) 속을 파다

드릴바늘을 이용하여, 단소대의 내공을 뚫다. 내공은 11~12mm 정도로 판다. 단소대의 내공은 위·아래가 모두 뚫려 있다.

8) (단소대) 취구를 파다

단소대의 윗부분에 반원으로 취구를 파다. 크기는 지공과 비슷하다. 취구를 판 후에는, 대의 안쪽을 칼로 비스듬하게 깎아 다듬는다. 취구를 입에 대고 불어야 하기 때문에, 입에 닿는 부분을 매끄럽게 만든다.

9) (단소대) 음을 맞추다

취구를 판 상태에서 음을 맞추다. 취구만을 판 상태에서 단소를 불어,

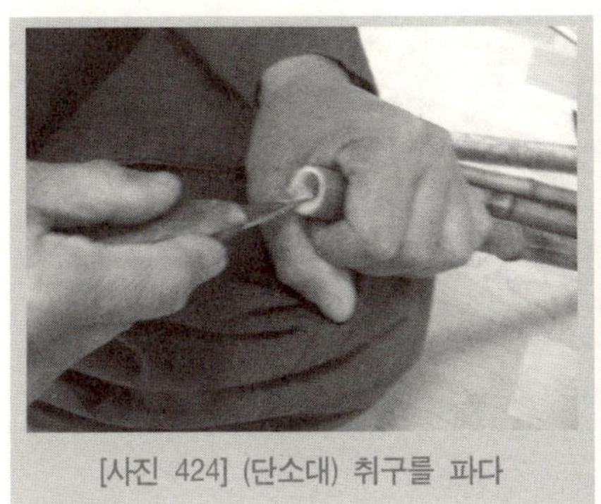

[사진 424] (단소대) 취구를 파다

[사진 425] (단소대) 지공을 뚫다

단소대의 음을 파악한다. 단소대의 길이, 내공의 크기, 대의 속성에 따라 음이 다르다.

10) (단소대) 지공을 뚫다[지공을 뚤타, 지공을 뚤브다]

단소대의 음을 맞춘 후에, 음정에 맞게 지공을 뚫다. 단소대를 가다에 넣고, 탁상드릴로 지공을 뚫는다. 지공은 뒤에 1개, 앞에 4개이다. 지공은 위에서부터 뚫기 때문에 뒤쪽 지공을 먼저 뚫고, 앞의 것을 후에 한다.

11) 속에 청소하다[소게 청소허다]

단소대의 속을 사포로 청소하다. 속이 막혀 있으면, 제 소리가 나지 않는다.

12) (단소대) 실 감다

단소대가 터지지 않게 실을 감다. 비싼 악기는 명주실로 감으며, 싼 것은 낚시줄로 감는다. 보통 4군데 정도 감는다.

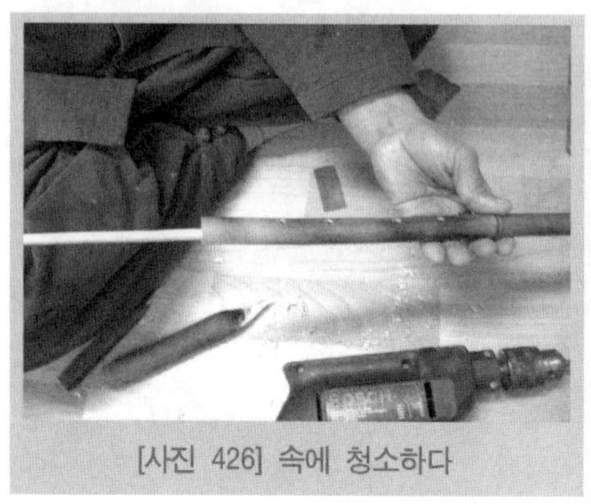

[사진 426] 속에 청소하다

[사진 427] (단소대) 실 감다

2.5.2. 대금 제작

대금의 재료인 쌍골죽은 희귀한 대나무로, 대밭에 가서 채취하기가 쉽지 않다. 그래서 대나무를 취급하는 분께 주문하여 사용한다. 그들은 쌍골죽을 뿌리가 달린 상태로, 뿌리에서 줄기까지의 길이를 약 2m정도로 잘라서 제보자에게 보낸다.

1) 뿌리를 다듬다[뿌리를 따듬따]

대나무의 뿌리를 다듬다. 대금은 뿌리에서 밑둥 부분을 이용하여 만들기 때문에 뿌리를 다듬어야 한다. 대금은 쌍골죽이나 황죽으로 제작한다.

2) (대금대) 진 빼다

대를 불에 구워, 대의 진을 빼다.

3) 소금물에 담그다

대금대를 5~6개월 정도 소금물에 담그다. 벌레 먹는 것을 막고, 대의 살이 물러지는 것을 막기 위해, 소금물에 담근다. 이렇게 대를 담그면, 대의 색이 노란색이나 갈색으로 변한다.

4) 대금대를 펴다[대금때를 펴다]

대금대를 가다에 넣어 반듯하게 펴다. 쌍골죽은 휘어 있는 경우가 많다. 그래서 쌍골죽을 가다(틀)에 넣고, 반듯하게 편 후에 끈으로 묶어서 대를 고정시킨다. 수차례에 걸쳐서, 대가 반듯해질 때까지 반복한다. 대금대를 편 다음에는 대를 다시 소금물에 담그지 않는다. 소금물에 담그면 대가 다시 휘기 때문이다.

5) 대금대를 말리다[대금때를 말리다]

편 대금대를 말리다. 가다(틀)에 넣어, 고정시킨 상태 그대로 1~2년 정도 그늘에서 말린다. 통풍이 잘 되고, 햇빛이 들지 않는 곳이 좋다.

6) 치수를 재다

대금대가 완전히 마른 후에, 대금을 제작하기 위해 대의 길이를 자로 재다. 대금의 길이(80~82cm)를 대에 표시한다.

7) 대금대를 자르다[대금때를 짜르다]

대톱으로 대금대를 자르다. 대금의 길이인 80~82cm보다 약간 길게 자른다.

8) 속을 뚫다[속을 뚤타, 속을 뚤브다]

대금대의 내공을 뚫다. 내공의 크기는 16~18mm 정도이며, 아래는 막힌 상태 그대로 두고, 위쪽만 뚫는다.

9) 소금을 채우다

내공을 뚫은 후에, 속에 소금을 넣어 말리다. 대가 굵은 경우에는 소금을 채워 놓으면 빨리 마른다. 대가 가는 경우에는 소금을 채우지 않고 그냥 말리기도 한다.

10) (대금대) 취구를 파다

대금의 취구를 파다. 대의 옆에 지름이 2~3㎝정도의 타원형 구멍을 파서, 취구를 만든다.

11) (대금대) 음을 맞추다

대금대의 음을 맞추다. 대금대는 굵기와 속, 길이에 따라 음이 다르다. 따라서 취구만을 판 상태에서 대금대의 음을 확인해야 한다.

12) 청공을 파다

대금의 청공을 파다. 청공은 취구의 아랫 부분에 파며, 크기는 취구와 거의 같다. 후에 이곳에 청을 붙인다.

13) (대금대) 지공을 뚫다[지공을 뚤타, 지공을 뚤브다]

대금의 지공을 뚫다. 대금대의 음을 고려하면서, 지공 6개를 위에서부터 뚫는다.

14) 칠성공을 뚫다[칠썽공을 뚤타, 칠썽공을 뚤브다]

칠성공을 뚫다. 크기는 지공과 거의 같다. 정악대금은 칠성공을 2개 뚫지만, 산조대금의 경우에는 대부분 1개만 뚫는다.

15) 속을 칠하다

대금의 내공에 칠을 하다. 이렇게 칠을 해야 곰팡이가 피지 않고, 소리도 잘 난다. 고급 대금인 경우에는 옻칠을 하며, 일반 대금인 경우에는 캐슈칠을 한다.

16) (대금대) 실 감다

대금대가 터지는 것을 막기 위해 명주실을 감다. 보통 7군데 정도 감는다.

17) 청을 붙이다

청공에 청을 붙이다. 청은 잘 찢어지기 때문에, 판매하기 직전에 붙인다. 그전에는 유리 테이프를 붙여 보관한다. 음을 맞출 때에도 유리 테이프를 붙인 상태에서 한다.

2.5.3. 피리 제작

피리는 소리를 내는 서와 음정을 맞추는 피리대로 구성된다. 따라서 피리의 제작 과정은 서와 피리대로 나누어진다.

1) 서

(1) 서를 자르다[서를 짜르다]

서를 만들 대나무를 자르다. 서는 주로 해죽이나 신우대를 쓰며, 마디와 가까운 부분으로 약 15cm 정도 자른다. 마디와 가까운 부분으로 잘라야, 대가 더 단단하다.

(2) 표피를 깎다

서를 만들 대의 표피를 깎다. 대 껍질에 묻어 있는 때나 얼룩을 칼로 벗겨 낸다.

(3) 삶다

서를 만들 대를 물에 삶다. 댓속까지 열이 가해져서, 대가 좀 물러질 때까지 삶는다. 오래 삶을수록 탄력성이 생긴다.

(4) 눌러잡다

삶은 대에 불을 가하면서, 서를 만들 대의 한쪽 끝을 누르다. 이렇게 해서 눌린 부분이 서의 취구가 된다.

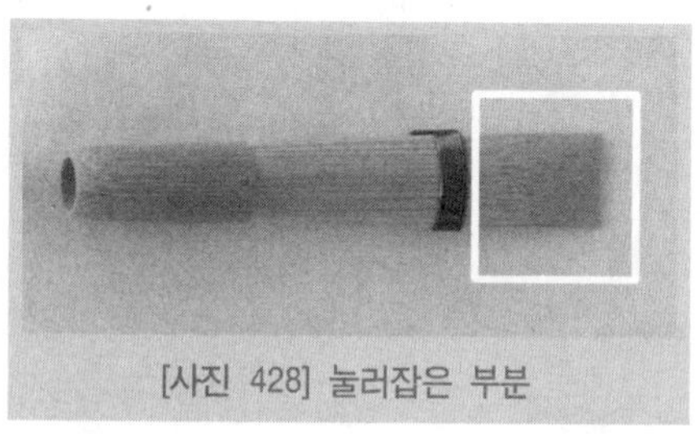

[사진 428] 눌러잡은 부분

(5) 칼로 깎다

눌러잡은 대를 깎아 서를 만들다. 서는 굉장히 얇게 깎아야 하므로, 여러 번에 걸쳐서 깎는다. 제작자는 서가 원하는 소리를 낼 때까지 반복해서 깎는다.

(6) 사포질

사포로 서를 다듬는 일이다. 사포질은 서를 칼로 깎을 때마다 반복한다. 위에서 언급한 바와 같이, 서를 칼로 깎는 것은 여러 번에 걸쳐서 이루어진다. 따라서 서를 칼로 깎을 때마다 사포질을 한다.

(7) 코일선으로 감다

취구 부분을 코일선으로 감다. 이 코일선으로 서의 구멍(취구)을 조절한다.

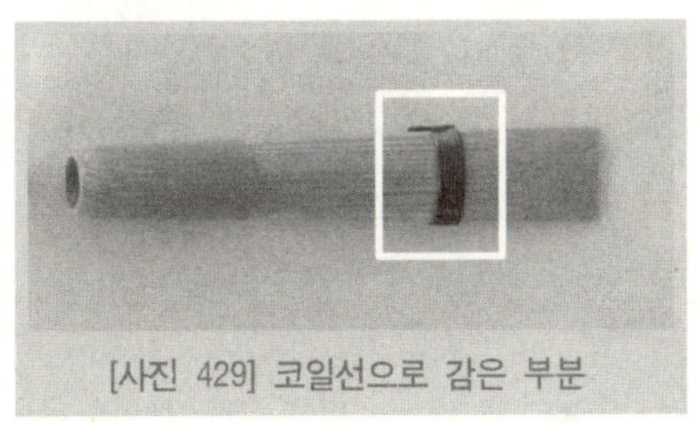

[사진 429] 코일선으로 감은 부분

2) 피리대

(1) 피리대를 자르다[피리때를 짜르다]

피리대를 자르다. 피리대는 다른 악기와 달리 대의 한 마디만으로 제작한다. 따라서 대의 마디가 긴 부분을 자른다. 피리대는 대부분 신우대로 만든다.

(2) (피리대) 진을 빼다

피리대를 불로 가열하여, 대의 진을 빼다.

(3) 피리대를 펴대[피리때를 피다]

피리대를 불로 가열하여, 대가 따뜻한 상태에서 대를 반듯하게 펴다. 단소대와 마찬가지로 지렛대의 원리를 이용한다.

(4) 속을 파다

피리대의 내공을 파다. 내공의 아래는 4~5mm 정도로 하며, 서를 끼울 곳은 약간 더 크게 판다.

(5) 지공을 파다

피리대의 지공을 뚫다. 피리대의 지공은 뒤에 1개, 앞에 7개이며, 모양은 타원형이다. 지공은 위에서부터 순서대로 뚫으며, 아래로 내려갈수록 크기를 작게 한다. 지공을 타원형으로 파는 이유는 손가락으로 구멍을 막기 쉽게 하기 위해서이다.

(6) (피리대) 실 감다

피리대에 실을 감다. 피리대에 서를 끼웠다 뺐다하기 때문에, 서를 끼우는 부분에 낚시줄을 감아 대가 터지는 것을 막는다. 옛날에는 명주실로 감았다.

2.6. 제작품

죽관 악기는 소금 · 중금 · 대금의 금(笒)이 있으며, 퉁소 · 단소 종류의 소(簫)가 있다. 그리고 세피리 · 향피리 · 당피리의 피리가 있다.

2.6.1. 금

1) 대금

금(琴) 중에서 가장 큰 악기이며, 취구가 옆으로 나 있어 옆으로 부는 악기이다. 소리의 울림을 만드는 청공과 음정을 맞추는 지공(6개), 음을 조절하는 칠성공으로 이루어져 있다. 길이는 약 80cm이며, 내공은 16~18mm이다. 대금은 정

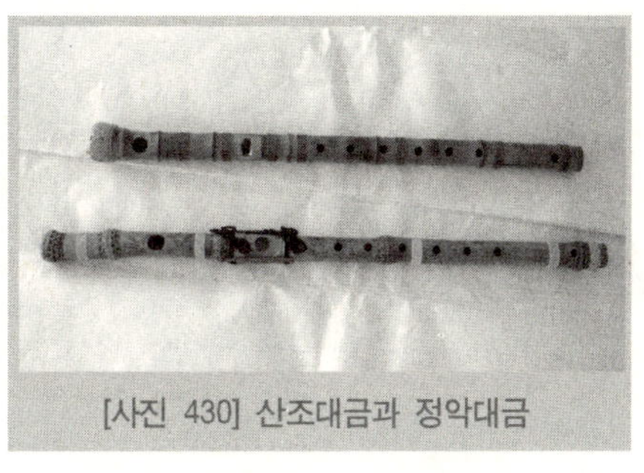

[사진 430] 산조대금과 정악대금

악을 연주하느냐 산조를 연주하느냐에 따라 정악대금과 산조대금으로 나눈다.

2) 중금

금(琴) 중에서 중간 크기의 악기이며, 청공이 없는 것이 대금과 차이점이다. 지공은 보통 6개를 뚫으며, 칠성공으로 음을 조절한다. 길이는 약 65cm이며, 내공의 크기는 약 15mm이다.

3) 소금

금(琴) 중에서 가장 작은 악기이며, 형식은 중금과 거의 같으나 지공이 7개이다. 맨 아래 지공을 오른쪽으로 치우쳐서 뚫는다. 길이는 약 45cm이며, 내공의 크기는 12mm이다.

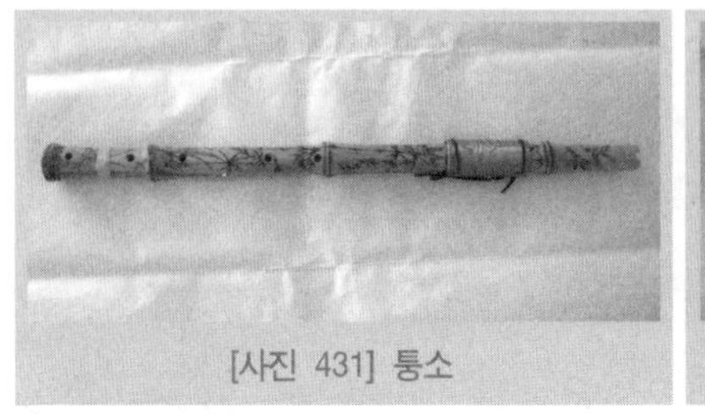

[사진 431] 통소

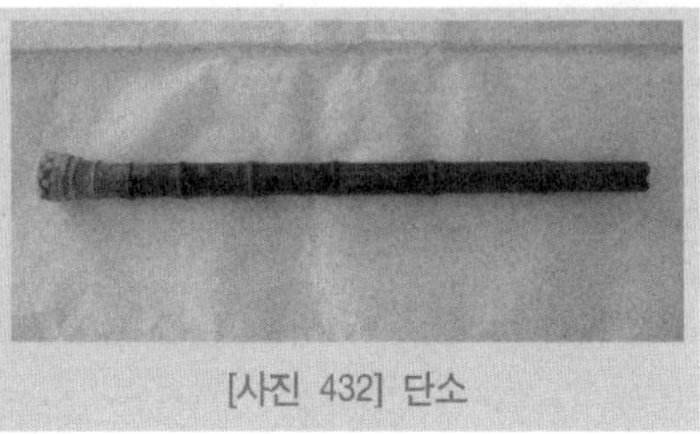

[사진 432] 단소

2.6.2. 소

1) 통소

죽관 악기의 하나이며, 취구가 대의 위쪽에 나 있어 세로로 부는 악기이다. 청공이 있으며, 지공 5개(뒤에 1개, 앞에 4개), 칠성공으로 이루어져 있다.

2) 단소

죽관 악기의 하나이며, 취구가 대의 위쪽에 나 있어 세로로 부는 악기이다. 취구와 지공 5개(뒤에 1개, 앞에 4개)로 이루어져 있다. 내공의 크기는 11~12mm이며, 길이는 39.5~41.5cm이다.

2.6.3. 피리

1) 세피리

피리 중에서 가장 가는 피리이다. 서를 통해서 소리를 내며, 피리대의 지공(뒤에 1개, 앞에 7개)으로 음정을 맞춘다. 피리 중에서 가장 가늘기 때문에, 가장 높은 음을 낸다.

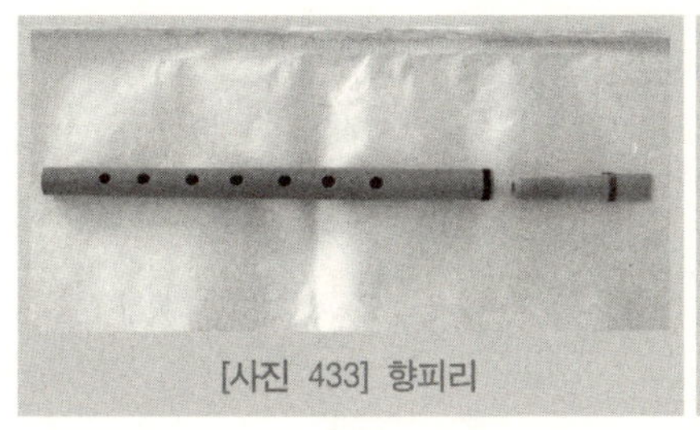

[사진 433] 향피리

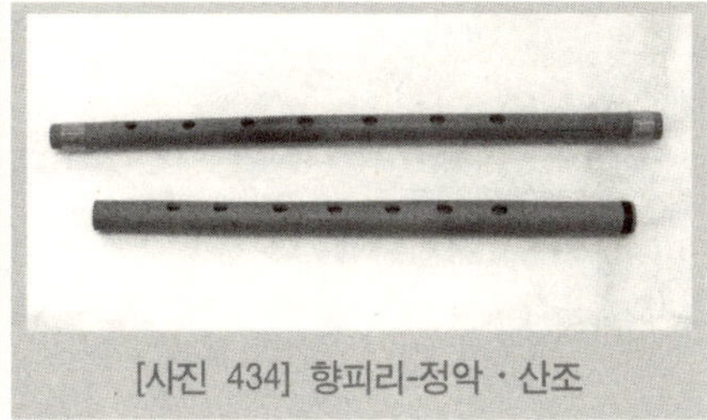

[사진 434] 향피리-정악·산조

2) 향피리

피리 중에서 가운데 굵기의 피리이다. 가장 많이 사용하는 피리로, 형식은 세피리와 같다. 한편, 향피리도 대금과 마찬가지로 정악과 산조에 쓰이는 피리대가 다르다. 정악피리가 산조피리에 비해 길이가 길다. 사진의 위쪽이 정악피리의 피리대이다.

3) 당피리

피리 중에서 가장 굵은 피리로, 형식은 세피리와 같다.

2.6.4. 지

죽관 악기의 하나이다. 지는 대에 구멍을 뚫고, 거기에 단소 형식의 취구를 다시 끼워 사용하는 악기이다. 시나위와 같은 음악을 연주할 때에 사용한다.

제3부
연구 결과
제8장 마무리

제8장 마무리

　전라남도 담양군은 300여전의 죽세공예 전통을 이어오고 있으며, 오늘날도 우리나라 제일의 죽세공예 생산지이다. 또한 마을별로 생산하는 생활용품이 특성화될 정도로 전문화되어 있는 지역이다. 그래서 이 조사에서는 전라남도 담양군에서 죽세공예를 하는 참빗장 고행주(전라남도 지정 무형문화재 제15호), 죽렴장 박성춘(전라남도 지정 무형문화재 제23호), 부채장 김대석(담양군 향토 무형문화재 제2호), 채상장 서한규(중요 무형문화재 제53호), 악기장 김성남(담양군 명인 05-3호)을 조사 대상으로 삼아, 그들이 사용하는 직업 생활어를 현지조사하였다. 내용은 제작품의 개념, 제작품의 재료인 대나무의 종류와 구성, 제작품의 구성 요소, 제작 도구, 제작 과정에서의 행위, 제작품의 종류로 세분화하여 진행하였다.

　위에서 제시한 방법으로 조사한 결과, 장인들은 대나무의 종류·구성과 대를 다루는 행위에 대해서는 공통된 어휘를 사용하였다. 그리고 제작 도구는 '제작 행위+도구'의 방식으로 명명하는 공통점을 보였다. 이것을 제시하면 다음과 같다.

(1) 전라남도 담양군에서는 왕대, 분죽, 맹종죽, 오죽, 신우대(산죽), 구갑죽 등이 자라며, 죽세 공예품의 재료로는 왕대와 분죽을 주로 사용한다. 참빗과 부채, 채상은 왕대 3년생으로 만들며, 죽렴은 분죽 3년생으로 만든다.

(2) 죽세 공예품은 줄기를 다듬어서 제작하기 때문에, 줄기를 세분화하여 부르는 어휘가 따로 존재한다. 줄기는 크게 3등분하여, 뿌리에서 약 1m정도를 밑동·밑둥·끄렁대·똥대 등으로 부른다. 가운데 부분은 중통·중둥이라 부르고, 윗부분은 끝죽·끝단이라 부른다. 그리고 중통을 더 세분화하면 미죽, 중미죽, 중통으로 나뉘고, 끝죽은 중끝죽, 하끝죽으로 나뉜다.

(3) 대를 다루는 일은 장인들마다 공통적으로 하는 행위이므로, 그에 해당하는 어휘는 거의 일치한다. 대밭에서 대나무를 베는 일을 '대비다'라 하며, 대나무를 원하는 길이로 자르는 일을 '대썰다'라고 하고, 써는 행위에 의해 만들어진 대나무 토막을 '대통'이라 한다. 대통을 원하는 폭으로 쪼개는 일을 '대쪼개다'라고 하며, 쪼개는 행위에 의해 만들어진 대나무 조각을 '대쪽'이라 한다. 대쪽에서 피죽(겉대)을 분리하는 일을 '대뜨다'라고 하며, 이렇게 해서 뜬 대쪽을 '피죽, 비금(이개), 내죽(속대·삼개)'이라 부른다. 그리고 대쪽의 폭을 일정하게 만드는 일을 '조름썰다'라고 한다.

(4) 제작 도구는 '제작 행위+도구'의 방식으로 이름 붙여 사용한다. 제작칼(제작판+칼), 대때린칼(대때리다+칼)과 같은 '제작 행위+칼'의 유형이 있으며, 앞나리도구리(앞내리다+도구리), 목살도구리(목살지르다+도구리)와 같은 '제작 행위+도구리'의 유형이 주를 이룬다.

그런데 제작품의 종류와 제작 행위에 관한 어휘에서는 차이점이 크게 나타난다. 장인들마다 특유의 어휘를 사용하여 서로 간에도 알지 못하고, 제작 도구의 쓰임새나 모양이 같은 경우에도 제작 행위에 따른 고유한 이름을 따로 붙여 자신들만의 용어로 사용하였다. 장인들 사이에 나타나는 차이점을 제시하면 다음과 같다.

(1) 참빗장은 참빗을 "대나무로 만든 모든 빗"이라 말하며, 빗의 형태가 아닌 재료로 정의한다. 참빗은 등대·매기·빗살로 이루어지며, 개량한 경우에는 자리·꼬쟁이가 추가된다. 종류는 크기에 따라 대소·중소·어중소·밀소, 기능에 따라 써훌치·호소, 빗살의 모양에 따라 음양소 등이 있다. 참빗은 빗살·매기·등대를 각각 만들어, 빗살을 매고, 매기지르고, 빗붙이고, 빗뀌미고, 얼잡는 과정 등을 거쳐 완성된다.

(2) 죽렴장은 대발(죽렴)을 "대나무로 만든 발"이라 정의하지만, 본인은 '대발(죽렴)'보다는 '발'이라 말한다. 발은 발살·실·발갓으로 구성되며, 그 안에 구문으로 글씨나 문양을 조각한다. 종류는 용도에 따라 문발·족자발·붓발·김발·병풍발, 조각의 유무(有無)에 따라 구문발·조각구문발, 재료에 따라 피대발·이개발·속대발 등이 있다. 특이한 제작 도구로는 발을 엮는 발틀이 있는데, 이것은 고돌개·발틀다리·발걸이로 이루어져 있다. 죽렴은 대통의 껍질을 벗기고, 쪽치고, 대뜨고, 다듬어서, 조름질을 한 후에 발치고, 염색하고, 갓자르는 과정 등을 거쳐 완성된다.

(3) 부채장은 부채를 "바람을 일으키는 도구"라고 말하고, 그 외에도 춤을 출 때나 남사당패의 어름이 줄을 탈 때, 무당이 굿을 할 때도 사용한다고 설명한다. 부채는 선면·선목·부챗살(속살·목살)·변대·사북(기둥·따까래·고리)·선추로 구성된다. 종류는 크기에 따라 대선·중선·소선, 쓰임새에 따라 무용선·무당선·줄 타는 부채·대륜선·장식용 부채, 공법

에 따라 유지선·꿰지부채, 종이의 그림에 따라 접선 태극선·흑선·백선 등이 있다. 부채는 초지방·정년방·사북방·환방·되배방의 다섯 과정을 거쳐 완성된다. 초지방에서는 부챗살이 되는 초지와 변대를 만들고, 정년방에서는 부채의 몸통을 만들며, 사북방에서는 사북을 만들어서 부채에 박으며, 환방에서는 부채에 바를 종이를 뜨고, 접고, 그림을 그리고, 되배방에서는 종이를 부챗살에 바른다.

(4) 채상장은 채상을 "염색한 대오리로 짠 상자"라 말한다. 뚜껑과 밑짝으로 구성되며, 각각의 상자는 다시 겉짝과 내공으로 이루어져 있다. 곧 뚜껑과 밑짝은 각각 상자 두 개를 겹쳐서 만든다. 보통은 크기가 다른 채상 3개를 한 벌로 만든 삼합채상이 주를 이루며, 이외에도 단합채상·이합채상·오합채상·구합채상 등이 있다. 채상은 대를 떠서 대오리를 만드는 과정과 대오리를 천염 염료로 염색하는 과정, 세투리로 문양을 만들며 상자를 짜는 과정, 상자의 테(안테, 바깥테)를 만드는 과정, 내공과 겉짝을 끼우고, 테를 매고, 마포로 싸는 조립 과정을 거쳐 완성된다.

(5) 악기장은 죽관악기를 "대나무로 만든 악기"라 말한다. '금(笒)'이 들어가는 소금·중금·대금은 취구가 옆에 있어 가로로 불며, '소(簫)'가 들어가는 퉁소·단소는 취구가 위에 있어 세로로 분다. 피리는 피리대에 서를 꽂아서 불며, 종류로는 세피리·향피리·당피리 등이 있다. 제작 과정은 악기를 만들 대나무를 길이에 맞게 자른 후에 불에 구워서 진을 뺀다. 그런 후에는 대나무를 곧게 펴고 1년 이상 말린다. 말린 후에는 속을 파서 내공을 뚫고, 취구를 파서 음을 맞춘다. 음을 맞춘 후에는 청공, 지공, 칠성공을 순서대로 뚫는다. 마지막으로 대가 터지는 것을 막기 위해 실을 감으면 악기가 완성된다.

　이제까지 전라남도 담양군의 무형문화재 참빗장, 죽렴장, 부채장, 채상장, 악기장을 찾아 가서, 그들이 제작품을 만드는 과정에서 사용하는 직업 생활어를 조사하였다. 그러나 전라남도 담양군에는 무형문화재가 아니더라도 대나무로 생활용품을 만드는 장인이 많다. 마을별로 맬석·바구니·삿갓·죽부인·키·죽피·구덕·죽석·고리짝 등을 만드는 장인들이 있다. 그들이 사용하는 직업 생활어도 함께 조사했을 때만이 '죽세 공예품에 관한 민족생활어 조사'는 완성될 것이다. 그들에 대한 조사는 다음을 기약하기로 한다.

[참고문헌]

국립국어연구원(1999)『표준국어대사전』, 두산동아.

국립문화재연구소(2004)『채상장』, 국립문화재연구소

금복현(1990)『전통부채』, 대원사.

김진열(1994)「담양 지역 죽세공예품에 관한 고찰」, 전남대 교육대학원 석사학위논문.

문화재관리국(1981)『무형문화재 조사보고서』, 문화재관리국.

박용수(1992)『겨레말갈래큰사전』, 한글문화연구회 출판부.

박용수(1995)『새우리말갈래사전』, 서울대학교 출판부.

박재관(1999)『장인』, 중명.

손태룡(2002)『한국의 전통악기』, 영남대학교 출판부.

이기갑 외(1998)『전남방언사전』, 태학사.

이훈종(1992)『민족생활어사전』, 한길사.

정복상(1999)「조선시대 부엌 용구와 부엌 용품에 관한 연구」,『한국공예논총』.

한국대나무박물관(2004)『한국 대나무 박물관』.